Research on the Governance
of Organized Crime

黑恶犯罪治理研究

石经海 ◎ 著

人民出版社

目 录

前　言 ··· 001

第一章　黑恶犯罪治理的基本范畴 ·································· 001
　一、黑社会 ··· 001
　二、黑社会性质组织 ··· 010
　三、黑恶势力 ·· 023
　四、有组织犯罪 ··· 034
　五、黑恶犯罪治理 ·· 045

第二章　我国黑恶犯罪的治理状况 ·································· 051
　一、黑恶犯罪的发展概况 ··· 051
　二、黑恶犯罪的特点梳理 ··· 056
　三、黑恶犯罪的成因剖析 ··· 067
　四、黑恶犯罪的治理推进 ··· 074

第三章　黑恶犯罪治理的基本理念 …………………………… 102
一、黑恶犯罪治理的现代化 ………………………………… 102
二、黑恶犯罪治理的系统化 ………………………………… 113
三、黑恶犯罪治理的合法化 ………………………………… 118
四、黑恶犯罪治理的均衡化 ………………………………… 131

第四章　黑恶犯罪治理的刑事政策 …………………………… 165
一、"打早打小"政策的正确理解与运用 ………………… 165
二、"宽严相济"政策的正确理解与贯彻 ………………… 175
三、"从严"政策的理性对待与合理适用 ………………… 186

第五章　黑恶犯罪认定的难点释读 …………………………… 203
一、黑社会性质组织本质特征的理解与认定 ……………… 203
二、黑社会性质组织具体特征的理解与认定 ……………… 214
三、黑恶犯罪的时间、人数和数额要素要求 ……………… 221
四、黑恶犯罪组织之成员身份的鉴别与认定 ……………… 226
五、黑恶犯罪"软暴力"手段的问题与出路 ……………… 235
六、黑恶犯罪组织"保护伞"的争议与认定 ……………… 244
七、涉黑涉恶财产的理解、认定与处置限定 ……………… 252
八、"套路贷"办理的刑法适用困境与出路 ……………… 255

主要参考文献 …………………………………………………… 276

前　言

　　黑恶犯罪的现代化治理是"国家治理体系和治理能力现代化"的必然要求和重要组成部分。以下党政国策表明，我国的黑恶犯罪治理已进入"国家治理体系和治理能力现代化"时代：（1）深入推进全面依法治国。2014年10月23日，中国共产党第十八届中央委员会第四次全体会议通过的《中共中央关于全面推进依法治国若干重大问题的决定》中强调："依法严厉打击……涉黑犯罪……等违法犯罪活动，绝不允许其形成气候。"这意味着，我国的黑恶违法犯罪治理也全面进入了在法治轨道上继续"打早打小"的新时代。（2）深入贯彻党的十九大精神。2017年10月18日，中国共产党第十九次全国代表大会报告《决胜全面建成小康社会，夺取新时代中国特色社会主义伟大胜利》指出："加快社会治安防控体系建设，依法打击和惩治黄赌毒黑拐骗等违法犯罪活动，保护人民人身权、财产权、人格权。"这显示了，黑恶犯罪的现代化治理已被党和国家正式作为"国家治理体系和治理能力现代化"的必然要求和重要组成部分，作为我国"决胜全面建成小康社会,夺取新时代中国特色社会主义伟大胜利"的重要保障。(3)有效治理黑恶犯罪。2018年1月24日,中共中央、国务院发出了《关于开展扫黑除恶专项斗争的通知》,为"保障人民安居乐业、社会安定有序、国家长治久安,进一步巩固党的执政基础",要求"针对当前涉黑涉恶问题新动向,切实把专项治理和系统治理、综合治理、依法治理、源头治理结合起来,把打击黑恶势力犯罪和反腐败、基层'拍蝇'结合起来","既有力打击震慑黑恶势力犯罪,形成压倒性态势,又有效铲除黑恶势力滋生土壤,形成长效机制","要坚持依法严惩、打早打小、除恶务尽";"既坚持严厉打击各类黑恶势力违法犯罪,又坚持严格依法办案,确保办案质量和办案效率的统一,确保政治效果、法律效果和社会效果的统一","要严格贯彻宽严相济的刑事政策","切实把好案件事实关、证据关、程序关和法律适用关,严禁刑讯逼供,防止冤假错案,确保把每一起案件都办成铁案"。这标志着,走有中国特色、适应中国需要的黑恶犯罪治理之路,已进入新的阶段、上了新的高度。(4)推进涉黑涉恶犯罪治理现代化。2019年10月31日中国共产党第十九届中央委员会第四次全体会议通过了《中共中央关于坚持和完善中国特色社会主义制度、推进国家治理体系和治理能力现代化若干重大问题的决定》,要求"到二〇三五年,各方面制度更加完善,基本实现国家治理体系和治理能力现代化",强调"严格规范公正文明执法","加大关系群众切身利益的重点领域执法力度","必须加强和创新社会治理,完善党委领导、政府负责、民主协商、社会协同、公众参与、法治保障、科技支撑的社会治理体系,建设人人有责、人人尽责、人人享有的社会治理共同体,确保人民安居乐业、社会安定有序,建设更高水平的平安中国"。(5)践行习近平法治思想。2020年11月,中国共产党将习近平法治思想明确为全面依法治国的指导思想,其中强调"要积极回应人民群众新要求新期待,系统研究谋划和解决法治领域人民群众反映强烈的突出问题","既要立足当前,运用法治思维和法治方式解决经济社会发展面临的深层次问题;又要着眼长远,筑法治之基、行法治之力、积法治之势,促进各方面制度更加成熟更加定型,为党和国家事业发展提供长期性的制度保障","要推动扫黑除恶常态化,坚决打击黑恶势力及'保护伞'","让城乡更安宁、群众更安乐"。

本书基于国家治理模式从"社会管理"向"社会治理"、犯罪治理方式从"运动式打击"向"全面依法治国"和"体系化治理"的时代转型,对黑恶犯罪的惩处进行历史思维、系统思维和法治思维等的理性考究,以求抛砖引玉,并对有效治理黑恶犯罪有所裨益。具体包括如下五个方面的内容:

一是关于"黑恶犯罪治理的基本范畴"梳理。这是探索、决策黑恶犯罪治理的逻辑起点,也是本研究的逻辑起点。主要涉及黑社会组织犯罪、黑社会性质组织犯罪、黑恶势力犯罪、有组织犯罪、黑恶犯罪治理以及与它们密切相关的黑社会、黑社会性质组织、黑恶势力、犯罪集团等基本范畴的界定和界分。其中,黑恶犯罪并不是严格意义上的法律用语,可以理解为对与黑社会(性质)组织犯罪有关的所有犯罪行为的泛称,包括我国刑法上的组织、领导、参加黑社会性质组织罪,入境发展黑社会组织罪和包庇纵容黑社会性质组织罪。在严格意义上,黑社会组织不仅与黑社会性质组织不同,也与黑帮、帮会、有组织犯罪不同。其中,黑社会性质组织是黑社会组织的低级或未成型形态,它们在入罪标准、存在标志、组织纪律等方面都有所不同。"帮会"与"黑帮"也是两个不同概念。依是否具有反人民性,"黑帮"有形式意义与实质意义之分。单纯形式意义上的"黑帮"是指被统治者宣布为"黑帮"但在实质上并不具有反人民性的帮会组织,如在美国历史上被宣布为"黑帮"的我国爱国华侨帮会、华侨自卫反种族歧视帮会等;单纯实质意义上的"黑帮"是指在实质上具有反人民性但在形式上具有合法性或不具有非法性的社会组织,如古今中外那些具有反人民性的社会组织。真正意义上的"黑帮"是同时具有以上形式意义与实质意义的社会组织,只有这个意义上的社会组织,才是严格意义上的黑社会组织或黑社会性质组织。理论上将黑社会性质组织和黑社会组织等同于有组织犯罪的理解和观点,并不符合我国立法、相关国际公约、国家立法的实际。无论是我国的黑社会性质组织,还是国际上的黑社会组织,都只是有组织犯罪中的一种情况。黑恶势力本不是一个规范的法律术语,在实践中,有黑势力与恶势力之分。根据当前有关司法解释,黑势力其实就是黑社会性质组织,恶势力只是那些尚没有形成为黑社会性质组织的社会团伙,它们在界分标准上除了是组织形式与程度的不同以外,还有是否具有经济特征上的要求。同时,恶势力又有一般恶势力与恶势力犯罪集团之分,二者在法律性质上是完全不同的。在理论上,一般恶势力可能成立单个犯罪或普通共同犯罪,并且这个犯罪因"恶势力"属性而需酌定从重处罚;恶势力集团在刑法上属于尚不能成立黑社会性质组织的普通犯罪集团,具体按相应任意共同犯罪的立法规则定罪,并因"恶势力"属性而需酌定从重处罚。

二是关于"我国黑恶犯罪的治理状况"考察。这是黑恶犯罪治理的理性盘点与推进基础,也是本研究在历史思维下研究的逻辑展开。限于研究的讨论视角,仅梳理、剖析了新中国 40 多年"打(扫)黑除恶"发展过程及其各阶段的黑恶犯罪概况、特点、成因及治理演进状况。笔者认为,在发展演变史上,新中国黑恶犯罪及其黑社会性质组织的发展,大体经历了萌芽时期、发展时期、猖獗时期和有效治理时期四个阶段。就新中国的犯罪发展态势而言,黑社会性质组织是其中发展最快、给我国的社会经济发展和民众生活秩序破坏最大的恶性犯罪之一。这些组织及其犯罪具有与新中国成立以前及域外的黑恶犯罪不同的特点。这些特点主要表现在:在组织目的上,仍以摄取经济利益为终极目标,并有一定的政治利益需求;在获利途径上,主要以合法公司为依托,在暴利行业从事非法经营活动;在人员结构上,其成员主要是文化素质较低的闲散青壮年;在组织关系即对内笼络控制成员的方式上,表现出明显的"家规"性;在非法控制即对外形成非法控制或重大影响的手段上,把策动群体事件作为新的手段;在社会危害性上,已严重动摇当地的经济、政治和社会生活基础。以上特点,既有对新中国成立前黑恶犯罪的传承,也有新中国早期、发展时期和当前黑恶犯罪的新特点。之所以有如此特点,主要是新中国在历史上的这些时期,存在法律制度的不完善、治理对策的不科学、官员充当"保护伞"、亚文化的不良影响、社会帮扶制度的不完善、社会控制乏力以及市场经济的多元化价值观冲突等因素所致。认知这些特点并剖析其成因,对构建新时代黑恶犯罪的治理策略以及以历史思维正确认定和准确惩处黑恶犯罪,尤其是避免孤立片面理解和惩处黑恶犯罪,贯彻落实黑恶犯罪治理体系和治理能力现代化,具有重要意义。

三是关于"黑恶犯罪治理的基本理念"考究。这是黑恶犯罪治理"列车"驰骋的道基,是本研究的理论基础和逻辑大前提部分。离开这些方面,很难让黑恶犯罪的惩处在纵深推进中不偏离轨道。主要阐述了黑恶犯罪处理所应当坚守和遵循的一些基本理念性的理论和原理,包括黑恶犯罪治理的治理现代化理念、系统论理论、合法性要论和禁止重复评价的均衡性理论。笔者认为,这些根基性理论,是正确理解和有效实现黑恶犯罪治理的基础理论和逻辑大前提。其中,黑恶犯罪治理的现代化理念,意味着无论是宏观上的黑恶犯罪处理还是微观上它的定性处罚,都要基于历史思维和国家治理能力现代化的需要,特别是依法治国的全面展开和深入推进,以及国家治理模式由"社会管理"到"社会治理"的时代转型,对黑恶犯罪的惩处不能还固守在"头痛医头脚痛医脚"的治标理念上,需要随着国家治理能力现代化的提升而不断进行创新；黑恶犯罪治理的系统论理论，意味着无论是黑恶犯罪微观上定罪处罚的刑法适用还是宏观上全面治理的政策措施，都需要放在我国的整个刑法体系、法律体系、法治体系乃至社会治理体系中，予以系统考察和适用，避免人为"拔高""降格""扩大""缩小"等认定和处理，以及"孤立""片面"等非理性盲人摸象式法律适用；黑恶犯罪治理的合法性要论，意味着无论是黑恶犯罪宏观治理上的各种法律规范适用还是微观定罪量刑上的刑法规范适用，都要坚持和实现既合法又合理的良法善治理念和要求，坚决避免所谓的"合法不合理"或"合理不合法"以及所谓的"恶法亦法"等与现代法治理念和要求不相吻合的错误追求，否则黑恶犯罪治理因失去"良法善治"的合法合理性而难以让人民群众从每一个司法案件中感受到公平正义，很难取得良好的政治效果、社会效果与法律效果的有机统一；在黑恶犯罪治理的定性处罚上，必须基于刑法规范禁止重复评价的公正性理论，使黑恶犯罪的刑法治理建立在既合理又合法的罪刑相适应的基础上，以提高黑恶犯罪的治理水平和践行全面依法治国的时代要求。

四是关于"黑恶犯罪治理的刑事政策"剖析。这是黑恶犯罪治理的方向标与方向盘，也是本研究对策部分的政策展开。主要是基于对扫黑除恶所采取的"打早打小"、"宽严相济"和"从严"政策的理解和运用，释读如何科学合理发挥刑事政策在黑恶犯罪治理中的综合治理、社会治理和重点治理功能。笔者认为，"打早打小"并不是"拔高"或"降格"认定和打击涉黑违法犯罪，而是与"打准打实"相对应的区别对待和具体案件具体分析，是黑恶犯罪的综合治理政策；"宽严相济"作为我国的基本刑事政策，不仅是我国黑恶犯罪的立法和司法都必须遵循的基本指导思想，而且对黑恶犯罪处理策略也有着重要意义，并需在广义、狭义和最狭义三个层面上予以理解和发挥作用，从而一方面，"打早打小"和"从严"政策可以理解为"宽严相济"基本刑事政策的具体化,另一方面,"宽严相济"实际上又是实现黑恶犯罪治理体系和治理能力现代化的社会治理政策;就"从严"而言,在法律框架下或法律规范内的"从严"只是宽严相济刑事政策"严"的部分,这意味着,"从严"政策的正确理解和合理适用,既需要在法律框架下或法律规范内,又需要结合宽严相济刑事政策并在其精神范围内,去指导刑法规范的理解和适用。据此,在"打早打小"和"从严"政策下的黑恶犯罪定性处罚,并非就要予以重复评价,而应是基于犯罪治理规律、符合刑法现代化基本精神、坚守刑法的基本原则,使黑恶犯罪的定性处罚既合法又合理,使黑恶犯罪治理在良法善治上良性循环。

五是关于"黑恶犯罪认定的难点释读"。这是关于如何基于体系化治理要求对黑恶犯罪认定中的"难点"问题所进行的探讨,也是本研究对策部分的规范适用展开,是黑恶犯罪治理在良法善治的良性循环上的重要环节。主要是对黑恶犯罪在相应规范的理解和认定处理上的一些疑难争议问题,如黑社会性质组织本质特征、黑社会性质组织成员、黑社会性质组织与相关公司企业关系、涉黑资产认定等司法认定中的疑难困惑问题进行理论上的解析。笔者认为,在黑社会性质组织"本质特征"的认识与认定问题上,黑社会性质组织四个特征的任何单个特征因都不具有揭示黑社会性质组织"本质"的功能而都不可能为其"本质特征",其"本质特征"需是能够揭示黑社会性质组织"本质"的"四个特征"的有机联系整体;黑社会性质组织"骨干成员"作为黑社会性质组织的"骨干",并非只是积极参加者中的部分成员,而应包括所有的组织者、领导者和积极参加者;涉黑公司企业员工是否为黑社会性质组织成员,关键看其是否明知是"组织"的违法犯罪活动而参加;其他组织成员参加本组织违法犯罪活动时的"身份"及其定性处罚,需区分参加活动的涉黑组织与原涉黑组织而分别认定与关联处理;在黑社会性质组织与相关公司企业之关系问题上,相关公司企业本身并不是涉黑组织,而只是涉黑组织从事违法犯罪活动和获取经济利益所依托的平台;在黑恶犯罪的涉黑资产认定上,涉黑公司企业的"资产"到底是涉黑财产还是合法资产,关键在于其资产是否参与了涉黑违法犯罪活动,其中对于参与了涉黑违法犯罪活动的需认定为涉黑资产,对于没有参与的应认定为公司企业的合法资产。

基于以上研究,对黑恶犯罪的治理具有如下个人认知与感悟:

其一,需基于黑恶犯罪现象认知其本质。黑恶犯罪的"黑",在本质上具有鲜明的反正义性和反人民性。一方面,那些对抗并不代表"正义"和"人民"的当权者的所谓"黑帮""黑社会",其实只是"伸张正义"和"为人民谋幸福"的"帮会";另一方面,那些并不代表"正义"和"人民",动辄为了一己私利而动用各种黑恶手段,霸占国家社会他人财物、非法获取经济政治利益、残暴干涉他国内政等的霸道主义者和霸权主义者,才是真正意义上的"黑帮""黑社会"。这意味着,"黑帮""黑社会"在本质上,与其说是表现为反主流社会,不如说是表现为反正义、反人民。对"黑帮""黑社会"如此本质特征的揭示,为认知和惩治黑恶犯罪提供了历史思维的理论基础。

其二,要基于科学思维理解和贯彻"打早打小"政策。"打早打小"是贯穿于立法、司法和执法的黑恶违法犯罪治理全方位的具体刑事政策,旨在以历史思维、辩证思维、系统思维、战略思维遏制黑恶犯罪的滋生和发展坐大,以实现黑恶犯罪治理体系和治理能力现代化。表现在:在立法上,以"黑社会性质组织"这个黑社会初级形态为入刑标准与打击基点;在司法上,为"打准打实"而符合刑法中的什么样的规定和犯罪形态就按什么样的规定和形态予以定罪处刑;在执法上,须严格、及时依法对各种可能滋生黑恶势力的不良现象采取有效处置措施。其实,从黑恶犯罪的成长特点与规律来看,防控黑恶犯罪"打早打小"的最有效理念与措施是严格行政执法,让黑恶犯罪没有滋生和坐大成势的空间与环境。

其三,应基于合法理念和理性方式对待"从严"政策。无论是以前的"打黑除恶"还是当前的"扫黑除恶",其实都是"从严"刑事政策的要求和体现。古今中外的社会治理现实表明,"黑恶现象"或多或少地出现与存在,是社会治理"流弊"积聚后的必然产物。这就决定了,在理论上和实践中,对待"从严"政策,既不是一味否定,也不是无原则适用,而应是在宽严相济刑事政策和法律体系框架下,予以理性理解和适用。理性理解和适用"从严"政策,是系统、辩证和战略推进黑恶犯罪治理现代化的要求和体现。

其四,当立足本质与现象的关系理解和适用黑恶犯罪的特征。本质与现象是哲学上互为里表的相对范畴,共同决定和承担着某个事物是自己而不是其他的定义功能和界分功能。由此,"本质特征"作为揭示事物"本质"的"现象",必须具有能够揭示事物"本质"和将 A 事物与 B 事物界分开来的功能。黑社会性质组织四个特征中的任何一个特征,因都不具有揭示黑社会性质组织"本质"和将黑社会性质组织与其他组织形态区分开来的功能,而都不可能为黑社会性质组织的本质特征。事实上,只有四个特征齐备的有机整体,才能揭示黑社会性质组织"本质",才能正确认定黑社会性质组织,才能界分黑社会性质组织与其他社会组织。这意味着,黑社会性质组织的本质特征,只能是其四个特征的有机整体。这是正确理解和认定黑社会性质组织、处理好其四个特征间内在关系、贯彻好"打准打实""打早打小"政策、推进好黑恶犯罪治理现代化的关键。同时,恶势力组织的认定也需基于以上原理。

其五,要实现从刑法打击到刑法治理的转型。黑恶犯罪的惩处,在历史上既有主要依靠刑法手段的"从严",又有以刑法打击为主的运动式

"打黑除恶"专项斗争。但随着国家推行和逐步深入推进全面依法治国,以及国家治理体系和治理能力的现代化,新时代的黑恶犯罪治理就不能再是将刑法作为其治理的主要手段,而应一方面基于社会的综合治理理念,发起"黑恶犯罪治理的人民战争",使得包括黑恶犯罪的当事人和其他所有社会成员,都在不同视角、基于各自角色、以各自行动参与到"远离黑恶犯罪"的行动中,让黑恶犯罪治理不仅仅是党委、政府和"打黑办"的事,而是全体社会成员、全体社会主体的共同事务与职责(责任);另一方面,即使是刑法介入黑恶犯罪治理,也不能孤立、片面地适用刑法,而应将刑法的相应规定纳入整个刑法体系、国家法律体系和国家治理体系中予以考量,从而找到刑法在黑恶犯罪治理中的应有位置,避免刑法在黑恶犯罪治理中走"功能扩大化"或"功能缩小化"极端,最大程度地实现良法善治的现代法治效果。

第一章

黑恶犯罪治理的基本范畴

黑恶犯罪,并不是严格意义上的法律用语,是对所有与黑社会(性质)组织有关犯罪的泛称。在我国刑法上,一般包括组织、领导、参加黑社会性质组织罪,入境发展黑社会组织罪和包庇、纵容黑社会性质组织罪。据此,这里的涉黑组织,就不仅包括黑社会性质组织,还包括黑社会组织,并与不成立犯罪组织的黑恶势力很是不同。因此,黑恶犯罪治理的研究与处理,均需以对"黑社会(组织)""黑社会性质组织""黑恶势力""有组织犯罪""黑恶犯罪治理"等范畴的合理理解与界定为逻辑起点。这些概念之界定与界分,是所有黑恶犯罪治理的理论研究与实践认定的基础。

一、黑社会

(一)黑社会与黑社会组织的概念和特征

在严格意义上,"黑社会"与"黑社会组织"是两个不同的概念。应当说,前者是泛称,通常用于日常或非正式文本;后者有具体的名称(名号)

(如"黑手党""三合会""新义安""和胜和"等)、组织构架、领导人员、运行机制、行为方式等。可在相关理论研究与实务实践中,一般是将它们视为不加区分的同一概念。虽然这个"混用"会带来诸如将《香港社团条例(第151章)》所针对的"三合会"及其犯罪界定误认为就是"黑社会"及其犯罪的概念与界定,①但基于以上普遍混用的事实和便于相关文献材料的对接,笔者以下论述中,若不加以特别说明,也把它们作为同一或通用概念。

据考证,"黑社会"一词在中文里属于外来词,具体由英文词组"Underworld Society"意译而来,意即地下社会。社会,有主流社会与非主流社会之分。通常意义上的"社会",特指主流社会,是指特定土地上的人为了共同利益、价值观和目标所形成的集合,旨在"通过风俗、习惯、宗教、法律、道德等方面的社会规范对个人和群体的行为施加约束,以达到社会和谐和稳定的目的"②。而"黑社会",是与主流社会相对抗并给主流社会带来危害的非主流社会形态,是见不得光的(秘密的)和非法的"小社会"(地下社会)。

"黑社会",这个通常作为非正式或日常用语的概念,在立法上也有将其作为法律用语的立法例。如我国澳门地区的《有组织犯罪法》,其第1条就明确规定了"黑社会"的概念,即"为取得不法利益或好处所成立的所有组织而其存在是以协议或协定或其他途径表现出来,特别是从事下列一项或多项罪行者,概视为黑社会:a)杀人及侵犯他人身体完整性;

---

① 参见赵秉志:《香港刑法》,北京大学出版社2000年版,第266—268页;田宏杰:《试论我国"反黑"刑事立法的完善》,《法律科学》2001年第5期;戴美萍:《试论当代中国的黑社会性质组织犯罪》,华东政法学院法学硕士学位论文,2005年;等等。

② 辞海编辑委员会:《辞海》,上海辞书出版社1999年版,第1912页。

b)剥夺他人行动自由、绑架及国际性贩卖人口;……"①不仅如此,还特别规定了其排除性成立条件,即"上款所指黑社会的存在,不需:a)有会址或固定地点开会;b)成员互相认识和定期开会;c)具号令、领导或级别组织以产生完整性和推动力;或 d)有书面协议规范其组成或活动或负担或利润的分配"。以上规定意味着,我国澳门地区法律规范上"黑社会",是一个范围和形式极其广泛的概念,与理论与实践通识性的、作为黑恶势力的最高表现和成熟形态的"黑社会(组织)",不是一个层面的概念。

我国大陆地区,在立法上,最早出现"黑社会(组织)"概念的是 1997 年 3 月 14 日修订、1997 年 10 月 1 日起施行的现行《中华人民共和国刑法》。具体是其第 294 条第 2 款关于入境发展黑社会组织罪的规定,即"境外的黑社会组织的人员到中华人民共和国境内发展组织成员的,处 3 年以上 10 年以下有期徒刑"。但从规范文件视角,最早使用该概念的,据不完全考证,应是 1982 年深圳市颁布的《关于取缔黑社会活动的通告》。其背景是,改革开放前,深圳只是小渔村,因没钱可赚而黑社会不会潜入深圳,但在改革开放后的不久,港澳黑社会势力便采取各种途径向深圳渗透,以至于至 1982 年,深圳市有关部门就查实了黑社会组织成员 76 名,于是,于同年 11 月,深圳市政府正式颁布了《关于取缔黑社会活动

---

① 这里的"特别是从事下列一项或多项罪行",具体包括如下 21 种:"a)杀人及侵犯他人身体完整性;b)剥夺他人行动自由、绑架及国际性贩卖人口;c)威胁、胁迫及以保护为名而勒索;d)操纵卖淫、淫媒及作未成年人之淫媒;e)犯罪性暴利;f)盗窃、抢掠及损毁财物;g)引诱及协助非法移民;h)不法经营博彩、彩票或互利博彩及联群的不法赌博;i)与动物竞跑有关的不法行为;j)供给博彩而得的暴利;k)违禁武器及弹药、爆炸性或燃烧性物质、或适合从事刑法典 264 条及第 265 条所指罪行的任何装置或制品的入口、出口、购买、出售、制造、使用、携带及藏有;m)选举及选民登记的不法行为;n)炒卖运输凭证;o)伪造货币、债权证券、信用卡、身分及旅行证件;p)行贴;q)勒索文件;r)身分及旅行证件的不当扣留;s)滥用担保卡或信用卡;t)在许可地点以外的外贸活动;u)清洗黑钱;v)非法拥有能收听或干扰警务或保安部队及机构通讯内容的技术工具。"

的通告》,并据此开展了两次大规模反黑清帮行动。由此,本《通告》也成了新中国消灭旧的帮会以后,首开在正式政府文件中使用"黑社会"概念的先河。

综观域内外的相关理论与实践,"黑社会(组织)"至少具有如下几个突出特点:

一是广大的非法控制性与突出的反人民性。这是"黑社会"(黑社会组织)与普通犯罪组织很是不同的根本方面。一方面,因其控制范围的广大性而被称为"社会"。据此,那些通过违法犯罪活动等进行非法控制,但因不具有非法控制的以上"社会"性的犯罪组织(犯罪集团),如传销集团、走私集团、诈骗集团、赌博集团,而都只是普通的有组织犯罪,都不是黑社会(性质)组织;那些虽然具有一定范围的控制性,但因其活动范围仅限某个小区、某个菜市场、某几家面馆、某个村庄、某个煤炭矿区、某条公路等有限区域,未形成"社会性"非法控制的村霸、菜霸、面霸、煤霸、路霸等,而通常只是黑恶势力,也都不是黑社会(性质)组织;只有"在一定区域或者行业内""称霸一方",进行非法控制的范围及其影响或危害达到"社会"程度的社会组织,才是"黑社会(性质)组织"。另一方面,因其具有相对于主流社会的运行体系独立性、与主流社会的对抗性和法律意义上的非法性,而这个所谓的"社会",是在主流社会运行体系之外的"'黑'社会(性质)组织"。据此,那些作为主流社会运行体系中的一部分或积极融入主流社会的公开、合法的"社会组织",如行业协会、社会团体、民间自治组织、民间互助组织,虽然也有控制范围的广大性,但因其在主流社会运行体系中运行和不存在与主流社会的对抗性,而都不是"黑社会"和"黑社会(性质)组织"。因此,"黑社会"的以上之"黑",与其说是其与主流社会对抗的"地下性"和"非法性",不如说是其欺压残害主流社会成员的反人民性。这个反人民性,是黑社会(性质)组织的本质与规制、理解和适用其构成特征的实质要素所在。

二是"黑社会"并非当然的犯罪组织。虽然"黑社会"是对抗主流社会并对主流社会形成非法控制和带来危害的非法组织,但在没有相应的刑法禁止性规制的情况下,还不能称之为规范意义上的犯罪组织。虽然在全球基于这样做法的国家和地区并不多见,但也确实存在。例如,在日本,因其刑法中,就没有黑社会组织方面的规制,包括既没有相应的罪名,也没有类似于"犯罪集团"的可以将其纳入其中的刑法规制,而日本的"黑社会"尚不能称之为规范意义上的犯罪组织。虽然日本于1992年出台了《反黑帮法》,以限制与黑帮成员保持任何形式的关联,包括曾被定罪的前黑帮成员不得参与国家医疗保险、开设银行账户、申请汽车牌照、成为健身场所会员,甚至无法让子女入托,并对现在或以前的黑帮成员在就业或求职期间隐瞒自己的身份规定为犯罪行为,但这只意味着"黑社会"是非法组织,而未将其本身定性为犯罪组织。在我国刑法中,无论是1979年刑法还是1997年全面修订的刑法,"黑社会"都是规范意义上的犯罪组织。其中,在1979年刑法中,因其完全符合"犯罪集团"的规定,①而可以将其作为相应犯罪集团犯罪予以定性处罚;在1997年刑法中,立法明确将其规制为"黑社会性质组织"和"黑社会组织"这个特定的犯罪组织。

三是"黑社会组织"通常有立足于主流社会并表明该组织社会存在的名号,即为主流社会所熟知、与主流社会相对立、能体现其组织性质及活动特征的特定帮会名称。如意大利的"黑手党",美国的"三K党",日本的"山口组",我国香港地区的"新义安"(潮州帮)、"14K"、"和胜和",

---

① 参见1979年《刑法》第23条第1款:"组织、领导犯罪集团进行犯罪活动的或者在共同犯罪中起主要作用的,是主犯"。第86条:"本法所说的首要分子是指在犯罪集团或者聚众犯罪中起组织、策划、指挥作用的犯罪分子"。

我国台湾地区的"竹联帮""四海帮""天道盟""松联帮"。①

四是"黑社会"有着较为严密的组织结构。表现为有明确的组织领导者、基本固定的骨干成员,且至少有三级或三级以上的、等级森严的、上级绝对控制下级的垂直权力分层结构。如意大利的黑手党大体就可以分为"'小组'—'家族'—'委员会'"三个层次,"小组"由"组长"全权负责组内事务,而"组长"是由组员(士兵)无记名投票选举产生的;数个"小组"组成中层组织"家族";"家族"负责人由各个小组组长选举产生,被称为家长(教父),可以决定家族内所有成员的生死荣辱,拥有至高无上的权力。黑手党的最高层是委员会,由委员长(霸主)领导,家长及委员长副手有权推选委员长。委员会之间,还被分为地方委员会和最高委员会。② 而在我国香港地区的黑社会组织系统里,诸如"14K""和记""四大""老潮"等"大单位",都会设一名"香主",而在各个堂口,则设立"坐馆"及"揸数"各一名,另外还有若干名具有"叔父"资格的"执事者"。这些人不仅要代表堂口处理对外事务,还要解决内部争执和人员"升职"。③

五是"黑社会"在组织体系上有组织成员约定或承认的严厉的帮规戒律。在黑社会犯罪组织内部都有一套严格的立帮、入帮的规定或仪式和严密的内部纪律,如忠诚组织、不得背叛;有福同享、有难同当;忠于誓言;赏罚分明;保守秘密等。如黑手党,在其集团中,各帮派内部有自己严格的帮规和纪律,使用独特的暗语和黑话。主要的帮规会律包括:成员间要一致对外、相互帮助;各个成员均有责任保护和营救落入敌手的成员;

---

① 参见石经海:《"杨某涉黑案"的特点、成因与防控类似违法犯罪的对策》,《西南政法大学学报》2010年第1期。
② 参见谢勇、王燕飞主编:《有组织犯罪研究》,中国检察出版社2005年版,第314页。
③ 转引自《香港黑社会调查》,http://wenku.baidu.com/view/fb1b343b580216fc700afd99.html,2021年2月24日检索。

根据头目意愿和要求,成员可采取绑架、敲诈、劫掠、烧杀等暴力手段达到目的,并有权分得行动所得的财物;成员为维护"荣誉社会"利益甘于牺牲个人和亲属;成员若违反规纪或向外泄露组织机密,一般在帮内执法机构处置,严重者从头目到一般成员都有权将其处死;成员加入组织世代相袭等。① 又如美国的三K党,其内部也有一整套严格的帮规和暗号,成员入党仪式要求宣誓承诺永守秘密,并誓死效忠党("无形帝国")。其成员喜欢手举燃烧的十字架,穿白色或黑色长袍举行集会,发起恐怖活动,常常拷打、绑架、燃烧、枪杀,甚至集体屠杀黑人和进步人士。② 再如我国香港地区黑社会,其帮规往往有如下的要求:"身入洪门,不得勾官结府。不得欺兄霸嫂。不得出卖手足。不得吃里扒外。不得调戏姊妹。有事不得畏缩不前。不得泄露秘密。不得勾结外人,出卖兄弟。不得三心二意。不得欺师灭祖。否则三刀六眼,势不容情。"③

(二) 帮会、黑帮与黑社会(组织)的界分

历史上的"帮会"甚至"黑帮",并非严格意义上的"黑社会"。所谓"帮会",在通常认识上,是旧社会民间秘密组织的总称,是基于各种同业(如手工业帮)或同乡等关系而结合成的各种组织,④前者如破产农民或手工业失业者为谋求生活上的互助和反抗压迫等而结合成的"三合会""哥老会"⑤等,他们往往基于孤苦无援、亲密交往、相互扶持、共谋生存、

---

① 参见徐跃飞:《黑社会性质组织犯罪研究》,中国人民公安大学出版社2007年版,第7页。
② 参见徐跃飞:《黑社会性质组织犯罪研究》,中国人民公安大学出版社2007年版,第4页。
③ 转引自:《香港黑社会调查》,http://wenku.baidu.com/view/fb1b343b580216fc700afd99.html。
④ 参见辞海编辑委员会:《辞海》,上海辞书出版社2010年版,第0074页。
⑤ 在四川和重庆的哥老会被称为袍哥。

仇恨社会等共同基础而逐渐形成为民间组织;后者如以村、镇等为单位秘密结社起来的"红枪会""青帮""天地会"①"大刀会"等,他们往往基于防匪防盗、抗击外来侵略等同乡观念而逐渐形成为民间组织。这些组织,并非一开始就是反动的,甚至有的在历史上还起过积极作用。如"黑手党(Mafia)",它本是意大利西西里岛人为免受突厥人和诺曼人侵略者的侵扰而组织起来保护家人的民间组织。又如世界上用来泛指华人最大黑帮的"三合会(Triad)",早期其实只是一个团练、市镇民团及村民组织互相自保而成的"反清复汉"民间组织。又如"红枪会",在新民主主义革命时期成为一支重要的反帝反封建的革命力量,在国民革命军北伐战争中发挥了积极作用。当然,很多"帮会"后来通常成了"黑帮"甚至"黑社会(组织)"。

"黑帮"与"黑社会"在严格意义上也是不同的。主要表现为,"黑帮"坐大成势后才称之为"黑社会"。按通常理解,"黑社会"是"进行犯罪活动及其他非法活动的秘密社会集团",而"黑帮"是"暗中活动的犯罪团伙、反动集团及其成员"。②"黑帮"在形成的前期或初级阶段,一般尚只是黑恶势力,只是逐步坐大成势后才可称得上"黑社会性质组织"甚至"黑社会"。在这个意义上,"黑帮"是一个非规范层面的日常用语。

"黑帮"或"黑社会"的"黑"以是否代表正义、是否代表人民为核心标准。一方面,从历史上看,那些被迫或主动组织起来与不代表正义、不代表人民的"主流社会"及"当权者"对抗的"社会组织",如帮会,虽然被当权者(主流社会)认定为"黑帮"或"黑社会",但实际上它们是代表人民和代表正义的进步"社会组织"。如我国清末被美国称为"华裔黑帮"的"洪门"和"青帮",其实只是这些侨居美国并处于底层社会的侨民,不

---

① "天地会"又名洪门,俗称洪帮。
② 参见辞海编辑委员会:《辞海》,上海辞书出版社2010年版,第731、733页。

满当时美国政府对华裔移民的高压政策,不满白人对华人的欺压,引入国内"洪门""青帮"等的帮规组织起来,以抵制和反抗美国政治、法律、文化等的歧视、欺侮、压榨和进行相互声援、自我保护、自我管理的自卫组织。这个组织("北美洪门"),不仅保护着华人好好生存、不受欺侮、不受打压,而且还心系祖国,在支援孙中山国内革命战争和国内抗日战争中,发挥着积极的重要作用,并在后来还发展成了支持和参与新中国建设的民主党派"致公党"。① 同时,在历史上,也有些"黑社会"组织,在组织成立之初,并非都具有反人民性。如"黑手党(Mafia)",它本是意大利西西里岛人为免受突厥人和诺曼人侵略者的侵扰而组织起来保护家人的民间组织。另一方面,那些置主流社会的法律规定与正义于不顾的黑社会(性质)组织,不仅使用暴力、威胁手段,控制一定行业、一定地域的社会成员与组织,建立一个与合法的符合阶级利益的社会秩序相对立的非法秩序,而且通过对其组织成员、合法社会成员及某行业、某地域的控制,来对抗、削弱主流社会的合法控制,使得其对主流社会及其成员的破坏是全方位的:不仅动摇了社会的根基,也损害了社会群体的信念。同时,那些并不代表"正义"和"人民",动辄为了一己私利而动用强权甚至武力等干涉他国内政甚至推翻他国政权的霸权主义者,其相对于全人类社会(全球社会)来说,是真正意义上的"黑帮"甚至"黑社会"。

基于以上现实情况,"黑帮"与"黑社会"的法律地位是不同的。对于"黑社会",因其与主流社会相左,不按主流社会的法律等运行制度行事,通常为各国政府的打击对象;而对于"黑帮",特别是那些还没发展成为黑社会(性质)组织的,在有些国家或地区的法律上,是既不违法也不合法,处于法律的真空地带,甚至有的还为主流社会所容忍。如在日本,

---

① 参见许苗:《全球黑帮花名册》,中国友谊出版公司2011年版,第44—48页。

"黑帮"主要以社团的名义来建立,是公开活动和合法存在的。如山口组,它的主要经济来源是娱乐业,很少进行抢劫等重大犯罪,且因其势力比较大,以至于日本的警察要靠他们才能维护好治安。虽然日本于1992年出台的《反黑帮法》,使日本黑帮人数一度减少,但这项法律本身对那些势力较大的黑帮(如山口组)影响不大,甚至还出现了盘面越来越大的现象。这体现了"黑帮"和"黑社会组织"在日本政治、经济中的错综复杂关系。又如其雅库扎,拥有完整的组织体系,成员个个衣着光鲜,佩戴姓名牌,随身携带名片。又如在我国台湾地区,竹联帮帮主陈启礼于2007年病逝后,在台湾社会各界人士有1万多人参加了他的"世纪葬礼",并有警力千人维护秩序。

二、黑社会性质组织

(一) 黑社会性质组织的内涵和特征

黑社会性质组织,是我国立法和实践中的专有概念。在立法上,最早出现"黑社会性质组织"的是1997年3月14日修订、1997年10月1日起施行的现行《中华人民共和国刑法》。① 具体是其第294条第1款和第4款关于组织、领导、参加黑社会性质组织罪和包庇、纵容黑社会性质组织

---

① 在新中国的第一部刑法(1979年《刑法》)中,没有"黑社会(性质)组织"这个概念。这并不是立法者的忽视,而是在新中国成立后至改革开放前的三十年中,中国的经济和管理情况使得"黑社会"缺少存在环境与空间。只是随着改革开放的推进,境外特别是港澳的黑社会组织纷纷向内地(特别是改革开放的前沿阵地如深圳、广州)渗入,使得在以后短短的二十年中,中国黑社会性质刑事犯罪的形势发展迅猛。1997年,立法机关为了适应打击黑社会性质刑事犯罪的需要,应公安部的要求,修改后的新《刑法》,在第294条中设立了三个有关黑社会的罪名:组织、领导、参加黑社会性质组织罪;入境发展黑社会组织罪;包庇、纵容黑社会性质组织罪。

罪的规定,即"组织、领导和积极参加以暴力、威胁或者其他手段,有组织地进行违法犯罪活动,称霸一方,为非作恶,欺压、残害群众,严重破坏经济、社会生活秩序的黑社会性质的组织的,处 3 年以上 10 年以下有期徒刑;其他参加的,处 3 年以下有期徒刑、拘役、管制或者剥夺政治权利";"国家机关工作人员包庇黑社会性质的组织,或者纵容黑社会性质的组织进行违法犯罪活动的,处 3 年以下有期徒刑、拘役或者剥夺政治权利;情节严重的,处 3 年以上 10 年以下有期徒刑"。在实践中,据不完全考证,最早出现有关"黑社会性质组织"表述的应是 1992 年 6 月公安部负责人的一次谈话:"值得特别注意的是,一些犯罪团伙正在向黑社会组织演化的趋势","他们内部组织越来越严密,利用公开职业作掩护实际上已经成为现阶段社会条件下的带有黑社会性质的组织"。

在理论上,对于什么是黑社会性质组织,尚没有完全形成共识,甚至理论上和实践中经常把它与"黑社会组织"混为一谈。如认为,"黑社会(性质)组织,是指由众多成员组成,有严密的组织性和组织亚文化,凭借组织暴力和权力庇护来非法控制一定的社会区域或行业,以牟取经济利益为最终目的的半隐蔽的社会群体"①。如此界定,不仅对"黑社会性质组织"和"黑社会组织"作出了同样的界定,而且其内涵揭示也脱离了刑法等的立法规定实际。

显然,黑社会性质组织作为一个立法上的专有概念,其界定应基于刑法立法的规定。综观我国立法,其最早的规定见于我国 1997 年《刑法》,即《刑法》第 294 条的规定,所谓黑社会性质组织,是指以暴力、威胁或者其他手段,有组织地进行违法犯罪活动,称霸一方、为非作恶,欺压、残害群众,严重破坏经济、社会生活秩序的犯罪组织。

---

① 郭子贤:《黑社会(性质)组织形成研究》,知识产权出版社 2006 年版,第 27 页;郭子贤:《论黑社会(性质)组织的特征》,《湖南公安高等专科学校学报》2006 年第 1 期。

立法上的如此界定,因采用了"称霸一方,为非作歹,欺压、残害群众"等具有文学色彩的字眼或非专业化的表述,而给司法适用带来操作上的难度。① 于是,为了能够准确地认定黑社会性质组织,最高人民法院于 2000 年出台了《关于审理黑社会性质组织犯罪的案件具体应用法律若干问题的解释》(以下简称《审黑解释》),规定黑社会性质组织的成立和认定,"一般应具备""组织结构比较紧密,人数较多,有比较明确的组织者、领导者,骨干成员基本固定,有较为严格的组织纪律";"通过违法犯罪活动或者其他手段获取经济利益,具有一定的经济实力";"通过贿赂、威胁等手段,引诱、逼迫国家工作人员参加黑社会性质组织活动,或者为其提供非法保护";"在一定区域或者行业范围内,以暴力、威胁、滋扰等手段,大肆进行敲诈勒索、欺行霸市、聚众斗殴、寻衅滋事、故意伤害等违法犯罪活动,严重破坏经济、社会生活秩序"等四个方面的特征。②

然而,对于以上《审黑解释》的特征界定,公安、检察、法院乃至理论上均有不同理解。其中,争议最大的,表现在如下三个方面:

其一,四个特征是否必须同时具备。对于如此问题上的争议,主要有"同时具备"说和"一般具备"说两种观点。"同时具备"说认为,黑社会性质组织应当同时具备《审黑解释》规定的四个特征,缺一不可;"一般具备"说认为,《审黑解释》对以上四个特征并非要求必须同时具备,只要求四个特征"一般具备",如果有三个特征具备,有一个特征不是很典型,也可以认定为黑社会性质组织。③

---

① 从实践调研看,有法官认为,这个带有文学性的描述,因是价值性评价而更容易把握和认定。
② 2000 年最高人民法院《关于审理黑社会性质组织犯罪的案件具体应用法律若干问题的解释》第 1 条的规定。
③ 参见李文燕、柯良栋主编:《黑社会性质组织犯罪防治对策研究》,中国人民公安大学出版社 2006 年版,第 89 页。

其二，较为严格的组织纪律是否必须具有。以上审判解释明确要求要"有较为严格的组织纪律"。而检察机关并不认为要有这个严格的要求。这一点可从最高人民检察院原副检察长张穹对以上《审黑解释》的观点（以下简称"检察机关观点"）中得以体现。张穹指出，"在办案中，要正确理解最高人民法院《解释》中规定的黑社会性质组织的四个特征"，"只要该集团有较明确严格的'帮规'、'家法'等行为规则或'约定'，不论其内容是简单还是繁琐，即成立该特征"。① 如此观点，一方面主张黑社会性质组织在组织结构方面的"组织纪律"要件，但另一方面并不赞同"较为严格的组织纪律"要求，认为只要表现为简单的"家法"或"约定"即可，从而表现为黑社会性质组织在组织结构方面的"组织纪律"要件门槛很低。

其三，"保护伞"是否必须具有。这是最大的和最实质性的争议。以上《审黑解释》要求，黑社会性质组织必须有"保护伞"，要求"通过贿赂、威胁等手段，引诱、逼迫国家工作人员参加黑社会性质组织活动，或者为其提供非法保护"②。而检察机关则持相反的意见，主张"拥有'保护伞'不是黑社会性质组织的必备特征"③，认为不应将是否将国家工作人员"拉下水"作为必要条件，在实践中对该项特征应当视案件具体情况具有一定的灵活性，防止将黑社会性质组织案件当作一般刑事案件处理，从而避免打击不力。④ 对此，在理论上也有绝然相反的争议。肯定者认为，"保护伞"是黑社会性质组织的必备特征，因为没有"保护

---

① 张穹：《关于"严打"整治斗争中的法律适用问题》，《检察日报》2001年7月23日。

② 2000年最高人民法院《关于审理黑社会性质组织犯罪的案件具体应用法律若干问题的解释》第1条第3项的规定。

③ 何秉松主编：《黑社会犯罪解读》，中国检察出版社2003年版，第127页。

④ 参见张穹：《关于"严打"整治斗争中的法律适用问题》，《检察日报》2001年7月23日。

伞"的保护,黑社会性质组织就会长期受法律惩罚,其违法犯罪行为得不到掩护,也不会最终称霸一方,并形成较大的势力范围;否定者认为,有没有"保护伞",并不影响界定其为黑社会性质组织,只要具备其他特征便可。①

针对以上争议,最高人民法院和最高人民检察院依《立法法》的规定,联合向立法机关全国人大常委会提出了立法解释的要求。全国人大常委会经多次研讨,在2002年4月28日作出了《关于〈中华人民共和国刑法〉第294条第1款的解释》的立法解释,对以上司法和理论上争议的三个分歧问题作了回应:其一,要求黑社会性质组织的组织特征、经济特征、行为特征和非法控制特征等四个基本特征必须"同时具备",也就是黑社会性质组织的认定,需同时具备如下四个特征:"形成较稳定的犯罪组织,人数较多,有明确的组织者、领导者,骨干成员基本固定";"有组织地通过违法犯罪活动或者其他手段获取经济利益,具有一定的经济实力,以支持该组织的活动";"以暴力、威胁或者其他手段,有组织地多次进行违法犯罪活动,为非作恶,欺压、残害群众";"通过实施违法犯罪活动,或者利用国家工作人员的包庇或者纵容,称霸一方,在一定区域或者行业内,形成非法控制或重大影响,严重破坏经济、社会生活秩序"。② 以上立法解释的规定,实际上是对黑社会性质组织的认定,提出了非常严格的认定要求,防止黑社会性质组织认定的"拔高"和"扩大化"。其二,认可了检察机关关于"组织纪律"要件的意见,并不要求黑社会性质组织的组织特征认定具备"组织结构比较紧密"和"有较为严格的组织纪律"。其三,

---

① 参见张德寿等:《黑社会性质组织犯罪与对策研究》,中国人民公安大学出版社2006年版,第6—7页。
② 2011年全国人大常委会通过的《刑法修正案(八)》将这四个特征全部照搬地吸收到《刑法》中成为立法的直接规定。

认可了检察机关关于"保护伞"要件的意见,把"保护伞"作为其选择性特征(要件),即黑社会性质组织犯罪并不一定是以国家工作人员的包庇和纵容为构成要件。

如此四个特征的立法解释界定,一直沿用至今,并在2011年通过《刑法修正案(八)》吸收到现行《刑法》中,作为其第294条第5款。① 显然,立法解释对以上三个问题的要求和做法是正确的。其一,立法解释要求,黑社会性质组织成立的四个特征应"同时具备",并不是彼此孤立而是有机结合的。在实践中,不存在只要具备其中几个特征而弱化其他特征的情况,客观上要判断是否属于法律所规定的黑社会性质组织,需同时具备这些特征才可能构成。② 其二,成文的帮规、章程等严格的组织纪律,并不是黑社会性质组织的必备要件。而对于黑社会来说,具有严格的入帮、退帮仪式、帮规等行为规则,是其成立的必备要件。据学界的考究,对于不具有黑社会组织成熟形态的黑社会性质组织,一般没有成文的规范或戒律,而是通过成员之间的口头传递或者行动来形成"规矩"。③ 在实践中,这些口头传递或者行动来形成"规矩",难以取证和证明。因此,不把严格的组织纪律作为黑社会性质组织成立的必备要件,是现实的需要。这也是黑社会和黑社会性质组织的区别所在,从这个角度来说,我国没有严格意义上的"黑社会(组织)",但存在相当数量的"黑社会性质组织"。其三,对黑社会性质组织的坐大成势来说,确实需要国家工作人员的包庇或纵容,即"保护伞"的作用。但在认定黑社会性质组织中不以"保护伞"为必备要件,并不是否定"保护伞"对黑社会性质组织坐大成势的作用,

---

① 具体为第十一届全国人民代表大会常务委员会第十九次会议于2011年2月25日通过的《刑法修正案(八)》吸收为《刑法》第294条第5款。

② 本著第五章关于"黑社会性质组织本质特征的理解与认定"部分予以详述。

③ 参见李文燕、柯良栋主编:《黑社会性质组织犯罪防治对策研究》,中国人民公安大学出版社2006年版,第92页。

而是"在查处黑保护伞的问题上遇到相当阻力","充当黑保护伞的政府工作人员都有相当的社会经验、很强的反侦查能力,为自己设置了严密的'保护膜'",而且,"被抓获的犯罪分子往往也不愿意供出保护伞,这样,即使他们被逮捕也能继续获取照顾"。① 在这个意义上,以上理论上关于"保护伞"的两种不同观点,实际上并不矛盾:第一种观点强调的是"保护伞"对黑社会性质组织坐大成势的客观意义,后一种观点强调的是"保护伞"虽然是客观存在的,但因取证等问题并不一定需把它作为黑社会性质组织成立的必备要件。因此,理论上关于"保护伞"的争论,因不在同一层面上而没有意义。② 其四,这一立法解释,一方面可以更好地适应黑社会性质组织在黑社会"性质"上的特点,并有利于区别于相对成熟形态的黑社会组织,另一方面可以使该解释对认定黑社会性质组织具有更大的适用性和给认定黑社会性质组织带来更大的灵活性。其五,这一立法解释,可以较好地把黑社会性质组织与一般犯罪集团和流氓恶势力区分开来。将黑社会性质组织明确规定为具有严格组织结构并与政府对抗的那种社会黑恶势力,从而使黑社会性质组织与专门实施杀人、抢劫、强奸犯罪行为的犯罪集团,以及流氓恶势力团伙有着明显不同的特征。③

综上所述,我们可以将"黑社会性质组织"的概念界定为:由具有组织领导者、积极参加者和若干参加者身份成员组成,有明确的组织者、领导者且骨干成员基本固定的组织结构,以暴力、威胁或其他手段有组织地实施违法犯罪活动或者利用国家工作人员的包庇或者纵容,以谋取经济利益,并以此支持该组织的活动,在一定区域或者行业内形成非法控制或

---

① 参见张捷:《"黑保护伞"引发的法律问题》,《南方周末》2002年5月9日。
② 本著第五章关于"黑恶犯罪组织'保护伞'的争议与认定"部分予以详述。
③ 参见黄太云:《〈全国人民代表大会常务委员会关于〈中华人民共和国刑法〉第二百九十四条第一款的解释〉的理解与适用》,载最高人民法院研究室编:《刑事司法解释理解与适用》,法律出版社2009年版,第246页。

者重大影响,严重破坏经济和社会生活秩序的犯罪组织。

(二) 黑社会性质组织与黑社会组织的界分

我国 1997 年刑法立法时,在讨论黑恶犯罪立法的时候,有观点认为,我国有强大的人民民主专政的国家政权,解放初期我们就摧毁了黑社会犯罪组织,现在没有出现也不可能出现黑社会犯罪组织,没有必要在刑法中制定如此犯罪。① 这种观点,相对于域外的黑社会犯罪而言,确实有一定的道理。但从有效治理黑恶犯罪来看,又显得并不合适。究其缘由,在很大程度上是对黑社会性质组织与黑社会组织的内在关系认识不清。综观相关立法和现实,黑社会性质组织与黑社会组织是既有相同点又有区别的两个法律概念。

1. 黑社会性质组织与黑社会组织的相同点

主要包括如下四个方面:

一是二者均具有一定的组织性、固定性和控制性。作为一种有组织犯罪,黑社会性质组织与黑社会组织的首要特征都是组织性、固定性和控制性。主要表现为,二者都由人数众多组成,都是为有组织地实施违法犯罪活动而组成的较为固定的犯罪组织。且在二者内部都表现出组织紧密、分工明确、纪律严格,有比较明确的组织者、领导者和骨干成员的特点。除了以上组织性和固定性外,二者还有较为突出的控制性。对于黑社会组织,如前所述,它们均有自己的章程、组织、等级和严厉的纪律。如我国台湾地区的黑社会组织,它们大多沿袭大陆青帮、洪帮的部分仪式,并订立帮规;各帮一般都拥有老大或帮主,下有坛主、堂主,坛主对堂主负责,堂主对帮主负责;组织内部有着严格的等级制度,小辈必须无条件服

---

① 参见刘守芬、王小明:《关于惩治黑社会组织犯罪的立法思考》,《中外法学》1996 年第 6 期。

从长辈,组织还会惩罚办事不慎或违反帮规的成员,轻则体罚、囚禁、开除,重则殴打、砍杀;此外,凭借政治、经济、人员、犯罪装备等势力,黑社会组织实行区域分割,划分各自的"势力范围",控制、独霸一方,俨然建立起了一个主流社会公共机构行政区划之外的、地下隐秘的控制区域。虽然黑社会性质组织在组织特征上没有黑社会组织那么严密,但也具有相当的控制性。如四川的"狄XX集团",制定了类似内部"刑法"的《员工手册》,分为4章17条,对于出卖、背叛、损害组织利益,不服从命令的成员,处以割舌、挖眼、断双手、断双脚等处罚,直至处死。①

二是二者均追求经济利益性。巨大的经济利益是二者存在的基础所在,谋取经济利益是它们的终极目的。它们都必定通过各种违法犯罪活动大肆敛财,直接的敛财方式是从事非法经济活动,如组织卖淫、强行收取保护费、设立赌场、暴力讨债等。据资料显示,意大利黑手党每天从商贩手中收取的保护费高达2.5亿欧元,在西西里岛和拉卡布里亚等黑手党组织盘踞的"老巢",有七八成的商人都要向他们缴纳保护费。② 而我国的黑社会性质组织,从笔者下文统计的362个案件的情况来看,也都获取了巨额经济利益。据这些判决书显示,它们都分别非法获利少则几万元,多则几亿元。

三是二者均具有自己的"亚文化"。无论是黑社会组织还是黑社会性质组织,在总体上都会逐步形成它们的"亚文化"。该"亚文化"以成员思想上的暴力意识和帮派思想为核心。"文化是某些社会成员之间所共有的、若明若暗的、合理又不合理的、由历史所形成的生活方式之总

---

① 参见黄华平、孔飞:《我国刑法中黑社会性质组织的构成与界定》,《中国人民公安大学学报》2010年第5期。

② 参见《意大利打黑"教父"干将落网》,http://news.sina.com.cn/w/2010-10-25/023218279866s.shtml/,2013年11月30日。

体。"①那么亚文化则是指与社会主流文化相对抗的、违反一般社会规范的文化形态。正如布鲁姆·塞尔茨内克及达拉赫所言:"许多人之所以是越轨者,并非由于其消弱社会结合,而是由于他们是具有不同标准和价值观的群体","即使是遵从,当它是产生于对越轨文化的参与时,也可能导致越轨","这种文化的规范是同更大的社会的规范相背离的"。② 而在黑社会(性质)组织内部,有他们独特的生活习俗,往往过着变态的追求刺激的生活,有自己社会中的独特语言,甚至他们认为,只有凭借着暴力、借助于帮派的力量,他们才能获得所需要的财富、名声及权力,形成独特的犯罪文化,即"亚文化"。黑社会组织和黑社会性质组织的"帮规""家法""约定"等,之所以能够约束着其组织成员,在很大程度上就是这些"帮规""家法""约定"发挥着这些领域的"亚文化"作用。

四是二者均具有暴力控制性。无论是黑社会组织还是黑社会性质组织,都与正常社会一样,具备社会的基本要素、群体、空间和秩序,只不过它的秩序是建立在暴力与强权的基础之上。它们往往置主流社会的法律规定于不顾,使用暴力、威胁手段控制一定行业、一定地域的社会成员与组织,从而建立一个与合法的符合阶级利益的社会秩序相对立的非法秩序,它是对抗正常社会的形态,具有反社会性和反政府性。同时,黑社会(性质)组织通过对其组织成员、合法社会成员及某行业、某地域的控制来对抗、削弱合法控制。二者往往通过在组织内部订立"帮规""纪律",通过寻衅滋事、聚众斗殴等违法犯罪活动在一定区域或行业内制造恐怖气氛,并利用如此气氛形成非法控制或重大影响,以建立自己的势力范围,称霸一方,继而获取巨额非法经济利益。这意味着,黑社会(性

---

① 张文等:《刑事法学要论》,法律出版社1988年版,第932页。
② [美]L.布鲁姆、P.塞尔茨内克、D.B.达拉赫:《社会学》,四川人民出版社1991年版,第272页。

质)组织不同于一般组织对社会关系某一部分或具体某一成员权利的侵害。它对社会的破坏是自觉的、全方位的:不仅动摇了社会的根基,也损害了社会群体的信念。

2. 黑社会性质组织与黑社会组织的主要不同点

既然"黑社会性质组织"是我国所特有的概念,则其肯定与黑社会组织有着很大的不同。这个不同主要表现在:

一是组织形式有所不同。主要表现在如下三个方面:其一,是否有立足于主流社会、标示其社会存在的帮会名号。黑社会性质组织往往没有自己的组织名号,而黑社会组织都有自己的名号,如意大利、美国、俄罗斯的"黑手党",我国香港地区的"三合会""广胜堂",我国台湾地区的"竹联帮""四海帮""天道盟""松联帮",我国澳门地区的"14k""水房""大圈""胜义"等。[①] 其二,黑社会组织的规模往往大于黑社会性质组织。虽然现有法律对于该两类组织所应具有的人数没有明确的规定,但是通过诸多的实例我们可以很明确地看出这一点。其三,相比较于黑社会性质组织,黑社会组织内部更加严密。黑社会性质组织一般都会制定"家规"甚至"帮规",组织内部有若干个等级,成员之间可以称兄道弟。而黑社会组织是以"首领"、"帮主"或"黑老大"为首的稳定的核心,由其进行统管与控制,等级森严,内部形成一个强制有效的运转系统,组织内部订立严酷的纪律、规约,且制订有统一的行动纲领计划。

二是经济利益特征有所不同。主要表现在如下两个方面:第一,谋取的手段不同。黑社会性质组织犯罪基本上是靠打打杀杀和敲诈勒索等低级手段获取经济利益,暴力程度相对较低。黑社会犯罪则会不惜一切手段,地下的、公开的、非法的、合法的,更多的是通过暴力掠夺来实现其利

---

① 参见石经海:《"杨某涉黑案"的特点、成因与防控类似违法犯罪的对策》,《西南政法大学学报》2010年第1期。

益掠夺、积聚资本、拥获经济实力,暴力程度较高。第二,黑社会组织的经济基础往往高于黑社会性质组织。黑社会犯罪规模大、人数众多,其财力自然较之更雄厚。据考证,意大利黑手党组织 2008 年通过犯罪活动共赚取 1300 亿欧元(约合 1690 亿美元),这一数额相当于意大利当年国内生产总值的 8%。① 俄罗斯黑手党掌控着数万家企业,并与众多私人银行的老板间有着千丝万缕的联系,由黑手党控制的"影子经济"的总量目前已达到俄罗斯国内生产总值的 20% 到 25%。② 而相比较于黑社会组织,黑社会性质组织犯罪在规模、人数、控制范围上都较低,其经济基础亦与黑社会组织的经济基础相去甚远。③

三是对社会的控制程度有所不同。主要表现在如下三个方面:其一,由于黑社会性质组织相对于黑社会组织来说,其规模相对较小、人数相对较少,其控制的范围也相应较小。具体可以是某个城市的某个行业、一个街区、一段交通运输线。如熊某伦黑社会性质组织,其重大影响的范围仅仅存在于猪肉行业领域内。因此,其波及的范围较小,对社会的影响也远远不及黑社会犯罪,亦不足以与合法社会相抗衡。而黑社会犯罪控制范围则往往较大,相对于正式的主流社会,黑社会组织不仅存在于一定地域范围内,甚至形成独立的社会控制体系。④ 正如意大利的黑手党,其势力范围甚至扩张到整个意大利,这无疑会对合法的社会秩序造成重大的影响,在一定程度上足以与社会相抗衡。其二,从国家的控制力度来看,在

---

① 参见新华电讯:《乘危机,黑手党大发不义之财》,http://news.xinhuanet.com/mrdx/2009-04/27/content_11265155.htm。
② 参见高克强、孙义刚:《黑社会犯罪概念辨析》,《中国刑事法杂志》1999 年第 3 期。
③ 参见《俄黑手党教父遇袭引发黑帮世界大战》,http://news.sina.com.cn/w/2009-09-01/144618556506.shtml。
④ 参见高克强、孙义刚:《黑社会犯罪概念辨析》,《中国刑事法杂志》1999 年第 3 期。

我国由于政府力量对社会各领域的有力掌控,尚不可能出现与国家分庭抗礼的黑社会势力,更不可能任由其实施其社会制度和组织文化。而在诸多存在黑社会犯罪的国家,其对待黑社会犯罪的态度不够强硬,所制定的相关制度亦是宽松的,为黑社会组织的不断发展壮大提供了温床。而其黑社会组织成员亦会深入国家的核心决策层,从而更深层地扩大其势力范围。其三,在我国,黑社会性质组织犯罪往往是非常隐秘的,其往往隐姓埋名,对社会不承认自己的存在。这亦足以证明其势力尚不可以与主流社会公开抗衡。但黑社会组织往往公开与主流社会相对抗,公然发布自己的犯罪目标,公然与当地的政府机构共存为另一社会体系,公然挑衅社会与政府。并且该黑社会组织往往为整个社会所熟知,如意大利的黑手党、日本的雅库扎等,而由其公开与主流社会相对抗的态度,我们可以看出其对社会的控制力度之深。

综上所述,黑社会性质组织与黑社会组织在性质上虽然都是黑恶犯罪的犯罪组织,且在形式方面均具有一定的组织性、固定性,文化方面的"亚文化"性,本质上都具有独立于主流社会的反社会性、对社会的非法控制性,但是它们的不同也是显而易见的。这个不同,可以简单概括为"量"上的发展程度不同。① 其中,黑社会性质组织是黑社会组织的低级或不成熟形态,黑社会组织则是高级或成熟形态。黑社会性质组织与黑社会组织的如此关系的以上认识,对正确理解、有效打击和准确处理黑恶犯罪至关重要。显然,黑社会性质组织作为黑社会组织的低级形态,其层级还相对较低、社会危害还相对要小、认定标准要相对较低,借鉴和规制

---

① 正如原公安部新闻发言人武和平所称:"黑社会性质组织是和黑社会相同性质的组织,但是有量的差异。黑社会性质组织不是一般的流氓团伙,但与黑社会还有一段距离,是不典型的黑社会组织。"参见孟娜、颜昊:《中国对黑社会性质组织遏制打击一直没有放松》,新华网,2006年1月19日。

类似域外的黑社会性质组织犯罪立法,必定因入罪门槛过高而不可能据此打击这些尚处在低级形态的黑社会性质组织犯罪行为;将这个低级形态的黑社会性质组织予以入刑,完全可以通过适用它的较高法定刑等规定而有效打击高级形态的黑社会组织犯罪。据此,就可以根据"打早打小"刑事政策,通过制定和落实相应立法、司法和执法等措施,将黑恶犯罪消灭在黑恶违法乱纪势力、黑恶单个违法犯罪团伙、黑恶普通共同犯罪团伙、黑社会性质组织等黑社会组织的相应萌芽状态,防止黑恶违法乱纪势力发展为黑恶单个违法犯罪团伙、黑恶单个违法犯罪团伙发展为黑恶普通共同犯罪团伙、黑恶普通共同犯罪团伙发展为黑社会性质组织、黑社会性质组织发展为黑社会组织。否则,对二者不加区分或以黑社会组织替代黑社会性质组织,不仅会导致黑社会性质组织不断发展壮大,并发展为黑社会组织,而且会导致对黑社会性质组织难以正确认定和有效打击。

三、黑恶势力

黑恶势力也不是一个规范意义上的概念。随着"扫(打)黑除恶"专项行动的重心向"黑恶势力"转移,"黑恶势力"已逐步成为一个"司法用语",并区分为恶势力和黑势力。其中,从相关规范性文件来看,"黑势力"实际上就是黑社会性质组织。[①] 据此,对何为"黑势力",不再予以阐述,在此仅阐述何为"恶势力"及其相关概念。

---

① "黑恶势力"是黑社会性质组织和恶势力的合称,是我国为打击这类特定类型违法犯罪的需要而产生的一个政策性、日常性、非规范性的集合名词。其中的所谓"黑势力",虽然没有明确指出,但从《指导意见》全文规定来看,就是指黑社会性质组织。参见最高人民法院、最高人民检察院、公安部、司法部于2018年1月16日联合印发的《关于办理黑恶势力犯罪案件若干问题的指导意见》(法发〔2018〕1号)第二部分"依法认定和惩处黑社会性质组织犯罪",3—13目。

（一）恶势力

在 2018 年开始的"扫黑除恶"专项行动前,理论上和实践中所称的"恶势力",通常是流氓恶势力。对于何为流氓恶势力,有不同的观点。概括起来,主要有如下四种:一是"纠合性违法犯罪群体"说。认为它是对一种主要存在于相对固定的区域或行业内、大肆实施多种违法犯罪活动的纠合性违法犯罪群体的泛称。[①] 二是"纠合性共同犯罪群体"说。认为它是由地痞、流氓和不法分子多人纠合组成,出于共同的犯罪目的,在相对固定的区域或行业范围内和首要分子的组织、领导、策划、指挥下,以暴力、威胁、滋扰等手段,有预谋或互相配合共同实施违法犯罪活动的犯罪群体。[②] 三是"反社会性犯罪群体"说。认为它一般是指以犯罪团伙(集团)为主体,以犯罪为主要表现形式,以暴力或以暴力相威胁为主要手段,实施多种违法犯罪活动,在局部区域形成与基层政权组织、执法机关、社会公德相对抗的犯罪群体。[③] 四是"黑社会性质组织"说。这是立法机关时任立法人员的观点,认为,《刑法》第 294 条是参照流氓行为设计的,其目的就是为了在流氓罪分解以后,有力地打击流氓恶势力,所谓的"黑社会性质的组织"就是流氓恶势力,流氓恶势力犯罪就是黑社会性质组织犯罪。[④] 后者认为,流氓恶势力犯罪是与法定黑社会组织犯罪和黑社会性质组织犯罪根本不同的一类涉黑恶势力犯罪。

据考证,流氓恶势力,实际上只是我国早年实践上的非规范用语。通

---

① 参见赵长青:《论黑社会性质组织犯罪的认定》,《云南大学学报(法学版)》2002 年第 1 期。
② 参见胡敏、万富海:《有组织犯罪、带黑社会性质的团伙犯罪和流氓恶势力犯罪的特征及其认定》,《华东政法学院学报》2001 年第 5 期。
③ 参见张普华、邹孝泉:《流氓恶势力的概念及主要特征》,《法学评论》1995 年第 1 期。
④ 参见黄太云:《全国人大常委会关于"黑社会性质的组织"和"挪用公款归个人使用"的立法解释简介》,《人民检察》2002 年第 7 期。

常被认为是,以暴力、威胁、滋扰等手段,在相对固定的区域或行业内为所欲为,欺压群众,打架斗殴,强买强卖,扰乱公共秩序的犯罪团伙。① 虽然在1979年《刑法》中,有有关流氓恶势力的犯罪规定(流氓罪),即"聚众斗殴,寻衅滋事,侮辱妇女或者进行其他流氓活动,破坏公共秩序,情节恶劣的,处7年以下有期徒刑、拘役或者管制",但"流氓""恶势力"并没有成为规范上的法律术语。而且,该罪因其"口袋罪"的特点及其弊端而为1997年《刑法》所取消,并且在立法上使用"黑社会组织""黑社会性质组织"作相关表述,未使用"流氓""恶势力"的表述。

不过,随着"打黑除恶"向"扫黑除恶"的转型与"扫黑除恶"专项斗争的深入推进及其常态化,"恶势力"的概念不仅没有消失,而且与"黑势力"一起合称"黑恶势力",并作为可以在司法文书中使用的司法概念。② 作为"黑恶势力"合称概念组成部分的"恶势力",据不完全考证,最早在正式文件中的使用,应是2018年中共中央、国务院针对"扫黑除恶"专项行动所发出的《关于开展扫黑除恶专项斗争的通知》。其中指出:"把打击黑恶势力犯罪和反腐败、基层'拍蝇'结合起来","既有力打击震慑黑恶势力犯罪,形成压倒性态势,又有效铲除黑恶势力滋生土壤,形成长效机制,不断增强人民获得感、幸福感、安全感,维护社会和谐稳定,巩固党的执政基础","把打击锋芒始终对准群众反映最强烈、最深恶痛绝的各类黑恶势力违法犯罪"等。

与此同时,在最高人民法院、最高人民检察院、公安部、司法部于2018年1月16日联合印发的《关于办理黑恶势力犯罪案件若干问题的指导意见》(法发〔2018〕1号,以下简称《指导意见》)和最高人民法院、最

---

① 参见最高人民法院2001年关于"黑社会性质组织犯罪"问题的研讨会综述。
② 参见最高人民法院、最高人民检察院、公安部、司法部于2018年1月16日联合印发的《关于办理黑恶势力犯罪案件若干问题的指导意见》第14条第2款。

高人民检察院、公安部、司法部《关于办理恶势力刑事案件若干问题的意见》(2019年4月9日发布,以下简称《恶势力意见》)中,对何谓"恶势力",作了明确规定。也就是,所谓的"恶势力",根据《指导意见》和《恶势力意见》明文规定,是指"经常纠集在一起,以暴力、威胁或者其他手段,在一定区域或者行业内多次实施违法犯罪活动,为非作恶,欺压百姓,扰乱经济、社会生活秩序,造成较为恶劣的社会影响,但尚未形成黑社会性质组织的违法犯罪组织"①。在这里,将"恶势力"的属概念定位为"违法犯罪组织",就意味着,一方面,那些"单纯为牟取不法经济利益而实施的'黄、赌、毒、盗、抢、骗'等违法犯罪活动,不具有为非作恶、欺压百姓特征的,或者因本人及近亲属的婚恋纠纷、家庭纠纷、邻里纠纷、劳动纠纷、合法债务纠纷而引发以及其他确属事出有因的违法犯罪活动"的违法犯罪团伙,不是"恶势力",所涉案件"不应作为恶势力案件处理";②另一方面,如此界定带来诸多司法悖论:在"恶势力"与"恶势力犯罪集团"关系上,既然"恶势力"是"违法犯罪组织",那么其在客观上就只能是"恶势力犯罪集团",以上司法解释中将"恶势力"与"恶势力犯罪集团"并列规定是误区。在"扫黑除恶"专项斗争上,"恶势力"作为"从严"刑事政策适用对象,在定罪量刑上的表现是因其相对较大的社会危害性和人身危险性而需"酌定从重处罚",可在司法解释中的"恶势力"就是"恶势力犯罪集团"后,其如此"酌定从重处罚"的意义已被消解。也可能是如此原因,

---

① 最高人民法院、最高人民检察院、公安部、司法部于2018年1月16日联合印发的《关于办理黑恶势力犯罪案件若干问题的指导意见》(法发〔2018〕1号)第三部分"依法惩处恶势力犯罪"第14目;最高人民法院、最高人民检察院、公安部、司法部《关于办理恶势力刑事案件若干问题的意见》(2019年4月9日发布)第二部分"恶势力、恶势力犯罪集团的认定标准"第4目。

② 参见最高人民法院、最高人民检察院、公安部、司法部于2019年4月9日发布的《关于办理恶势力刑事案件若干问题的意见》第二部分"恶势力、恶势力犯罪集团的认定标准"第5目。

在"中国裁判文书网（https://wenshu.court.gov.cn/）"上，以"恶势力"为关键词进行检索，检索不出一件只是"恶势力"而不是"恶势力犯罪集团"的案件。

事实上，《指导意见》与《恶势力意见》将"恶势力"定位为"违法犯罪组织"，是不合适的。"势力"不可简单地界定为"组织"。在通常意义上，所谓的"势力"，是"政治、经济、军事等方面的力量"[①]，由此，所谓的"恶势力"，就是那些为非作恶、祸害人民的政治力量或社会力量。前者如反革命派，后者如民间帮会。然而，这些政治力量或社会力量，还很难称得上"组织"。从社会管理上看，所谓"组织"，是"按一定宗旨和系统建立起来的集体"[②]，是人们为实现一定的目标，互相协作结合而成的社会集体或团体或集团，如党团组织、工会组织、企业、军事组织等。据此，"组织"虽然也是一种社会集体或团体或集团，但它是"按一定宗旨和系统建立起来的"，也就是"组织"是具有相当程度的组织性的，包括组织构架（如组织、领导、参加者以及骨干成员等）、运行制度（如帮规）、运行保障（如财力、暴力）等。显然，"恶势力"作为一种"聚合随机""组织松散"的社会集体或社会团伙，尚达不到以上要求。同时，"犯罪组织"实际上是一个有相应法律规定的规范概念，如我国刑法规定的"犯罪集团""邪教组织""黑社会性质组织""黑社会组织"等，才是法律意义上的"犯罪组织"。因此，《指导意见》和《恶势力意见》将"恶势力"定位为"违法犯罪组织"并不合适。基于"恶势力"的非规范性和刑事政策性，应将其定位为一种"社会集体"或"违法犯罪团伙"。

---

① 中国社会科学院语言研究所词典编辑室：《现代汉语词典》，商务印书馆2016年版，第1193页。

② 中国社会科学院语言研究所词典编辑室：《现代汉语词典》，商务印书馆2016年版，第1750页。

据前述《指导意见》和《恶势力意见》,"恶势力"的成立因素通常包括三个方面:一是组织因素方面,为"一般为3人以上"、"纠集者相对固定"和"经常纠集在一起"。二是行为因素方面,为"以暴力、威胁或者其他手段"、"多次实施违法犯罪活动"①和"至少应包括1次犯罪活动"。三是非法控制因素方面,为"在一定区域或者行业内","为非作恶,欺压百姓,扰乱经济、社会生活秩序,造成较为恶劣的社会影响"。基于以上三要素间的内在联系,在评价和认定"恶势力"时,需对以上三个方面作综合的价值评价。这一点,在《指导意见》与《恶势力意见》中也有明确规定。如,组织因素要求是"经常纠集在一起",但"对于'纠集在一起'时间明显较短,实施违法犯罪活动刚刚达到'多次'标准,且尚不足以造成较为恶劣影响的,一般不应认定为恶势力";行为因素要求是"多次实施违法犯罪活动",但"仅有前述伴随实施的违法犯罪活动,且不能认定具有为非作恶、欺压百姓特征的,一般不应认定为恶势力";非法控制因素要求是"在一定区域或者行业内","为非作恶,欺压百姓,扰乱经济、社会生活秩序,造成较为恶劣的社会影响",但"单纯为牟取不法经济利益而实施的'黄、赌、毒、盗、抢、骗'等违法犯罪活动,不具有为非作恶、欺压百姓特征的,或者因本人及近亲属的婚恋纠纷、家庭纠纷、邻里纠纷、劳动纠纷、合法债务纠纷而引发以及其他确属事出有因的违法犯罪活动,不应作为恶势力案件处理",也就是,认定"扰乱经济、社会生活秩序,造成较为恶劣的社会影响",应当"结合侵害对象及其数量、违法犯罪次数、手段、规模、人身损害

---

① 这里的违法犯罪活动,主要为强迫交易、故意伤害、非法拘禁、敲诈勒索、故意毁坏财物、聚众斗殴、寻衅滋事,但也包括具有为非作恶、欺压百姓特征,主要以暴力、威胁为手段的其他违法犯罪活动,还可能伴随实施开设赌场、组织卖淫、强迫卖淫、贩卖毒品、运输毒品、制造毒品、抢劫、抢夺、聚众扰乱社会秩序、聚众扰乱公共场所秩序、交通秩序以及聚众"打砸抢"等违法犯罪活动,但仅有前述伴随实施的违法犯罪活动,且不能认定具有为非作恶、欺压百姓特征的,一般不应认定为恶势力。

后果、经济损失数额、违法所得数额、引起社会秩序混乱的程度以及对人民群众安全感的影响程度等因素综合把握"。①

以上情况表明,《指导意见》与《恶势力意见》界定的"恶势力",与黑社会性质组织的不同主要表现在如下两个方面：

一是对经济因素的要求不同。对于黑社会性质组织,经济因素是其成立的必要条件,要求"有组织地通过违法犯罪活动或者其他手段获取

---

① 2018年8月,山东济南市公安局将"黑恶势力"的常见外在表现形式概括为如下29种：1.佩戴夸张金银饰品炫耀的人员和以凶兽纹身等彪悍、跋扈人员从事违法活动的；2.态度蛮横、粗暴,随身随车携带管制刀具或棍棒的；3.昼伏夜出,在夜宵摊等公共场所成群结伙、惹是生非的；4.社会闲散人员参与开发商征地拆迁,以摆队形、站场子等形式威胁、恐吓征地拆迁对象的；5.控制土方、沙石、钢材等材料市场价格,存在明显不符合市场规律经营行为的；6.在一定范围内独揽建设工程、商品供应的；7.强行介入酒店、娱乐场所的酒水、食品等供应的；8.在各类市场中,为争夺业务而追逐、拦截、恐吓当事人,并经常更换从业人员的；9.在娱乐场所中存在卖淫嫖娼、赌博、吸食注射毒品情形的；10.以接受他人委托为名讨要债务,采用贴身跟随、逗留债务人住所、短期非法拘禁等手段追债讨债的；11.KTV、酒吧等所以内保人员身份在处置场所内发生纠纷时肆意侵害他人合法权益的；12.在纠纷、伤害类警情处置中,报警人称有社会闲散人员参与其中的；13.无关人员刺探、干扰、阻挠公安机关案件办理的；14.在外来人员聚集区域,以所谓个人影响力私下调停各类纠纷的；15.有赌博等涉黑涉恶违法犯罪前科,且当前无固定职业或稳定经济来源、多次反复出入境的；16.在医院、私人诊所等医疗机构接诊过程中,发现有刀伤、枪伤等可疑情形的；17.外来人员以亲缘、地缘为纽带拉帮结派,排挤他人在一定区域从事美容美发、足浴等经营的；18.以管理费、卫生费等为名,向经营业主强行摊派或收取费用的；19.在娱乐场所中控制多名"失足人员",频繁更换服务场所的；20.在宾馆、浴室、KTV等休闲娱乐场所发放小卡片,为客人提供色情服务的；21.在广场、商场、停车场等公共场所散发、张贴追讨债务、私人调查、贷款担保等小广告的；22.在工程建设招投标过程中,招、投标方恶意串标或投标人相互勾结进行围标的；23.因各类纠纷引发砸玻璃窗、损毁门锁、随意喷涂、破坏监控等情形的；24.无正当经济来源却驾驶豪车,经常出入酒店等高档消费场所的；25.在一定范围内多次向企事业主、经营户强行推销茶叶、红酒、礼品高附加值等商品行为的；26.以过生日、搬家、公司开张等各种理由摆酒宴客,强行索要礼金的；27.在酒店、娱乐场所长期挂单、强行消费的；28.本地人员突然异常举家搬迁或下落不明的；29.其他需要关注的异常情况。显然,以上关于"黑恶势力"的常见外在表现形式概括是很不合适的,严重违背了"黑恶势力"综合认定的基本要求。参见陈贻泽：《中央扫黑除恶第17督导组督导广西壮族自治区工作动员会在南宁召开》,南宁新闻网（http://www.nnnews.ne）,2019年4月11日；和田地区扫黑除恶专项斗争领导小组：《和田地区扫黑除恶专项斗争线索举报通告》,《和田日报（汉）》2019年4月16日。

经济利益,具有一定的经济实力,以支持该组织的活动"。确实,没有强大经济实力做后盾,很难说是"黑社会性质组织";没有强大经济实力做后盾的"组织、领导者",如何做"黑老大"? 怎么会有"小弟"长期跟他混? 但这不意味着,没有强大经济实力做后盾,不可以成为"恶势力";没有强大经济实力做后盾的"纠集者",完全可以纠集一帮人经常在一起实施"扰乱经济、社会生活秩序,造成较为恶劣的社会影响"的违法犯罪活动。据此,经济因素的要求不是"恶势力"成立和认定的要素。

二是对组织因素、行为因素和非法控制因素的要求程度不同。显然,黑社会性质组织对这些因素的要求相对较高,而恶势力对这些因素的要求相对较低。其中,对于黑社会性质组织,它们分别是:"形成较稳定的犯罪组织,人数较多,有明确的组织者、领导者,骨干成员基本固定";"以暴力、威胁或者其他手段,有组织地多次进行违法犯罪活动,为非作恶,欺压、残害群众";"通过实施违法犯罪活动,或者利用国家工作人员的包庇或者纵容,称霸一方,在一定区域或者行业内,形成非法控制或者重大影响,严重破坏经济、社会生活秩序"。对于恶势力,它们分别是:"一般为3人以上""纠集者相对固定""经常纠集在一起";"以暴力、威胁或者其他手段,在一定区域或者行业内多次实施违法犯罪活动";"为非作恶,欺压百姓,扰乱经济、社会生活秩序,造成较为恶劣的社会影响"。对比以上成立条件(因素),二者在成立人数、组织的稳固性、成员与组织的关系、活动的组织性、非法控制的力度、给社会造成的危害等方面,有不同程度的差异。也正因为此,《指导意见》与《恶势力意见》将"恶势力"定义为"尚未形成黑社会性质组织的违法犯罪组织"。

(二) 恶势力集团

在《指导意见》和《恶势力意见》中,还将恶势力与恶势力集团加以区分。据其规定,所谓恶势力犯罪集团,是"符合犯罪集团法定条件的恶势力犯罪组织"①,是"符合恶势力全部认定条件,同时又符合犯罪集团法定条件的犯罪组织"②。与"恶势力"不同的是,它成立的基本要求是具有组织特征和共同犯罪性质的"3人3次",即"有3名以上的组织成员,有明显的首要分子,重要成员较为固定,组织成员经常纠集在一起,共同故意实施3次以上恶势力惯常实施的犯罪活动或者其他犯罪活动"。在这里,"3人"不是"聚合随机""组织松散"的"人",而是相对较为固定的"组织成员";"3次"不是随机实施的违法犯罪活动,而是在共同犯罪故意指导和支配下实施的违法犯罪活动。二者的以上不同(即特征),实质上就是一种具有恶势力性质的犯罪集团。以该集团方式实施的犯罪即为相应的集团性共同犯罪,具体属于任意的共同犯罪。③ 其在法律适用上,既要按刑法分则的相应罪名规定予以定罪,又要"充分运用《刑法》总则关于共同犯罪和犯罪集团的规定"处罚。④

据上,恶势力集团与黑社会性质组织的关键区别,主要有三点:一是是否有经济特征的要求。按《指导意见》和《恶势力意见》,"恶势力集团"是"恶势力"与"犯罪集团"的相加,是"符合恶势力全部认定条件,同时又符合犯罪集团法定条件的犯罪组织",并无类似于黑社会性质组织

---

① 最高人民法院、最高人民检察院、公安部、司法部于2018年1月16日联合印发的《关于办理黑恶势力犯罪案件若干问题的指导意见》(法发〔2018〕1号)第三部分"依法惩处恶势力犯罪"第15目。

② 最高人民法院、最高人民检察院、公安部、司法部于2019年4月9日发布的《关于办理恶势力刑事案件若干问题的意见》第二部分"恶势力、恶势力犯罪集团的认定标准"第11目。

③ 因刑法分则中并无直接以恶势力集团方式实施的罪名和立法规定,不存在是必要共同犯罪问题。

④ 参见最高人民法院、最高人民检察院、公安部、司法部于2018年1月16日联合印发的《关于办理黑恶势力犯罪案件若干问题的指导意见》(法发〔2018〕1号)第三部分"依法惩处恶势力犯罪"第16目。

关于"有组织地通过违法犯罪活动或者其他手段获取经济利益,具有一定的经济实力,以支持该组织的活动"的经济特征要求。二是对组织因素、行为因素和非法控制因素的要求程度不同。如同前述恶势力与黑社会性质组织在这些特征(要素)上的不同,黑社会性质组织对这些因素的要求相对较高,而恶势力集团对这些因素的要求相对较低。三是所成立的组织犯罪是否属于必要的共同犯罪。以恶势力集团实施成立的犯罪属于任意的共同犯罪,在法律适用上须既适用刑法分则相应罪名的规定,又适用刑法总则关于共同犯罪和犯罪集团的规定。而以黑社会性质组织方式实施的犯罪,因是必要的共同犯罪,而在法律适用上"直接依照刑法分则的有关规定处理"①,"不必适用刑法总则规定的共同犯罪的条款"②。

(三) 认定"黑势力""恶势力""恶势力集团"的刑法意义

从刑法上,认定"黑势力""恶势力""恶势力集团"的意义是不同的。对于认定"黑势力"(即"黑社会性质组织",下同)来说,因其是刑法中明文规定的规范性概念,对于正确定罪和量刑意义重大。这一点,在前述关于"恶势力集团"与"黑社会性质组织"的关系在法律适用中的表现已经述及。对于"恶势力"和"恶势力集团",因不是规范的法律术语,而只是实践中基于刑事政策的非规范性用语。虽然《指导意见》主张"在相关法律文书中的犯罪事实认定部分,可使用'恶势力'等表述加以描述",但毕竟它不是法律用语,无法直接对接法律的规定,不能作为定罪的规范根据和有直接罪名与之对应。不过,从理论上看,它在量刑中,实际上是一种重要的"酌定量刑情节"。

---

① 高铭暄主编:《新编中国刑法学》,中国人民大学出版社1998年版,第237页。
② 高铭暄、马克昌主编:《新编中国刑法学》,北京大学出版社、高等教育出版社2016年版,第168页。

据《指导意见》规定，对于"恶势力犯罪案件"，要"依法从严惩处"。①显然，在这里是将"恶势力"作为酌定从重处罚的量刑情节定位的。不过，需要特别指出的是，这里的"从严惩处"，按《刑法》总则关于共同犯罪和犯罪集团的规定和宽严相济刑事政策，也只是针对符合首要分子和主犯条件的犯罪人，对于那些属于次要的实行犯、帮助犯甚至胁从犯，须按《刑法》总则关于共同犯罪的从犯、胁从犯规定和宽严相济刑事政策，依法从宽处罚。事实上，《恶势力意见》关于"正确运用宽严相济刑事政策的有关要求"已经在一定程度上纠正或表述了以上刑法有关规定和宽严相济刑事政策精神。具体表现在："对于恶势力的纠集者、恶势力犯罪集团的首要分子、重要成员以及恶势力、恶势力犯罪集团共同犯罪中罪责严重的主犯，要正确运用法律规定加大惩处力度，对依法应当判处重刑或死刑的，坚决判处重刑或死刑。同时要严格掌握取保候审，严格掌握不起诉，严格掌握缓刑、减刑、假释，严格掌握保外就医适用条件，充分利用资格刑、财产刑等法律手段全方位从严惩处。对于符合刑法第37条之一规定的，可以依法禁止其从事相关职业"；"对于恶势力、恶势力犯罪集团的其他成员，在共同犯罪中罪责相对较小、人身危险性、主观恶性相对不大的，具有自首、立功、坦白、初犯等法定或酌定从宽处罚情节，可以依法从轻、减轻或免除处罚。认罪认罚或者仅参与实施少量的犯罪活动且只起次要、辅助作用，符合缓刑条件的，可以适用缓刑"。"恶势力犯罪集团的首要分子检举揭发与该犯罪集团及其违法犯罪活动有关联的其他犯罪线索，如果在认定立功的问题上存在事实、证据或法律适用方面的争议，应当严格把握。依法应认定为立功或者重大立功的，在决定是否从宽处罚、

---

① 最高人民法院、最高人民检察院、公安部、司法部于2018年1月16日联合印发的《关于办理黑恶势力犯罪案件若干问题的指导意见》（法发〔2018〕1号）第三部分"依法惩处恶势力犯罪"第16目。

如何从宽处罚时,应当根据罪责刑相一致原则从严掌握。可能导致全案量刑明显失衡的,不予从宽处罚";"恶势力犯罪集团的其他成员如果能够配合司法机关查办案件,有提供线索、帮助收集证据或者其他协助行为,并在侦破恶势力犯罪集团案件、查处'保护伞'等方面起到较大作用的,即使依法不能认定立功,一般也应酌情对其从轻处罚"。"犯罪嫌疑人、被告人同时具有法定、酌定从严和法定、酌定从宽处罚情节的,量刑时要根据所犯具体罪行的严重程度,结合被告人在恶势力、恶势力犯罪集团中的地位、作用、主观恶性、人身危险性等因素整体把握。对于恶势力的纠集者、恶势力犯罪集团的首要分子、重要成员,量刑时要体现总体从严。对于在共同犯罪中罪责相对较小、人身危险性、主观恶性相对不大,且能够真诚认罪悔罪的其他成员,量刑时要体现总体从宽"。"恶势力刑事案件的犯罪嫌疑人、被告人自愿如实供述自己的罪行,承认指控的犯罪事实,愿意接受处罚的,可以依法从宽处理,并适用认罪认罚从宽制度。对于犯罪性质恶劣、犯罪手段残忍、社会危害严重的犯罪嫌疑人、被告人,虽然认罪认罚,但不足以从轻处罚的,不适用该制度"。①

四、有组织犯罪

在"打黑除恶"专项斗争起始时期,在理论上就有一种很是流行的观点,认为应与国际接轨,把我国立法上的"黑社会性质组织犯罪"概念改称"有组织犯罪",以利于涉黑犯罪分子定性处罚,甚至认为,在"国际社

---

① 最高人民法院、最高人民检察院、公安部、司法部《关于办理恶势力刑事案件若干问题的意见》(2019年4月9日发布)第三部分"正确运用宽严相济刑事政策的有关要求"第13—16目。

会所使用的有组织犯罪集团就是黑社会组织"①。如此观点,为我国立法机关所接受,并成为《反有组织犯罪法》的重要理论支撑。可事实上,无论是在相关国际文件如《联合国打击跨国有组织犯罪公约》、国际刑警组织反有组织犯罪处对有组织犯罪所下定义等的所谓接轨的规范文件中,还是我国刑法关于有组织犯罪与黑社会(性质)组织犯罪②概念的规定,"有组织犯罪集团"与"黑社会(性质)组织",都是两个完全不同的概念。

(一) 有组织犯罪的界定

对于何为有组织犯罪,在不同的国家、不同的社会体制、不同的经济政治体制、不同的历史时期,其界定有所不同。并且,迄今为止,世界范围内仍然没有形成一个关于有组织犯罪的统一定义,也没有哪种定义得到普遍接受和公认。③

在美国,根据美国犯罪学家艾兹恩·D.斯坦利和蒂默杜格·A.的定义,有组织犯罪是"旨在通过非法活动获得经济利益的商业企业",大体包含"消费者对非法商品或服务的需求""提供这些非法商品或服务的企业"以及"为这种非法组织提供包庇的腐化的政府官员"等三种相互关联的现象。④ 美国司法部则从国际反有组织犯罪实践的视角出发,于1991年10月在提交"莫斯科反对有组织犯罪国际研讨会"的一份文件中将有组织犯罪界定为:"获取经济利益或对公众生活施加影响","由划分为两

---

① 何秉松:《有组织犯罪研究·中国大陆黑社会(性质)犯罪研究》(第一卷),中国法制出版社2002年版,第189页。

② 为了表述的方便,下文统一把黑社会组织犯罪和黑社会性质组织犯罪统称为"涉黑组织犯罪",只是在分别阐述的时候才用它们各自的名称。

③ 参见康树华主编:《当代有组织犯罪与防治对策》,中国方正出版社1998年版,第1页。

④ 参见[美]艾兹恩·D.斯坦利、蒂默杜格·A.:《犯罪学》(中译本),谢正权译,群众出版社1989年版,第263页。

级以上的犯罪组织或若干不同的犯罪组织,采用阴谋手段,以分工合作的方式所从事的刑事犯罪活动"。① 美国《加利福尼亚州刑法》将有组织犯罪定义为:"2人或2人以上在长期目标的基础上",从事"提供非法物品或服务如放高利贷等;掠夺性犯罪如盗窃、伤害等"一种或多种行为的犯罪集团,包括敲诈集团、非法行业、盗窃集团、帮派、恐怖组织等。② 综合以上各种界定,可以大体认为,在美国,所谓的有组织犯罪,其实只是指普通的经济类犯罪集团;虽然这些犯罪集团也符合黑社会组织犯罪的经济特征,但因不具有"黑社会"的全部典型特征,而不能简单等同于通常所说的黑社会犯罪。

在德国,犯罪学家汉斯·施奈德将有组织犯罪界定为:"是具有合法目的的组织或经济企业,犯了经济和破坏环境罪,为了逃避打击而纠合起来的具有犯罪目的的组织。"③著名警官布格哈特在其编著的《犯罪侦查学词典》中,将其定义为:"旨在获取暴利或对公众生活领域施加影响,长期或不定期地由国际、国内犯罪组织计划和实施的商业性质的犯罪活动。"④德国议会在1992年将其界定为:"是在较长时间或者不确定的时间内,利用企业或商业组织,使用暴力或其他恐怖措施对政策、传媒、司法、经济施加影响,从而有计划地实施旨在获利的犯罪行为。"⑤其实,综观德国的司法实践,走私、贩毒、贩卖人口、武器交易、收取保护费、伪造货

---

① 康树华主编:《比较犯罪学》,北京大学出版社1994年版,第264页。
② 转引自赵秉志、谢望原:《有组织犯罪的开拓性研究——评莫洪宪博士的新著〈有组织犯罪研究〉》,《法学家》1998年第5期。
③ [德]汉斯·施奈德:《犯罪学》(中译本),中国人民大学出版社1990年版,第44页。
④ 徐久生编:《德国犯罪学研究探要》,中国人民公安大学出版社1995年版,第118页。
⑤ 徐久生编:《德国犯罪学研究探要》,中国人民公安大学出版社1995年版,第118页。

币、抢劫、倾倒废物、盗窃、红灯区里的其他交易、洗钱等,都是目前德国常见的有组织犯罪。① 综上,在德国,有组织犯罪与黑社会组织犯罪虽然都具有经济方面的特征,但二者是不同的,其中,黑社会组织犯罪是有组织犯罪的一种情况。

在日本,犯罪学家菊田幸一认为,所谓的有组织犯罪,就是指具有以下特征的组织:"多数犯罪人在持续从事犯罪活动时,都有一个永久性或半永久性的组织,其指挥系统是按阶层组成的;该组织成员不仅本身从事犯罪活动,而且还秘密掩护商店、艺人及其他特定职业者的犯罪活动;如果组织内部的领导发生变动时,不存在移交领导权问题,有越代掌握组织权力的;由该组织操纵一定地区的所有犯罪活动,或至少控制其中特定的犯罪活动,而且这种控制权总是掌握在某个首领一人之手;犯罪手段和犯罪行为,几乎都以组织的每个成员的权限为标准而采取的;为顺利实现犯罪目的,对各种犯罪活动都有周密的计划。"②根据其列举的各种表征,我们不妨将有组织犯罪的概念归纳为,所谓有组织的犯罪就是指多数犯罪人在其首领的操纵下,按照事先制订的计划在一定的地区根据每个组织成员的权限、在一定期间或者长时间内所从事的犯罪活动。

在联合国有关公约中,有组织犯罪与黑社会(性质)组织犯罪也不是等同的概念。例如,1991年10月在莫斯科举行的联合国"反对有组织犯罪国际研讨会"上,最终给"有组织犯罪"下的定义是:"由故意犯罪者操纵和控制的,组织结构相对稳定,具有逃避社会控制之防护体系,使用暴力、恐吓、腐蚀和大量盗窃等非法手段实施的集团性犯罪活动。"③在2000年11月15日第55/25号决议通过的《联合国打击跨国有组织犯罪公约》

---

① 参见卢建平主编:《有组织犯罪比较研究》,法律出版社2004年版,第29页。
② [日]菊田幸一:《犯罪学》,海沫等译,群众出版社1989年版,第90—91页。
③ 冯树梁主编:《中国预防犯罪方略》,法律出版社1994年版,第837页。

中,使用了"有组织犯罪集团"概念(第2条(a)),规定"有组织犯罪集团"系指"由3人或多人所组成的、在一定时期内存在的、为了实施一项或多项严重犯罪或根据本公约确立的以直接或间接获得金钱或其他物质利益而一致行动的有组织结构的集团"。综合以上情况,联合国意义上的所谓有组织犯罪,既不是德美所定义的经济方面的普通有组织犯罪,也不是存在于国际通识的黑社会组织犯罪,而是包含以上经济方面的普通有组织犯罪和黑社会组织犯罪在内的所有以犯罪集团组织实施的犯罪。另外,国际刑警组织反有组织犯罪处也对有组织犯罪进行了界定,认为它是"任何具有有组织的控制结构,通过不法活动获取钱财为其主要目的,通常以恐怖活动和腐败活动的经济来源为生的群体"。据此,国际刑警组织视野下的有组织犯罪与黑社会犯罪也是完全不同的两个概念。

在我国,《刑法》等法律中并没有使用"有组织犯罪"的概念。所谓的"有组织犯罪",是一个自20世纪90年代就为我国学者在研究中广泛使用的"专有名词"。至于其具体含义,大家的认识也不够统一。概括起来有如下几类:一是"黑社会犯罪"说,认为有组织犯罪实际上就是指黑社会犯罪组织所实施的犯罪活动,有组织犯罪和黑社会组织犯罪是同一概念。[1] 二是"有组织的共同犯罪"说,认为有组织犯罪是指由多人参与复杂的共同犯罪,且有明确的组织分工。[2] 三是"犯罪组织犯罪"说,认为是被犯罪者所操作控制且结构稳定的、具有较强自我防护能力的犯罪组织所实施的严重危害社会的犯罪活动,[3]或者说是由故意犯罪者操纵、控制或直接指挥和参与,人数众多的(3人以上),具有严密而稳定的组织结

---

[1] 参见赵秉志、赫兴旺:《跨国跨地区有组织犯罪及其惩治与防范》,《政法论坛》1997年第4期。
[2] 参见康树华等主编:《犯罪学大辞书》,甘肃人民出版社1995年版,第1094页。
[3] 参见康树华等主编:《犯罪学大辞书》,甘肃人民出版社1995年版,第1094页。

构——等级制、专业与分工及帮规戒律,有一套能逃避社会控制和法律制裁的防护体系,通过暴力、恐怖和贿赂腐蚀等犯罪手段,以达到追求垄断,谋取经济利益,并对政治和社会问题施加影响等目的的犯罪分子结合体或几个犯罪集团的联合体。① 四是多义说,即从广义、狭义、最狭义三个方面对有组织犯罪分别进行定义。其中,所谓广义的有组织犯罪,是指3人以上故意实施的,包括有一定组织结构关系的黑社会组织和有一定组织行为但是结构松散的犯罪团伙所实施的犯罪活动的一切有组织的共同犯罪或者集团犯罪活动;狭义的有组织犯罪是指3人以上实施的,包括有一定组织机构和组织关系的黑社会组织和有一定组织行为的某些松散性团伙所实施的犯罪活动的,有一定组织形式、主要犯罪成员基本固定、社会危害性大、反侦查能力强的集团性犯罪组织所实施的犯罪活动;而最狭义的有组织犯罪,是指3人以上有一定组织机构和组织关系、内部结构紧密、等级森严、犯罪能量大、自我防护能力强的超集团性犯罪组织所实施的犯罪,是一种最富有典型意义的有组织犯罪。②

综观我国相关立法和实践,在我国法律语境下的有组织犯罪,是指所有以犯罪组织的方式实施的犯罪,既包括刑法分则规定的恐怖组织犯罪、黑社会性质组织犯罪和邪教组织犯罪等有组织的必要共同犯罪,也包括其他以刑法总则规定的犯罪集团方式实施的任何种类的有组织的任意共同犯罪,如反革命集团罪、③走私集团犯罪、盗窃集团犯罪、诈骗集团犯罪

---

① 参见康树华、魏新文主编:《有组织犯罪透视》,北京大学出版社2001年版,第4页。
② 参见邓天叉、李永升:《试论有组织犯罪的概念及其类型》,《法学研究》1997年第6期。
③ 规定在1979年《刑法》第98条,即"组织、领导反革命集团的,处五年以上有期徒刑;其他积极参加反革命集团的,处五年以下有期徒刑、拘役、管制或者剥夺政治权利"。所谓的反革命集团,是指以反革命为目的结合起来的共同犯罪组织。这种集团与普通共同犯罪不同的是,参加者要求3人以上,且通常还有自己的名称、纲领和反革命活动计划,组织比较严密,一般都是为了长期进行各种破坏活动。

等。据此,在我国,是否是有组织犯罪,关键在于该犯罪在组织特征上是否符合刑法关于犯罪集团等犯罪组织的规定和要求。①

(二) 有组织犯罪与黑社会(性质)组织犯罪的异同

综合前述关于有组织犯罪和黑社会(性质)组织犯罪概念的梳理,实际上它们是一对既有联系又有区别的概念。其中,二者的联系主要表现在如下三个方面:

第一,在主体上都要求3人以上。根据我国现行《刑法》第26条第2款规定,犯罪集团(犯罪组织)的人数需在"3人以上";而对于黑社会(性质)组织犯罪,虽然立法没有对其有明确规定,但在司法实践中也至少是3人以上。从全国性"打黑除恶"专项斗争的部分典型案件来看,案件的涉黑被告人即涉嫌黑社会性质组织犯罪犯罪主体少则十几人,多则一百多人。而从黑社会组织犯罪来看,其犯罪组织的人数往往更多,如日本的雅库扎拥有十万成员,其组织下最大的三个帮会,分别是拥有26000人的山口组,拥有8300人的稻川会,拥有8200人的住吉会。因此,黑社会性质组织犯罪和有组织犯罪在犯罪主体的人数上都应至少3人以上。

第二,两者都具有组织结构。据我国《刑法》第26条第2款规定,作为有组织犯罪的基本组织形式的"犯罪集团",其成立需具有"为共同实施犯罪而组成的较为固定的犯罪组织"。而对于黑社会(性质)组织犯罪,不仅有这个要求,而且要求更高。一般而言,在黑社会性质组织中,体系严密,内部成员的层级关系明显,人数较多,有明确的组织者和较为固定的骨干成员。黑社会组织是其以"首领"、"帮主"或"黑老大"为首的稳定的核心,由其进行统一管理与控制,等级森严,内部形成一个

---

① 《刑法》第26条第2款规定,犯罪集团是指三人以上为共同实施犯罪而组成的较为固定的犯罪组织。

强制有效的运转系统,组织内部订立严酷的纪律、规约,且制订有统一的行动纲领计划。

第三,两者都具有严重的社会危害性。有组织犯罪被联合国大会称为"世界三大犯罪灾难"之一,是国际社会公认的最高犯罪形态。作为一种具有严重社会危害性的犯罪现象,无论是哪种意义和形态的有组织犯罪,对各国社会造成了极其恶劣的影响,引起了世界各国的广泛重视。在我国,各种有组织犯罪之所以都属于严厉打击的对象,就是因为它们比普通的共同犯罪和其他犯罪的社会危害性更大。而黑社会性质组织通过实施违法犯罪活动,轻者寻衅滋事,重者持枪杀人抢劫等,造成了更为恶劣的社会影响,以至于人们都"谈黑色变",严重地扰乱了正常的社会生活秩序,危害了社会的安定和发展,与和谐社会的构建背道而驰。

另外,黑社会(性质)组织犯罪与有组织犯罪也有很大的不同。最主要的是,它们的犯罪目的不同,并且黑社会性质组织比一般的有组织犯罪带有政治渗入性和非法控制性,能够渗入社会政治领域,影响一个地区的社会治安形势,对一个地区的社会稳定和群众的安全形成非法控制。在犯罪目的上,有组织犯罪根据犯罪组织的不同,其犯罪目的也各不相同。有组织犯罪包括黑社会(性质)组织犯罪、恐怖活动组织犯罪、邪教组织犯罪及其他根据具体行为的内容确定的犯罪组织实施的犯罪等,都有自己的犯罪目的。比如黑社会(性质)犯罪虽然无恶不作,但在犯罪目的上主要是为了"获取非法利益",带有经济扩张性;[1]恐怖活动组织犯罪对不特定的他人的生命、身体、自由、财产等使用暴力、胁迫等强迫手段,以造成社会的恐惧,主要是为了达到一定的政治目的;邪教组织犯罪通过发展控制成员和危害社会等,主要是为了蛊惑蒙骗他人等。在政治

---

[1] 参见何秉松主编:《黑社会犯罪解读》,中国检察出版社2003年版,第260页。

渗入性上,黑社会性质组织为逃避打击处理,不仅开始从帮派向公司化、企业化等表象合法形式转变,以及组织头目往往不亲自出面从事违法犯罪活动,呈"幕后化"特征,而且还通过做慈善、纳税先进等光艳表现获取政治资本,获取政协委员、人大代表、协会成员等身份,积极向政界渗透。显然,恐怖组织、邪教组织等其他有组织犯罪一般不具有这样的政治渗入性。在非法控制性上,黑社会性质组织的所有违法犯罪活动,在本质上都是为了在一定区域或行业获取非法控制,以便实现其"获取非法利益"的目的。而其他犯罪组织,虽然因其邪教的所谓"信仰"迷惑或恐怖活动也能在一定范围内形成非法控制,但这个控制与黑社会性质组织为了获取非法经济利益而试图形成的非法控制,是有着本质不同的。

综上,黑社会性质组织犯罪不仅属于"有组织犯罪"中的一个特定的、规范的概念,也是我国法律体系中的有组织犯罪的一部分,且其本身不能等同于有组织犯罪。在我国刑法上,黑社会(性质)组织犯罪是一个复杂的犯罪体系,它不仅包括组织、领导、参加黑社会性质组织罪,入境发展黑社会组织罪和包庇、纵容黑社会性质组织罪,而且还包括黑社会性质组织所组织实施的其他具体犯罪,如为获取经济利益而实施的非法经营罪、强迫交易罪、开设赌场罪、组织卖淫罪等犯罪,为形成非法控制而实施的故意伤害罪、非法拘禁罪、故意杀人罪、寻衅滋事罪等犯罪。[①] 本研究中所指黑社会性质组织犯罪,从狭义上定义,仅指组织、领导、参加黑社会性质组织罪,入境发展黑社会组织罪和包庇、纵容黑社会性质组织罪三个罪名。明确二者的以上如此关系,对正确、准确处理黑社会性质组织犯罪并给予相应处罚,有着基础前提性意义。

[①] 参见石经海:《当前涉黑犯罪的特点与成因调查》,《现代法学》2011年第3期。

（三）黑社会（性质）组织犯罪、有组织犯罪与组织犯的异同

在刑法意义上，有一个"组织犯"的概念。它不仅与黑社会（性质）组织犯罪既有关联也有区别，而且与有组织犯罪也完全不是一回事。

从刑法立法看，组织犯通常是基于共同犯罪的行为方式并作为共同犯罪人的一个种类而存在的。在行为方式上，它与实行行为、帮助行为、教唆行为等共同犯罪行为并列。在共同犯罪人上，它与实行犯、帮助犯、教唆犯等共同犯罪人并列。具体内涵和并列的行为方式和共同犯罪人包括哪些，往往取决于本国（地区）的立法规定。综观世界各国（地区）的制定法规定，这个立法大体可以分为直接规定组织犯概念和作为相应共同犯罪人种类的组成部分两种情况。

"组织犯"直接作为概念规定在刑法中的立法，比较典型的有阿尔巴尼亚和苏俄刑法。在阿尔巴尼亚，早在其1952年《阿尔巴尼亚刑法典》中就明确规定了组织犯的概念。据其第13条第3款规定："组织犯罪团体、领导犯罪团体、制定犯罪计划或者指挥实施犯罪的人，是组织犯"。在苏俄，根据《苏俄刑法典》（1960年）第17条第2款的规定："组织实施犯罪或指导实施犯罪的是组织犯"，具体指那些制订犯罪计划、事先分配参加者、指使实行犯如何实施犯罪行为、怎样掩盖犯罪痕迹等的人。[①] 又据俄罗斯现行《俄罗斯联邦刑法典》（1996年）第33条规定："组织犯罪的实施或者领导犯罪的实行的人，以及成立有组织的集团或黑社会（犯罪组织）或领导这些团伙或团体的人，是组织犯"。根据以上立法规定，这些在刑法典中直接规定的"组织犯"，其行为方式，既包括共同犯罪中

[①] 参见西南政法学院刑法教研室编：《苏联刑法论文选》第1辑，1983年版，第41期。

的"组织行为",也包括共同犯罪中的"领导行为";其共同犯罪形式,既包括有组织的团体性犯罪(有组织犯罪),也包括非组织性的普通共同犯罪。据此,这里的"组织犯",是一个外延比黑社会组织犯罪、有组织犯罪大并包括后二者的概念。

"组织犯"作为相应共同犯罪人种类组成部分,是大陆法系立法的通行模式。据考证,大陆法系国家(如德、法、日)刑法中均没有"组织犯"的概念,以上苏俄、阿尔巴尼亚的"组织犯"概念的行为,从法理上看,具体被包含在"正犯"的行为方式中。例如,据《德意志联邦刑法典》(1975年)第二章第三节关于共同犯罪人的规定、《法国刑法典》第121—127条的规定、《日本刑法典》第60—62条的规定,都只规定了正犯、教唆犯和帮助犯。这些规定,都比较笼统,没有具体行为方式的列举,包括既没有"组织犯"的明确规定也没有"组织"等行为方式的列举。据理论上的有关研究,"组织"的行为方式不应当包括在教唆犯和帮助犯中。就教唆犯而言,其行为方式只是在智力方面促成实行犯罪,本人并未亲自实施犯罪构成的实施行为,①与那些立足于犯罪实施的组织、策划、领导行为的"组织犯"行为方式不同。至于帮助犯的行为方式中有无以上组织行为方式,取决于帮助犯的行为方式内容。据理论上的考证,帮助犯的行为方式通常包括有形的、物质上的帮助和无形的、精神上的帮助两种,那些仅参与了犯罪的共谋而未具体实行犯罪的可以看作后者。② 据此,我国有学者认为这是部分组织犯包括在帮助犯中的表现。③ 笔者不同意这种认识。组织犯,作为一种立法上或法理上的犯罪形态,其在社会危害性和共

---

① 参见[法]卡斯东·斯特法尼等:《法国刑法总论精义》,罗结珍译,中国政法大学出版社1998年版,第282页。
② 参见吴振兴:《论教唆犯》,吉林人民出版社1986年版,第62页。
③ 参见叶高峰主编:《共同犯罪理论及其运用》,河南人民出版社1990年版,第105页。

同犯罪中所起的作用都应是相对较大的。那些仅参与了共谋,但其意见没有发挥作用或没有发挥重要作用的无形的、精神上的帮助者,不宜划分到组织犯这种应为立法或司法严惩的对象中。由此,在法理上,组织犯应只包括在"正犯"中。

在我国,在刑法中也没有"组织犯"的概念,"组织犯"及其行为方式也是包含在相应共同犯罪人及其行为方式中。根据现行《刑法》的规定,我国的"组织犯"应是指那些在犯罪集团、聚众犯罪和其他一般共同犯罪中实施组织、策划、领导犯罪行为并且起主要作用的人,既包括集团犯罪的组织者、领导者,也包括聚众犯罪的组织者、领导者(含不成立共同犯罪的聚众犯罪,如聚众扰乱交通秩序罪),还包括其他普通共同犯罪的组织者、领导者。据此,在我国刑法意义上,所谓的组织犯,既不包括教唆犯的教唆行为,也不包括作为从犯的帮助犯的共谋行为,它一方面是与黑社会(性质)组织犯罪和有组织犯罪不同视角的概念(前者是人,后者是犯罪种类),另一方面黑社会(性质)组织犯罪和有组织犯罪都包含了组织犯的组织、领导、策划等行为方式。

五、黑恶犯罪治理

黑恶犯罪治理现代化是"国家治理体系和治理能力现代化"的必然要求和有机组成部分。我国黑恶犯罪的治理从"打击式""运动式"到"法治化""体系化"的转型推进,既是我国黑恶犯罪治理现代化的要求和体现,也是我国国家治理模式从"社会管理"向"社会治理"转型的要求和体现。界定和理解"黑恶犯罪治理",不仅是贯彻国家方针政策的要求和体现,而且是正确和准确实现黑恶犯罪治理的基础和前提。

（一）治理的概念和基本要求

治理，是公共管理学的概念范畴，源于20世纪90年代在全球范围逐步兴起的治理理念。按治理理论的主要创始人詹姆斯·N.罗西瑙（J.N. Rosena）的界定，它是一种由共同的目标支持的多元主体的管理活动。① 这个管理活动，要依靠多元主体的管理及其互相发生影响的行为者互动，实现共同管理目标。其所偏重的管理机制并不依靠政府的权威和制裁，所要创造的结构和秩序也不能从外部强加，发挥作用的主体未必是政府，发挥作用的机制既包括政府机制同时也包含非正式、非政府的机制，并随着治理范围的扩大，各色人等和各类组织得以借助这些机制满足各自的需要和实现各自的愿望。②

"治理"是"管理（行政）"的对称。一方面，它们作为治国模式，分别可以称为"合作式管理"和"统治式管理"；另一方面，它们具有如下四个方面的不同：一是社会运行的模式不同。管理主要依靠政府的权威、制裁保障活动和秩序的运行，而治理主要是多元主体（政府和其他相关主体）的合作，包括国家与公民社会的合作、政府与非政府组织的合作、公共机构与私人机构的合作、强制与自愿的合作。二是权力运行的向度不同。管理的权力运行是自上而下的，它运用地方政府的权威和制裁，通过发号施令、制定和实施政策，对公共事务是单一向度的。而治理的权力运行则是一个上下互动的过程，具体是通过政府、非政府组织以及各种私人机构的伙伴关系及其合作、协商，对公共事务是多元向度的，所以其权力并非

---

① 参见［美］詹姆斯·N.罗西瑙主编：《没有政府的治理》，张胜军、刘小林等译，江西人民出版社2001年版，第10页。
② 参见［英］格里·斯托克：《作为理论的治理：五个论点》，华夏风译，《国际社会科学杂志》（中文版）1999年第1期。

纯粹自上而下，还会有社会力量在其中发挥正常作用。三是所处的时代地位不同。管理是一种容易导致独裁和忽视权利的非现代国家治理的管理模式，而治理是一种符合"国家治理体系和治理能力现代化"的新时代管理模式。四是所带来的运行效果不同。管理在运行效果上通常是"头痛医头脚痛医脚"，一般只能做到治标不治本，而治理在运行效果上通常是标本兼治。

在治理模式下，政府的作用表现在如下四个方面：一是制度供给。政府提供社会力量能否进入、怎样进入公共事务治理领域，并且对其他治理主体进行必要的资格审查和行为规范的制度。二是政策激励。政府在行政、经济等方面采取相应的鼓励和引导措施，引导甚至激励社会力量参与公共事务治理。三是外部约束。政府依法律和规章制度，对其他治理主体的行为进行监督、仲裁甚至惩罚。四是提供服务。在治理模式下，虽然政府也履行管制职责，但与传统的政府管制有着根本区别。主要表现在：在依据上，治理须有法律、法规作依据，是受严格约束的有限管制，而管制不一定基于法律，有时甚至是官员的任意行为；在内容上，治理体现一视同仁，而管制会对特定对象予以照顾；在程序上，治理是制度化的，程序公开、透明，而管制随意性大，并会暗箱操作；在结果上，治理对政府官员可能出现的非理性行为配有相应的救济措施，而管制往往在这方面比较薄弱。综上，治理实际上是一种寓"服务"于管制之中的行为。

（二）黑恶犯罪治理的概念和特征

基于"治理"的以上内涵，黑恶犯罪治理是与黑恶犯罪惩治不同的概念。后者立足于"惩处"，主要是针对黑恶犯罪定性处罚上的"打击"，大体属于规范刑事法视阈的事务。前者立足于"治理"，主要是针对黑恶犯罪的综合治理，大体属于政治学、社会学并包含刑法等规范上治理措施视阈的事务。据此,所谓"黑恶犯罪治理",并非政府独自施行的打击黑恶犯罪的活动,而是政府和其他各相关主体共同参与的,基于社会和谐安定、经济社会秩序良好等共同目标的协作活动。这个活动,至少具有如下五个方面的特征:

一是它崇尚法治。在黑恶犯罪治理中,不再是单独依靠政府的权威和制裁,而是依靠规则、依靠法律、依靠时代精神,实现对黑恶犯罪的治理目标。在治理中,既要惩罚犯罪也要保障人权,并不将法律作为选择适用的手段。

二是它是一个合作过程。在黑恶犯罪治理中,既不是一套规则条例,也不是一种活动,而是一个综合运用规则和依靠多元主体的合作过程。在这个过程中,行动方案不以支配为基础,而以调和为基础,并同时涉及"公""私"方面的部门、单位、群体。

三是它是一个综合体系。这个体系,既是黑恶犯罪治理的自身体系,也是国家治理体系的有机组成部分。有鉴于此,黑恶犯罪的治理既须有完备的法律治理体系,也须纳入国家治理体系中,结合法律、经济、社会等多种措施,以及所有相关法律手段,予以综合防控。

四是它是一个常态行动。既然是黑恶犯罪治理,就不能是运动式和情绪性的,需要按照宽严相济刑事政策,在法律框架内予以常规性和常设性打击和防控,确保各种治理措施持续性地发挥作用。

五是它是一个历史范畴。虽然历史上的"打(扫)黑除恶"在一定意义上也是黑恶犯罪治理,但2014年《中共中央关于全面推进依法治国若干重大问题的决定》关于"依法严厉打击……涉黑犯罪……等违法犯罪活动"和2017年党的第十九大报告将"打击和惩治黄赌毒黑拐骗等违法犯罪活动"纳入"国家治理体系和治理能力现代化"建设后,黑恶犯罪治理就不再是"打击式""运动式"管治,而是"法治式""体系化"的现代化治理。

（三）黑恶犯罪治理是"打一场扫黑除恶人民战争"

据有关部门的理解，所谓"打一场扫黑除恶人民战争"，主要表现在如下三个方面：一是采取多种形式，动员人民群众积极投身扫黑除恶专项斗争。设立扫黑除恶专项斗争举报信箱和专门举报网站，发动群众举报涉黑涉恶犯罪和"村霸"等突出问题。对群众的实名举报，要及时核查反馈，做到件件有回音。完善并严格落实举报人、证人、鉴定人、被害人及其近亲属相关保护措施，消除群众后顾之忧。二是综合运用传统媒体和新媒体，加强正面宣传，充分展现党委和政府扫黑除恶的决心和成效。有计划地宣传报道一批典型案件，彰显法治权威，切实增强人民群众同黑恶势力作斗争的信心，形成全社会扫黑除恶的浓厚氛围。加强舆论引导，做好法律或政策宣讲、解疑释惑等工作，及时发现、封堵、删除有害信息，避免和消除社会误解。三是完善群众安全感测评方式，探索以乡（镇、街道）为单位对全体居民开展安全感、满意度调查，切实加大群众意见在扫黑除恶专项斗争绩效考评中的权重，确保扫黑除恶专项斗争始终顺应群众意愿、得到人民认可。①

显然，以上关于"打一场扫黑除恶人民战争"的理解和施行，无疑是必要和重要的。但是，从黑恶犯罪的治理来看，"打一场扫黑除恶人民战争"还可以进一步做"治理"上的解读与拓展。其中的核心在，这里的"战争"对象不是"黑恶违法犯罪人"，而是"黑恶现象"；这里的"战争"主体不仅是政府的职能部门，而且是所有与"黑恶现象"作斗争的社会主体，包括政府的职能部门、社会各方面主体和黑恶违法犯罪人。这意味着，政府的职责部门要履行"扫黑除恶"的主体责任，由各相关部门分别履行与

---

① 参见扫黑除恶办公室：《扫黑除恶知识普及篇》，《法制日报》2019年8月30日。

相互配合好对"黑恶现象"的"打""防""治"主体职责;社会各方面主体除了要做好本单位、本人的远离"黑恶现象"责任外,还要积极参与对"黑恶现象"的共防、共治义务,把对"黑恶现象"的"打""防""治"作为每一个社会主体的事;黑恶违法犯罪人在接受法律惩处的同时,积极改造自己,把自己也作为远离"黑恶现象"的主体,从而营造一个对"黑恶现象"人人喊打的良好社会氛围与和谐稳定社会环境。

第二章

我国黑恶犯罪的治理状况

这里的"治理状况",特指新中国成立后我国黑恶犯罪的发展概况及其特点、成因,以及新中国黑恶犯罪治理的推进情况。综观我国[①]的涉黑组织及其犯罪,其具有与新中国成立以前以及域外的黑恶犯罪的不同特点。认识这些特点并剖析其成因,对构建当下黑恶犯罪的治理策略以及以历史思维进行黑恶犯罪治理,具有重要意义。

一、黑恶犯罪的发展概况

在发展演变史上,新中国黑恶犯罪及其黑社会性质组织的发展,大体经历了萌芽时期、猖獗时期和有效治理时期三个发展与治理阶段。

---

① 本章仅论述我国大陆地区的黑恶犯罪治理状况。

（一）萌芽时期

这是从 20 世纪 70 年代末到 80 年代末的阶段。在这个时期，虽然成熟的黑社会组织尚未形成，甚至尚处在不成熟形态的黑社会性质组织也没有形成风气，但境外黑社会势力就已经开始向我国境内渗透。如中国香港的涉黑组织"三合会""14K""和胜和"，日本的"山口组"等入境发展涉黑组织，还有的黑社会成员在境外犯罪后逃到我国境内规避，试图在我国境内发展黑社会势力，以在我国大肆从事贩卖毒品、走私、偷渡、诈骗、抢劫等非法活动和引诱、教唆青少年成立黑社会性质组织。在这样的社会背景下，毒品犯罪、流窜犯罪、充当"车匪路霸"、抢劫、杀人以及农村流氓犯罪等黑恶势力犯罪团伙得以迅速发展。一方面，其中一些犯罪团伙，其自身在不断成熟，组织程度逐步提高，犯罪活动范围不断扩大，犯罪活动表现出多样化，并开始向地方政府寻求保护，已发展成为典型的黑社会性质组织。另一方面，带有黑恶性质的青少年犯罪团伙增多，给青少年的成长和社会治安带来了很大的困扰。据资料显示，1989 年，河南省所查获的各类刑事犯罪团伙成员中，青少年就占了 73%。[①]

（二）猖獗时期

这是进入 20 世纪 90 年代至 2018 年施行"扫黑除恶"前的一段时期。在这一时期，我国的黑社会性质组织及涉黑团伙，以迅雷不及掩耳之势迅速发展。一方面，涌现出一批较为典型的黑社会性质组织，如山西的"狼帮"、邵阳市的"枭雄会"、山东菏泽的"帝王敢死队"、海南的"南霸天"黑社会性质组织、刘某黑社会性质组织、梁某黑社会性质组织、李某黑社

[①] 参见何秉松：《中国有组织犯罪研究·中国大陆黑社会（性质）犯罪研究》（第一卷），群众出版社 2009 年版，第 104 页。

性质组织等。如梁某黑社会性质组织,是许昌市迄今为止活动时间最长、人数最多、组织最严密、社会危害性最大、关系网最为复杂的黑社会性质组织,其犯罪活动跨越几个省、市,聚积非法财产近千万元。另一方面,这一时期的黑社会性质组织的犯罪规模更加壮大、技术化程度更高、手段更残忍,"保护伞"作用更为明显,并滋生出更多的腐败现象。不仅黑恶势力拉拢、贿赂国家工作人员,使其充当黑恶势力的强大后台,而且一些官员实际上已成为黑社会性质组织的重要成员,甚至有的黑社会性质组织头目本身就是国家工作人员,利用其手中的权力从事非法活动。它们内部组织越来越严密,利用公开职业(合法企业)作掩护,以合法经营为依托,从事各种非法活动,实际上已成为"黑社会性质组织"。[①] 如赖昌星在1994年成立"厦门远华集团有限公司",以此为掩护,从事走私活动,走私金额达300亿元人民币。

这一时期,在我国境内黑社会性质组织不断发展成熟的同时,境外黑社会势力也在加紧对我国境内的渗透步伐。如我国港澳台地区黑社会、韩国的"高圣丽洁"、日本的"山口组"、英国的"中国龙"等,起初是在我国东南沿海一带渗透,与境内黑社会性质组织共同作案,继而发展到内陆十几个省、市、自治区,大肆从事贩毒、走私军火与枪支、敲诈、组织偷渡等各种涉黑的违法犯罪活动。还有的黑社会犯罪分子,犯罪后逃往我国境内,将内地作为避风港,并在内地伺机东山再起,发展黑社会势力,甚至在我国境内设立秘密联络点和活动据点,组织境内的涉黑组织犯罪。20世纪90年代以来,我国破获了多起境外黑社会分子组织的犯罪团伙,如1998年破获的以我国香港地区"头号危险人物"张子强、叶继欢为首的两个犯罪集团,1999年破获的以我国澳门地区"水房帮"成员杨振林和"福建帮"

---

① 参见于天敏:《黑社会性质组织犯罪理论与实务问题研究》,中国检察院出版社2010年版,第18页。

谢广文、吴清荣为首的跨境涉黑犯罪组织。① 这些跨境涉黑犯罪组织向我国内地的加速渗透,不仅严重破坏了我国的政治、经济、社会秩序,而且也使我国涉黑性质组织犯罪向国际化方面发展。

面对以上黑恶势力的迅速发展态势,虽然我国公安部门早在20世纪80年代就组织过一次为期3年的"严打"行动,但这只是短暂缓和了黑恶犯罪的发展势头,没有从根子上消灭这些黑恶势力,进而在"严打"行动后,不仅黑社会性质组织犯罪团伙数量持续上升,而且犯罪规模进一步扩大,其中的黑恶犯罪团伙得到向黑社会性质组织的加剧转化。例如,在1996年4月的"严打"活动中,在4个月的时间里,就查获带黑社会性质的犯罪团伙900多个,成员5000多人;②在自2000年年底以来一年半的"打黑除恶"活动中,就破获黑社会性质组织448个;在2002年到2003年的一年时间里,又摧毁了600多个黑社会性质组织;在2006年2月至2010年6月的全国"打黑除恶"专项斗争中,全国共打掉黑社会性质组织1400余个,铲除恶势力1.6万余个。③

(三) 有效治理时期

这是进入"扫黑除恶"治黑模式后的时期。在这个时期,针对上个时期黑恶势力的"猖獗"局面和当前黑恶问题的新的态势,我国于2018年开始采取了为期三年的"扫黑除恶"专项斗争。其中,涉黑涉恶问题出现的新动向。主要是,一些黑恶势力把持基层组织、侵蚀基层政权、拉拢腐

---

① 参见李文燕、田宏杰:《"打黑除恶"刑事法律适用解说》,群众出版社2001年版,第47页。
② 参见《黑帮话史:中国反黑30年》,www.stnn.cc/reveal/200910/t20091013-1141695-2html。
③ 参见杨维汉、周英峰:《中央政法委:全国共打掉黑社会性质组织1400余个》,新华社,2010年6月9日。

蚀党员干部,寻求政治靠山和"保护伞";一些黑恶势力以公司、合作社等表面合法的形式掩盖其违法犯罪行为,以恐吓、滋扰、聚众造势以及所谓"谈判""协商"等软暴力谋取非法利益;一些"村霸"和家族、宗族恶势力横行乡里、欺压百姓,扰乱治安秩序,严重影响群众安全感。①

本次专项斗争使黑恶势力违法犯罪的突出问题得到有效遏制,并在全社会形成对黑恶势力人人喊打的浓厚氛围。据资料显示,2019年,对尚未攻克的重点案件、重点问题、重点地区集中攻坚,对已侦破的案件循线深挖、逐一见底,彻底铲除黑恶势力赖以滋生的土壤,人民群众安全感、满意度明显提升。2020年,建立健全遏制黑恶势力滋生蔓延的长效机制,取得扫黑除恶专项斗争压倒性胜利。② 例如,在安徽芜湖,全市共划分出4359个网格,市区划分出117个城市管理网格、1759个市场监管网格。网格员利用手机终端开展日常巡查,做好城市要素数据采集,探索推行综合监管、分类执法工作机制,社管网格员与城管网格员、市场网格员各司其职、互为补充,形成工作合力。安徽省在2018年仅一年就摧毁涉黑涉恶犯罪团伙1000余个。③ 第一轮10个中央督导组进驻期间,10个省市就打掉涉黑组织96个,查扣涉案资产50余亿元,有1386人投案自首,推动立案查处涉黑涉恶腐败和"保护伞"问题1791起,党纪政务处分572人,有力震慑了黑恶势力犯罪。扫黑除恶专项斗争在全国掀起凌厉攻势,一大批黑恶分子、村霸恶痞及背后"保护伞"被依法严惩,社会治安环境明显改善,党风政风社会风气明显好转,发展环境明显优化,群众获得感、幸福感、安全感明显增强。④

---

① 参见扫黑除恶办公室:《扫黑除恶知识普及篇》,《法制日报》2019年8月30日。
② 参见扫黑除恶办公室:《扫黑除恶知识普及篇》,《法制日报》2019年8月30日。
③ 参见王伟:《安徽去年摧毁涉黑涉恶犯罪团伙一千余个》,《合肥晚报》2019年2月19日。
④ 参见张璁:《推动扫黑除恶向纵深发展》,《人民日报》2019年6月19日。

二、黑恶犯罪的特点梳理

改革开放40多年来,我国黑社会性质组织经历了从萌芽到滋长再到猖獗的发展历程。综观犯罪发展态势,应当说,黑社会性质组织是其中发展最快、对我国的社会经济发展和民众生活秩序破坏最大的恶性犯罪之一。自20世纪90年代中期开始,这类犯罪就持续保持频发高发状态,虽然曾经多次"严打"整治和分别于2000年12月、2006年2月开始的全国性"打黑除恶"专项斗争,在很大程度上打击和遏制了其发展势头,但这些因社会转型期的制度漏洞和弊端而滋生、发展的黑社会性质组织,很难在较短的时间内彻底肃清,加上在社会综合防控系统并未完全建立完毕的情况下,涉黑犯罪呈现出循环往复的现象,并表现出一些新的特点。于是,针对以上情况和特点,自2018年1月开始的黑恶犯罪治理的全国性专项斗争,就从以前的"打黑除恶"转型为"扫黑除恶",具体"针对当前涉黑涉恶问题新动向,切实把专项治理和系统治理、综合治理、依法治理、源头治理结合起来,把打击黑恶势力犯罪和反腐败、基层'拍蝇'结合起来,把扫黑除恶和加强基层组织建设结合起来,既有力打击震慑黑恶势力犯罪,形成压倒性态势,又有效铲除黑恶势力滋生土壤,形成长效机制","坚持综合治理、齐抓共管;坚持依法严惩、打早打小;坚持标本兼治、源头治理",以"保障人民安居乐业、社会安定有序、国家长治久安"。[①] 综观四十年治理中的案件情况,我国黑社会性质组织大体具有以下几个方面的突出特点:

---

① 2018年1月25日《中共中央、国务院关于开展扫黑除恶专项斗争的通知》。

（一）在组织目的上仍以摄取经济利益为终极目标,并有一定的政治利益需求

首先,当前的涉黑组织,从它们实施的违法犯罪活动来看,仍以获取巨额经济利益为终极目标。虽然以摄取经济利益为目标的犯罪组织不一定就是涉黑组织,但涉黑组织一定具有如此组织目的。① 据在"北大法宝②·案例与裁判文书"中符合以"组织、领导、参加黑社会性质组织罪"为案由、以 2009.10.1—2015.12.31 年为审结时间的检索要求的 362 件普通一审案例③的统计,这些案件共涉及 64 个罪名④。这些罪名大致可分为直

---

① 从组织的结构特征上看,是否具有如此目的,是黑社会性质组织区别于其他有组织犯罪的关键所在。如恐怖组织犯罪,以获取政治利益为主要目的;邪教组织犯罪,以获取政治利益和经济利益为主要目的。参见西南政法大学课题组:《防治黑社会性质组织犯罪的长效机制建设研究报告》,《现代法学》2010 年第 5 期;石经海:《当前涉黑犯罪的特点与成因调查》,《现代法学》2011 年第 3 期。

② 官方网址为 http://www.pkulaw.cn/case/adv。

③ 在地域分布上,山西省 1 件、江苏省 1 件、浙江省 2 件、江西省 1 件、河南省 5 件、广东省 4 件、贵州省 1 件、陕西省 1 件。这个统计虽然不具有很好的代表性,但也在很大程度上反映了当前涉黑组织犯罪的共同特点。

④ 这 64 个罪名是:放火罪;以危险方法危害公共安全罪;破坏交通设施罪;非法制造、买卖、运输、邮寄、储存枪支、弹药、爆炸物罪;非法持有、私藏枪支、弹药罪;交通肇事罪;生产、销售伪劣产品罪;虚报注册资本罪;虚假出资、抽逃出资罪;非国家工作人员受贿罪;对非国家工作人员行贿罪;贷款诈骗罪;信用卡诈骗罪;保险诈骗罪;逃税罪;串通投标罪;非法经营罪;强迫交易罪;故意杀人罪;强奸罪;绑架罪;过失致人死亡罪;故意伤害罪;非法拘禁罪;诬告陷害罪;非法侵入住宅罪;抢劫罪;盗窃罪;诈骗罪;敲诈勒索罪;故意毁坏财物罪;破坏生产经营罪;伪造公司、企业、事业单位、人民团体印章罪;妨害公务罪;伪造、变造、买卖国家机关公文、证件、印章罪;聚众扰乱社会秩序罪;聚众扰乱公共场所秩序、交通秩序罪;聚众斗殴罪;寻衅滋事罪;组织、领导、参加黑社会性质组织罪;包庇、纵容黑社会性质组织罪;赌博罪;开设赌场罪;掩饰、隐瞒犯罪所得、犯罪所得收益罪;妨害作证罪;窝藏、包庇罪;非法收购、运输、出售珍贵、濒危野生动物、珍贵、濒危野生动物制品罪;非法占用农用地罪;非法采矿罪;盗伐林木罪;滥伐林木罪;走私、贩卖、运输、制造毒品罪;非法持有毒品罪;容留他人吸毒罪;介绍卖淫罪;组织卖淫罪;强迫卖淫罪;协助组织卖淫罪;引诱、容留、介绍卖淫罪;受贿罪;行贿罪;单位行贿罪;挪用公款罪;玩忽职守罪。

接或间接获取经济利益的经济类和为寻求保护、逃避打击的保护类两大类,分别占总罪名数的48%和52%①。对于经济类,其出现频率高的罪名依次是敲诈勒索罪、卖淫类犯罪、赌博类犯罪、毒品交易类犯罪、强迫交易罪和非法经营罪;②对于保护类,具体又可分为暴力保护和"保护伞"保护两小类,前者出现频率高的罪名依次是寻衅滋事罪、故意伤害罪、聚众斗殴罪、非法拘禁罪、故意毁坏财物罪、非法侵入住宅罪及各种涉枪犯罪,③后者出现频率高的罪名是行贿类犯罪。④ 另外,还有诸多分属以上类别的殴打他人、敲诈勒索、暴力收债、行贿等尚未构成犯罪的一般违法行为。探究以上违法犯罪的内在关系,不难发现这里的所谓保护类违法犯罪,只不过是涉黑组织获取巨额经济利益的非法保护手段而已:既以暴力(软暴力)为手段保护其非法经营活动得以实现和发展("以暴护黑"),又通过寻求"保护伞"保护其违法犯罪活动不受查处和打击("以政护黑"),从而形成"以暴护黑"与"以政护黑"的"双重"保护。⑤ 以上"双重"保护,从前述362个案件的情况来看,确实也都获取了巨额经济利益。据判决

---

① 绑架罪、抢劫罪、强迫交易罪、敲诈勒索罪等直接以暴力(软暴力)获取经济利益的统计为经济类。

② 362件相关案件中,涉及敲诈勒索罪的案件有94件,介绍卖淫罪的案件有73件,强迫交易罪的案件有58件,组织卖淫罪的案件有32件,强迫卖淫罪的案件有14件,协助组织卖淫罪的案件有30件,引诱、容留、介绍卖淫罪的案件有6件,开设赌场罪的案件有67件,赌博罪的案件有19件,走私、贩卖、运输、制造毒品罪的案件有8件,容留他人吸毒罪的案件有6件。

③ 362件相关案件中,涉及寻衅滋事罪的案件有195件,故意伤害罪的案件有120件,聚众斗殴罪的案件有74件,非法拘禁罪的案件有68件,故意毁坏财物罪的案件有26件,非法持有、私藏枪支、弹药罪和非法制造、买卖、运输、邮寄、储存枪支、弹药、爆炸物罪的案件有135件,非法侵入住宅罪的案件有7件。

④ 362件相关案件中,涉及行贿类(包括行贿罪、单位行贿罪、非国家工作人员受贿罪、对非国家工作人员行贿罪)的案件有30件。

⑤ 参见西南政法大学课题组:《防治黑社会性质组织犯罪的长效机制建设研究报告》,《现代法学》2010年第5期;石经海:《当前涉黑犯罪的特点与成因调查》,《现代法学》2011年第3期。

书显示,它们都分别非法获利少则几万元,多则几亿元。①

其次,在巨额经济利益的追求中,逐渐向政治领域渗透。主要表现在两个方面:一是通过寻求"保护伞"的非法保护,使国家打击黄赌毒等的政策落不到实处和使涉黑组织的违法犯罪活动得不到打击。在前述统计的 362 个案件中,有很大一部分案件都查出了"保护伞",均有国家工作人员作为组织成员或以包庇、纵容方式充当"保护伞",包括寻求分管黑恶案件公安干警保护、寻求公路运输管理人员、拉拢税务局干部为其组织领导者和政府信访工作人员的非法保护等。例如湖南的龙某某包庇、纵容黑社会性质组织、赌博、聚众斗殴案②,刘军等包庇黑社会性质的组织、非法持有枪支、非法持有毒品、非法买卖枪支案③和刘某某受贿、巨额财产来源不明、刑讯逼供、包庇、纵容黑社会性质组织、帮助犯罪分子逃避处罚、非法持有枪支案④都是如此。二是通过获取人大代表、政协委员、工商联领导等光环,作为其"以政护黑、以黑取利"的"护身符"和"开路虎",并由此实现其走入上层社会的欲望。例如湖北的连某等组织、领导黑社会性质组织、寻衅滋事、强迫交易、故意伤害、敲诈勒索、非法占用农用地、参加黑社会性质组织、赌博案⑤中,连某捕前系湖北省孝感市孝南区政协委员;贵州的黎某等组织、领导黑社会性质组织、非法持有枪支、非法采矿、聚众扰乱社会秩序、赌博、聚众斗殴、寻衅滋事、故意伤害、受贿案⑥

---

① 以上经济利益,均是这些黑社会性质组织获取的"收益",而不是它们的经营额。对于从事需投入资金从事非法经营活动的黑社会性质组织来说,它们的非法经营额要远远大于这些"收益"。
② 参见湖南省吉首市人民法院(2012)吉刑初字第 18 号刑事判决书。
③ 参见河南省新密市人民法院(2013)新密刑初字第 530 号刑事判决书。
④ 参见平顶山市叶县人民法院(2011)叶刑初字第 176 号刑事判决书。
⑤ 参见湖北省孝感市孝南区人民法院(2014)鄂孝南刑初字第 00162 号刑事判决书。
⑥ 参见贵阳市小河区人民法院(2011)筑小法刑初字第 120 号刑事附带民事判决书。

中,黎某捕前系贵州省第十届政协委员、贵阳市第十二届人大代表、中国青年创业奖获得者、第七届贵州省青年企业家协会副会长。这些"政治"光环,不仅满足了他们走上上层社会的欲望,而且从他们所从事的违法犯罪活动来看,还大大方便了他们获取更多的非法经济利益。①

(二) 在获利途径上主要以合法公司为依托,在暴利行业从事非法经营活动

当前的涉黑组织,其获取巨额经济利益,主要不是通过"打砸抢"的传统方式。而是主要通过在暴利行业以其注册的合法公司企业为掩护或依托②,从事非法经营、强迫交易、开设赌场、组织卖淫、贩卖毒品等非法经营活动。在前述统计的362个案件中,有174个案件涉黑组织所从事的主要经营活动是以注册合法公司为掩护或依托而开展的。例如,以合法财务咨询有限公司、夜总会为依托,主要从事"地下钱庄"、开设赌场等非法经营活动;以法律顾问等有限公司为手段,主要从事变相收取保护费、帮助企业收债挡债、插手他人经济纠纷的非法经营活动;以合法运输有限公司为依托,主要从事公共交通运输的非法经营活动;以合法食品有

---

① 参见西南政法大学课题组:《防治黑社会性质组织犯罪的长效机制建设研究报告》,《现代法学》2010年第5期;石经海:《当前涉黑犯罪的特点与成因调查》,《现代法学》2011年第3期。

② 实践中常把黑社会(性质)组织所依托的公司企业与黑社会性质组织本身混为一谈。实际上黑社会(性质)组织所依托的合法公司、企业,只是其借以进行非法经营活动的平台,是其获取经济利益和壮大经济实力的手段。认识这一点,是准确认定黑社会(性质)组织、保护黑社会(性质)组织所依托的公司企业的合法权益的关键。这也意味着,那些在这些公司企业中依法从事注册范围内事务的职工,不能认定为参加了黑社会(性质)组织和是涉黑组织成员,只有那些在其中从事了组织策划下的一定违法犯罪活动(如3次违法活动,1次犯罪活动)的职工,才能认定为参加了黑社会(性质)组织和是涉黑组织的成员。

限公司为依托,主要从事生猪收购、猪肉销售等非法经营活动;以合法实业有限公司、典当有限公司等为依托,主要从事发放高利贷、商务调查、商账追讨、婚情调查等非法经营活动;以合法酒店为依托,主要从事组织卖淫等非法经营活动;等等。①

从以上公司性质及其所从事的主要非法经营活动来看,当前涉黑组织所疯狂扩张的经济领域,主要是那些能够获取暴利的娱乐业②、金融业③、屠宰业④和运输业⑤等地上行业或地下行业⑥。这里的"地上行业",是指经营的本是正当业务的行业,如生猪屠宰、猪肉销售、民营公共运输、建筑垃圾的除渣和运输等。从事这些行业者,因其在经营中,为获取暴利,有组织地实施了故意伤害、敲诈勒索、聚众斗殴、寻衅滋事、非法拘禁、强迫交易、恶意集访等违法犯罪活动,并在一定区域或行业形成了非法控制或重大影响,从而走上了涉黑犯罪道路。这里的"地下行业",是指长期有组织地以"挂羊头卖狗肉"的方式从事法律禁止经营的不正当行业,如放高利贷、开设赌场、组织卖淫等。从事这些行业者,因其长期从事非法经营活动并在一定区域或行业形成了非法控制或重大影响,从而走上了涉黑犯罪道路。⑦

---

① 参见西南政法大学课题组:《防治黑社会性质组织犯罪的长效机制建设研究报告》,《现代法学》2010 年第 5 期;石经海:《当前涉黑犯罪的特点与成因调查》,《现代法学》2011 年第 3 期。
② 主要是从事开设赌场、组织到澳门赌博、组织卖淫等非法经营活动。
③ 主要是从事放高利贷(俗称"地下钱庄"或"放水")的非法经营活动。
④ 主要是通过非法垄断当地生猪收购和猪肉销售市场,获取经济利益。
⑤ 主要是通过非法垄断公共交通运输和土建运输,获取经济利益。
⑥ 除此之外,他们还通过贩毒、诈骗、敲诈勒索、提供非法保护等获利,但这些已不是他们的主体获利方式。
⑦ 参见西南政法大学课题组:《防治黑社会性质组织犯罪的长效机制建设研究报告》,《现代法学》2010 年第 5 期;石经海:《当前涉黑犯罪的特点与成因调查》,《现代法学》2011 年第 3 期。

（三）在人员结构上其成员主要是文化素质较低的闲散青壮年

这具体表现在如下三个方面：其一，纠集的成员大多文化素质较低。在前述统计的362个案件中，随机抽取了20个案件，在其中共有的281名被判刑人员中，初中以下文化的为176人，占所有涉案人员的62.63%；高中及中专文化的为82人，占所有涉案人员的29.18%；大学（包括大专和本科，下同）及研究生文化的为23人，占所有涉案人员的8.19%。其中，有9个案件超半数涉案人员的文化程度为初中以下，只有3个案件超半数涉案人员的文化程度为高中以上。其二，纠集的成员主要是闲散人员（无业者、闲散的农民、失业的工人等无业闲散者）。据统计，在这20个案件的281名被判刑人员中，闲散人员共有170人，占涉案人数总数的60.5%。其中，有7个案件，闲散人员占涉案人数的六成以上。其三，纠集的成员中有很大一部分人为刑释解教人员①。在以上20个案件中，除个别案件以外，其他都有一定数量的刑释解教人员。据统计，在其281名被判刑人员中，参与实施犯罪的刑释解教人员共有72人，占被判刑人总数的25.62%。另外，在其22名"黑老大"中，有9人是刑满释放人员或负案犯，比例高达40.91%；在以上72名刑释解教人员中，有21人被认定为组织的骨干成员，占比29.17%。

（四）在组织关系即对内笼络控制成员的方式上表现出明显的"家规"性

在当前，涉黑组织笼络控制其成员的方式，并不是成熟涉黑组织所具

---

① 主要是刑满释放人员，也有少数为劳教释放人员。另为了论述方便，在成为涉黑组织成员前的负案犯也纳入这种人员。这些人员，大部分是无业者，只有少部分人有职业。

有的"帮规",而是处于"家长"地位的组织领导者所立下的"家规"。综观第三次全国性打黑除恶专项斗争的362个涉黑组织,其组织关系的"家规"性突出表现在如下两个方面:

其一,各种类型的涉黑组织都直接使用"家规"笼络控制成员。除了以部分由亲属为主体成立的家族性公司所依托的组织(简称"家族性公司依托"型组织)外,那些以非家族性公司为依托的组织(简称"非家族性公司依托"型组织)或因所谓朋友关系而纠集在一起的普通涉黑组织(简称"成员纠集"型组织)也都如此。如在"成员纠集"型组织中,"黑老大"要求其成员对其安排的事不能互相打听,对通信不通畅、办事不力的组织成员进行责骂。在"非家族性公司依托"型组织中,"黑老大"要求其组织成员要"义"字当头、大家的"面子"要争,对"大哥"要尊重、要听从"大哥"的召唤、遇事须请示报告、遇到"打打杀杀"的事情大家要齐心、当兄弟亲戚朋友有事相求时也要帮忙;组织成员"要忠诚、要听招呼、要懂事、不惹事、不怕事",对组织的决定,"不求之,不问之",否则就给予"三刀六洞"的处置。

其二,其他笼络控制成员的方式,实质上也都具有"家规"性。当前的涉黑组织,除了直接使用"家规"笼络控制成员外,还采用公司制度和感情联络的方式笼络控制成员。对于这两种方式,虽然它们不是通常意义上的"家规",但从其均是处于"家长"地位的"黑老大"所决定或制定这个本质特性来看,也都具有"家规"性。综观涉及以合法公司为依托的174个案件,无论是"家族性公司依托"型组织,还是"非家族性公司依托"型组织或"成员纠集"型组织,都是如此。虽然有的组织从形式上是按公司的规章约束管理成员,但作为该组织的"黑老大"的公司最高领导,对于其成员具有绝对权力,不仅人事安排都是由他说了算,而且公司的其他重大事项如在遇到组织卖淫等非法经营活动被查处或受查处时,都由他出面解决,从而表现出其在整个公司运行中所处的"家长"地位以及其所立"公司制度"的实质上的"家规"性。对于联络感情的约束控制方式,如组织负责成员的日常消费开支,给表现较好者的物质奖励,不时让组织成员聚集在一起吃、住、吸毒、嫖娼,给经济困难者以帮助等,既因成员由此感到组织领导者"讲义气",追随他有保障,而使之成为约束控制成员的方式,又因这些"感情联络"方式也是"黑老大"的意志体现而在实质上也具有"家规"的性质。

(五) 在非法控制即对外形成非法控制或重大影响的手段上把"软暴力"和策动群体事件作为新的手段

当前的涉黑组织并不是传统的主要以"打打杀杀"为形成非法控制或重大影响的手段,而是采用施用暴力(包括"打打杀杀"的简单暴力或那些具有胁迫性的软暴力)、寻求"保护伞"和策动群体事件等多种手段。其中,"软暴力"和策动群体事件,是当前涉黑组织形成非法控制或重大影响的新的特点和趋势。

如前所述,当前我国涉黑组织的违法犯罪活动,大致可分为直接为获取经济利益的经济类和为寻求保护、逃避打击的保护类两种类型。从以上涉案违法犯罪类别及其内在关系来看,当前的涉黑组织主要以暴力手段、"保护伞"和群体事件为手段以形成组织的非法控制或重大影响。在这里,依所使用的以上手段的不同,大致可把当前的涉黑组织分为"简单暴力"型、"暴力+保护伞"型和"暴力+保护伞+群体事件"型等三种类型。

"简单暴力"型,主要依靠"打打杀杀"等传统暴力或"软暴力"的违法犯罪活动而不依靠"保护伞",在一定区域或行业形成非法控制和获取巨额经济利益。一般是通过组织故意伤害、敲诈勒索、非法拘禁等传统暴力性活动,或"运用出场摆势、言语恐吓、跟踪滋扰等手段,围而不打,打而不伤,伤而不重"等软暴力①手段,对一定行业或区域进行非法控制,对当地经营者及群众等形成心理强制,获取巨额非法经济利益。

"暴力+保护伞"型,既依靠暴力或软暴力的违法犯罪活动,又依靠"保护伞"的非法保护,在一定区域或行业形成非法控制和获取巨额经济利益。这是涉黑组织存在的主要形式,当前的绝大部分涉黑组织都属于这种类型。

"暴力+保护伞+群体事件"型,既依靠暴力或软暴力的违法犯罪活动,又依靠"保护伞"的非法保护,还适时策动群体性事件以对政府或同行等施压,以在一定区域或行业形成非法控制和获取巨额经济利益。这是当前威力最大、危害最深的一种涉黑组织。一般除了有组织地实施故意伤害、寻衅滋事、寻求保护伞等违法犯罪活动外,还通过组织、策划上访、集访甚至群体事件等向政府等施压,迫使政府等让步,以对抗政府执法和达到其非法目的。如此以此为形成非法控制或重大影响的手段,不仅容易动摇政府的决策和执法,而且还直接带来社会的不安定。

综合以上各涉黑组织,它们在非法控制特征上有如下两个突出特点:一是"暴力"的共同性,即无论什么层级的涉黑组织,都无一例外地以暴力(软暴力)为其发展壮大的基本手段。对此,理论上称之为"有组织暴力"。这种暴力,"不仅可以给他们带来金钱和财富,还可以带来权力和声望"②。二是利用"软暴力"和"群体事件"的趋势性,即虽然以其为形成非法控制的手段尚不普遍,但已有为越来越多的涉黑势力所利用的迹

---

① 参见周斌、赵阳:《中国黑恶势力犯罪进入活跃期,向"软暴力"发展》,《法制日报》2011年9月16日。
② 何秉松:《有组织犯罪研究·中国大陆黑社会(性质)犯罪研究》(第一卷),中国法制出版社2002年版,第437页。

象。如此两个特点决定了,在以上三种类型的涉黑组织中,利用传统暴力的"简单暴力"型因其简单暴力性而是一种易于暴露和易于受政府打击的张扬型和短命型的犯罪组织;后两种涉黑组织,虽然也因使用了暴力(软暴力)而具有张扬性,但因有"保护伞"的非法保护、"软暴力"和群体事件的迷惑性而难以受打击和能够长期存在并得到发展。

（六）在社会危害性上已严重动摇当地的经济、政治和社会生活基础

俗语云:"基础不牢,地动山摇"。涉黑组织之所以要严厉打击,其重要原因就是它严重动摇了主流社会的社会基础。社会基础是社会发展的根本或起点。社会基础的动摇主要表现为正常而有规律的社会活动秩序受到破坏,使得社会的经济、政治、生活等活动处于无序和紊乱状态。从以上362个案件的情况来看,当地的经济、政治和生活等秩序因受到这些涉黑组织的严重破坏而在很大程度上处于无序或紊乱的状态。

首先,涉黑组织已严重破坏当地的经济秩序。如前所述,涉黑组织以巨额经济利益的追求为终极目标,当前的涉黑组织向经济领域的扩张已多方位、深层次地表现在能够获取暴利的几乎所有行业和经济领域,从而使当地的经济秩序遭到严重破坏。从第三次全国性打黑除恶专项斗争的362个案件来看,它们除了在娱乐业、屠宰业和运输业等行业中从事开设赌场、非法垄断和扰乱当地生猪收购和猪肉销售市场、非法垄断和扰乱公共交通运输市场等非法经营活动外,还在金融业从事放高利贷("地下钱庄""放水")的非法经营活动。这个源于旧社会赌场的"放水",被这些涉黑组织引用到当今的建筑、房地产、娱乐以及其他需要大额资金的行业。可因其"利滚利"的计息方式和黑社会的讨债方式,使得那些公司企业及个人等借贷者,在几个月间就折腾得岌岌可危甚至倾家荡产。另外,

涉黑组织还强行向一些公司、企业、个体户等收取保护费,敛取他人财物。这种通过窃听、跟踪、暴力等手段处理情人纠缠、解决三角债务等事项的违法犯罪活动,既严重侵犯了公民、公司企业的人身财产权利,还严重破坏了当地的生活和生产经营秩序。

其次,涉黑组织已严重破坏当地的政治秩序。黑恶势力坐大成势后,为实现其团伙利益最大化,还动辄策动群体性事件,迫使竞争对手甚至政府满足其不正当要求。如通过组织街坊、邻居或公司、企业员工到政府进行集访、上访闹事,给政府施压等。如此动辄策动群体事件和借助群体力量的做法,不仅挤压了竞争对手和对抗了正常的管理秩序,而且使得政府的决策、政策、威信等受到严重破坏。

最后,涉黑组织已严重破坏当地的生活秩序。为了实现非法控制或重大影响,涉黑组织成员往往滥杀滥伤无辜,以显示自己心狠手辣和震慑人民群众,造成群众敢怒不敢言,严重破坏当地人民群众的生活秩序。如涉黑组织以其非法持有枪支弹药和管制刀具等,长期在某个区域打打杀杀,使当地群众都不敢惹他们,在受到他们欺负时,也不敢报警。这不仅使当地群众的生命健康权利和安全受到严重威胁,而且使当地民众的基本生活秩序遭到严重破坏。

三、黑恶犯罪的成因剖析

综观我国黑恶犯罪的发展流变,其成因主要表现在如下几个方面:

(一)市场经济的多元化价值观冲突

具体表现在市场经济的多元化价值观冲突,特别是满足需要方式的异化,为黑社会性质组织的孳生蔓延提供了精神动力。随着对外开放的推进和市场经济的建立与发展,社会生产力得到大力发展和社会财富有了很大增加的同时,境外的黑社会势力以及金钱万能、贪图享乐、个人主义等思想观念,也开始渗透到中国境内,使得人们的利益观、人生观、价值观发生异化①,并朝着物欲化、功利化方向发展。这不仅表现为不择手段地获取物质利益,而且表现在获取一定物质利益的情况下,还要追求政治上的"涂金"甚至政治权力的满足,从而出现流氓恶势力逐渐演化成黑社会性质组织这样的犯罪现象。从前述 20 个典型黑社会性质组织来看,那些"黑老大"之所以走上涉黑违法犯罪道路,在很大程度上就是由于多元化的价值观冲突,导致满足需要方式的异化。在那些金钱万能、贪图享乐、个人主义等利益观、人生观和价值观的支配下,他们不满足于通过正当合法手段获取经济利益,而是不择手段地获取他们所试图得到的各种利益,从而走上黑社会性质组织的道路。而且,这些"黑老大",在巨额经济利益得到一定程度满足后,在功利化和权欲的驱使下,还努力去获取一些如人大代表、政协委员、协会会长等政治或准政治的头衔,以有利于在主流社会中获取更多的经济利益和获得更高的社会地位。因此,进行社会主义利益观、人生观、价值观教育,是建立防治黑社会性质组织长效机制的观念因素措施。

（二）社会控制乏力

具体表现在社会控制乏力,特别是基层行政执法和行业治理不力,为黑社会性质组织的孳生蔓延提供了机遇。社会控制弱化和非法控制力量的兴起是黑社会性质组织犯罪兴起的环境条件。在一定意义上,黑社会性质组织的发展壮大都是行政执法积极或消极作用的结果。前者主要是

---

① 参见梅传强、赵亮:《青少年黑社会性质组织犯罪的特点与成因分析》,《西南政法大学学报》2010 年第 1 期。

行政执法者故意包庇或纵容甚至直接参加黑社会性质组织以使其发展壮大。这是当前黑社会性质组织发展壮大的主要形式。所有被查出有"保护伞"的组织,都属于这种情形。后者主要是由于行政执法者对工作不负责任或行政执法不当而过失放纵黑社会性质组织的发展壮大。也就是,那些没有官员故意充当"保护伞"的黑社会性质组织,其发展壮大也往往是行政执法者不负责任或行政执法不当所作用的结果。黑社会性质组织的发展壮大与行政执法的以上关系表明,一方面,没有"保护伞"的黑社会性质组织在现实中虽然是少数,但也是客观存在的;另一方面,黑社会性质组织主要出现在基层行政执法存在严重问题的地区,也就是那些官员充当"保护伞"已成风气或那些基层执法者对黑恶势力听之任之的地区。有些地方之所以黑社会性质组织猖獗,在很大程度上是由于这些地方的基层行政执法曾经存在严重问题。基层行政执法存在严重问题,其结果必然促使黑社会性质组织在"以黑护商、以商养黑""以政护黑、以黑取利"等模式下恶性发展。

随着我国从计划经济向市场经济的转化,我国社会正发生巨大的社会转型,并带来政治、经济、文化等各个方面的重大调整变化。这些调整变化不可避免地一度出现社会控制乏力,并表现为在闲散人员管理、文化娱乐场所管理、民营私营企业管理等领域中出现管理漏洞。这些管理漏洞,在很大程度上又是基层行政执法不力的表现。就闲散人员管理而言,基层行政机关对失业人员、闲散农民、流动人员、刑释解教人员等的管理漏洞,容易导致这些人员聚集在一起,在社会帮扶制度不完善以及不良亚文化作用下,走上违法犯罪乃至黑社会性质组织道路。就文化娱乐场所和民营私营企业等的管理而言,它们都属于行业管理问题,由于基层相应行政执法部门对其监管不力,给它们从事非法经营活动提供了可乘之机,以至于在一定区域、行业形成非法控制或重大影响,获取巨额非法经济利益,走上黑社会性质组织道路。同时,对文化娱乐场所监管不力,还会带来黄赌毒的蔓延,进而为黑社会性质组织的孳生蔓延提供重要的温床和土壤。这也就是为什么黑社会性质组织一般都会涉及黄赌毒问题。这些涉黑性质组织之所以选择这些行业从事非法经营活动,一方面是这些行业能够获取巨额经济利益,另一方面是这些行业的基层行政监管不力,它们可以通过利用管理漏洞或寻求"保护伞"等方式,长期从事非法经营活动,获取巨额经济利益。因此,加强基层行政执法和行业监管等方面的社会控制能力,是建立防治黑社会性质组织长效机制的行业因素措施。

(三) 社会帮扶制度的不完善

具体表现在社会帮扶制度的不完善,为黑社会性质组织的孳生蔓延提供了充足的人员来源。农村富余劳动力、城镇失业、无业和失学、辍学人员,既是一个弱势群体,更是一支高危人群队伍,高危人群为黑恶势力犯罪提供了生存的人力资源基础。在高危人群中,不少无业人员因找不到正当职业就纠集起来或依附社会上的所谓"黑老大"从事违法犯罪活动。他们常常结伙斗殴、聚众闹事、替人收账、充当打手、替人看场子等。他们的违法犯罪活动表现为聚众斗殴、寻衅滋事;有的受人"雇请""收纳"参与黑恶违法犯罪活动;更有甚者凭借砍杀、打斗等非法手段混到自己的"名片"后成为黑恶势力新的"大哥"。现实中出现的所谓"A寿帮""B江帮""C州帮"等黑恶犯罪团伙都是从高危人群中滋生演变而来的。

闲散人员走上黑社会性质组织道路,既有管理上也有制度上的原因。在管理上,主要是由于以上所述的基层行政管理不力;在制度上,主要是因为社会帮扶制度不完善。就社会帮扶制度而言,失业人员、闲散农民、流动人员、刑释解教人员等闲散人员,都需要一定的社会帮扶制度,让他们有正当事情可做,让他们得到社会的帮助和感受社会的温暖,从而远离不良亚文化的影响,构建阻隔让他们走上黑社会性质组织道路的客观环境和条件。然而,由于受很多客观条件的限制,我国关于包括社会帮扶制度在内的社会保障体系还没有很好地建立起来。其结果必然导致失业人员、闲散农民、流动人员、刑释解教人员等闲散人员,无正当事情可做,也缺乏社会的关爱,被隔绝在主流社会之外,进而在不良亚文化等的影响下,"臭味相投"地聚在一起,为黑社会性质组织的孳生蔓延提供了充足的人员来源。其中,刑满释放人员的社会化问题,是社会帮扶制度的重点。这种人的一定时期与社会隔绝的监狱生活,使得他们难以重新融入社会。一方面他们自己心理的阴影和自卑使得他们不想或不能同社会成员打成一片,另一方面因他们的罪恶背景而使得社会成员有意或无意地远离他们。如此社会隔离,使得他们难以在社会上正常地工作和生活,而往往是破罐子破摔,重新走上犯罪道路,甚至进一步跌入更严重犯罪的深渊。因此,构建完善的社会帮扶制度,是建立防范黑社会性质组织长效机制的人员因素措施。

(四) 亚文化的不良影响

具体表现在亚文化的不良影响,为黑社会性质组织的孳生蔓延提供了很强的凝聚力支持。理论上的研究表明,我国当今的黑社会性质组织在很大程度上是对传统民间帮会、旧有涉黑组织的继承和对国际成熟状态的黑社会犯罪方式的模仿。亚文化在黑社会性质组织滋生蔓延中的不良影响,主要是为黑社会性质组织的孳生蔓延提供了很强的凝聚力支持。在一定意义上,对于以"家规"维系组织存在的黑社会性质组织,其凝聚力主要靠亚文化来实现。其中,培养组织成员的"义气"观,并由此在组织内部形成"要忠诚、要听招呼、要懂事、不惹事、不怕事"等文化氛围,使只要是组织中的一员就要受到这种"义气"的约束(软约束力),从而实现对成员的约束控制。同时,"黑老大"通过帮助有困难的成员和通过吃喝玩乐等联络感情的方式,也是"有福同享、有难同当"的亚文化作用的表现,也能达到凝聚组织成员的目的。因此,弘扬主流文化,清除传统不良亚文化的影响,是建立防治黑社会性质组织长效机制的文化因素措施。诸如"事不关己,高高挂起"等不良亚文化,也导致民众不愿参与"打黑除恶"的行动。打黑除恶毕竟是一项长期而艰苦的工作,只有鼓励民众参与,才可能实现对黑社会性质组织的"打早打小"。

(五)官员充当"保护伞"

具体表现在官员充当"保护伞",为黑社会性质组织的孳生蔓延提供了政治上的庇护。哪里的黑社会性质的恶势力猖獗,哪里的腐败现象就严重。这意味着,官员充当"保护伞"与涉黑性质组织犯罪的发展壮大有一定的因果关系。主要表现在,黑社会性质组织凭借其非法形成的强大经济实力,极力拉拢、腐蚀、控制党政干部、政法干警,形成"官—黑"共生模式:一方面黑社会性质组织为了保护其非法经营活动及其组织的生存、发展,必然想尽一切办法寻求官员充当"保护伞";另一方面一些蜕化、变质的官员,在金钱、女色、人情等的诱惑或作用下,直接或间接利用手中的权力庇护黑社会性质组织。如此"共生模式",使得黑社会性质组织能够长期存在并得到发展。从前述有"保护伞"的案件来看,都因"保护伞"的作用而导致基层行政执法不力,并直接影响对那些从事非法经营活动的行业的监管,使得这些违法犯罪分子有了可乘之机,进而在一定行业、区域形成非法控制或重大影响和成为黑社会性质组织。因此,深入开展打黑除恶专项斗争,就必须将打黑与反腐有机结合在一起,深挖黑社会性质组织幕后的"保护伞"。

（六）法律制度的不完善及其治理对策的不科学

具体表现在法律制度的不完善及其治理对策的不科学,使黑社会性质组织得不到有效遏制并出现循环式发展。国内外的历史和现实表明,完善的法律制度和科学的治理对策是社会有序运行、健康发展的基本要求所在。而相反,法律制度的不完善和治理对策的不科学,必然会因基本规则的瑕疵而出现社会运行无序和难以健康发展问题,并带来一系列重要不良后果。其中,黑社会性质组织的滋生和发展壮大,在很大程度上就是这个社会健康运行失范的结果和表现。这里的法律制度不完善,包括行政立法、经济立法和刑事立法等的不完善。如现行刑法对积极参加者与组织、领导者设置了相同的法定刑,这未能充分反映积极参加者和组织、领导者的地位差异,不利于司法实践中切实贯彻宽严相济刑事政策予以区别对待;刑法没有规定黑社会性质组织犯罪的财产刑,对于这样一种具有明显经济利益特征的犯罪,不利于摧毁其经济基础,消除其进一步发展壮大的经济条件;《刑法》为包庇、纵容黑社会性质组织罪设置了与窝藏、包庇罪和包庇毒品犯罪分子罪相同的法定刑,没有考虑该罪的主体为国家机关工作人员的特殊性,使得这个立法既不利于严惩充当黑社会性质组织"保护伞"腐败分子,也使得与其他类似特殊主体犯罪在法定刑上不相均衡;监听、诱惑侦查、邮件检查、卧底侦查、刑事特情侦查、控制下交付、秘密录音录像、秘密拍照、秘密搜查及秘密取证制度和污点证人制度等刑事诉讼制度的缺失,使得黑社会性质组织的证据难以固定和被有效追诉。如此等等的立法不完善,在很大程度上会带来行业监管和治理不力、基层行政执法不力、对罪犯的打击不力和对刑释解教等闲散人员的帮扶不力等一系列问题。如社会帮扶制度的立法不完善、反垄断法的缺失或施行的不到位、公司法对公司经营监管的不力、行政执法不力的问责制缺陷、因体现从严和从宽者"宽严相济"立法设置不足而导致难以"准、稳"地打击黑社会性质组织、黑社会性质组织缺乏相应财产刑规定而难以合理剥夺黑社会性质组织者继续犯罪的经济能力、对"保护伞"的打击力度不够、对黑社会性质组织缺乏有效的追诉程序等立法制度问题，都导致黑社会性质组织得不到有效遏制并出现循环式发展。这里的治理对策的不科学，主要是指据此完善和施行立法的政策对策的不科学。如没有很好地贯彻社会治安综合治理政策、宽严相济的刑事政策，片面地理解和适用"打早打小"政策等，从而使"打黑除恶"成为阶段性的工作，使得专项工作结束以后，没有被打击的黑恶分子或者那些被刑释解教的涉黑人员，又很快地组成新的黑恶团伙，肆无忌惮地实施违法犯罪活动，从而使黑恶势力得不到长久遏制并出现循环式发展。因此，完善相关立法制度及其治理对策，是建立防治黑社会性质组织长效机制的法律、政策因素措施。

四、黑恶犯罪的治理推进

我国改革开放后的黑恶犯罪治理行动，除了1983年开始的"严打"中包含"打黑"斗争外，还有2000年开始的全国性"打（扫）黑除恶"专项斗争。这些"专项斗争"虽然只是阶段性的"严打"式行动，但体现了黑恶犯罪治理的推进历程。综观这个历程，可以基于行动背景、目标、成效等，将它们分为"严打"中包含"打黑"斗争阶段、"打黑除恶"专项斗争阶段和"扫黑除恶"专项斗争阶段等三个发展推进时期。这些时期及其过程，既有成功的经验，也有需总结提升的问题。这些"经验"与"问题"，既具有各自的特定历史背景，也是推进我国黑恶犯罪治理现代化的必要历程与重要组成部分。

（一）"打黑"斗争阶段

我国自1983年开展第一次"严打"行动以来，共有三次"严打"斗争，即1983年8月至1986年年底的第一次"严打"斗争、1996年4月至1997年2月的第二次"严打"斗争、2001年4月至2002年12月的第三次"严打"整治斗争，以及为巩固以上斗争成果的整治斗争，包括1994年7月至1995年2月的"严打"整治斗争和2002年3月至2003年4月的继续深化"严打"整治斗争。在以上"严打"斗争及其整治斗争中，有关黑恶势力犯罪的打击，始终是其重点内容。

1. 1983年第一次"严打"斗争

这是新中国开展的第一次全国性"严打"斗争。从1983年8月至1986年年底。其发起的背景，主要是我国改革开放初期出现的急剧恶化的社会治安状况。如此状况的出现，综合相关史料，主要是两方面的原因：一是城市出现大量待业闲散人员。这主要是，1979年我国废止了知识青年"上山下乡"政策，[①]大量"上山下乡"知识青年回城，出现了大量待业人员。[②] 可在这个时候，我国的商品经济才起步，就业岗位很是有限，出现了大量的城市闲散人员。二是域外不良因素的影响。随着改革开放的推进，在打开国门引进国外资金、技术等的同时，不同价值观、文化观甚至不同社会制度的糟粕也大量涌入，导致整个社会运行机制的不畅甚至紊乱，进而带来社会治安的急剧恶化。全国治安及刑事案件立案数

---

① 1979年12月，李先念在全国知识青年上山下乡工作会议上表示，上山下乡运动劳民伤财，得不偿失。1980年，中央彻底结束了持续25年的知识青年上山下乡运动。

② 1979年，中华人民共和国城市积累的待业人员已达2000万，这是中华人民共和国成立以来待业人数的最高值。如北京市待业人员40万人，占全市总人口的8.6%，平均每2.7户城市居民中有一个待业人员。天津市待业人员最多达到38万人，占全市总人口的11.7%。

从1978年的53万起,1980年的75万余起(其中大案5万余起),1981年的89万余起(其中大案6.7万余起),1982年的74万余起(其中大案6.4万起),并且1983年前几个月,不仅案件继续猛增,而且其中不少为涉案人数众多、性质影响恶劣。如1979年9月上海控江路的数十名流氓分子闹事事件,1980年10月北京火车站的造成9死、近百人受伤的自杀性爆炸事件,1981年4月北京北海公园的三位女中学生被劫持并被强奸、猥亵事件,1983年2月东北王宗坊与王宗玮兄弟("二王")持枪逃亡制造血案事件,1983年6月内蒙古自治区呼伦贝尔盟喜桂图旗27位无辜者被杀害、多位女知青遭到强奸的特大强奸杀人案等。

以上社会治安状况的恶化,导致社会秩序严重混乱。不仅女性不敢在夜晚上班,民众丧失安全感,而且城市待业闲散青年形成了不少流氓违法犯罪团伙。如唐山的菜刀队、湖南的斧头帮。在这样的社会治安背景下,1983年7月19日,邓小平同志在北戴河听取了时任公安部部长刘复之关于全国各地严重治安状况的汇报,并表示:"对于当前的各种严重刑事犯罪要严厉打击,判决和执行,要从重,从快;严打就是要加强党的专政力量,这就是专政",要"在三年内组织一次、两次、三次大的战役"。于是,1983年8月25日,中央政治局作出了《关于严厉打击刑事犯罪活动的决定》,"从重从快严厉打击刑事犯罪活动"的"严打"拉开序幕。9月2日,全国人大常委会颁布了《关于严惩严重危害社会治安的犯罪分子的决定》和《关于迅速审判严重危害社会治安的犯罪分子的程序的决定》。前者规定对一系列严重危害社会治安的犯罪,"可以在刑法规定的最高刑以上处刑,直至判处死刑";后者则规定在程序上,对严重犯罪要迅速及时审判,上诉期限也由刑事诉讼法规定的10天缩短为3天。

此次"严打"持续了三年,从1983年8月至1986年年底,其间连续三年开展了三个战役,①主要打击强奸、盗窃、流氓等犯罪团伙,共查获各种犯罪团伙19.7万个,团伙成员87.6万人,全国共逮捕177.2万人,判刑174.7万人,劳动教养32.1万人。其中,第一战役,"是1950年镇反运动以来规模最大的一次集中打击","全国公安机关共逮捕杀人、放火、抢劫、强奸、流氓等罪犯102.70万人,检察机关起诉97.50万人,法院判处86.10万人,其中判死刑的2.4万人,司法行政部门接收劳改犯68.70万人,劳教人员16.90万人",基本打掉了群众身边的社会反响最为强烈的违法犯罪人员,严重威胁当地治安的违法人员被严惩、注销城市户口,押送外地改造,保障了公民的人身安全和社会生活安定,收效明显。② 这可从刑事案件结构的变化得到体现。据《最高人民法院工作报告(1987年)》,各级人民法院审理的"七个方面"重点打击的犯罪分子,1984年占当年审理的刑事犯罪分子总数的51.86%,1985年占37.82%,1986年占32.79%。这些情况说明,在全国大多数地方,直接危害社会治安、人身安全和公共安全的暴力性犯罪案件明显下降了,社会治安的局面在总体上是稳定的。③

对于以上"严打",因当时我国刑法还没有设置黑恶犯罪,④而无关于黑恶犯罪的直接罪名。相关罪名主要是那些残害无辜群众、仇恨社会的流氓罪以及其他严重破坏社会秩序和被视为敌我矛盾⑤的团伙杀人、抢

---

① 它们的时间阶段为:1983年8月至1984年7月、1984年8月至1985年12月、1986年4月上旬到国庆节。

② 参见中共中央批转中央政法委员会《关于严厉打击严重刑事犯罪活动第一战役总结和第二战役部署的报告》,1984年10月31日。

③ 参见最高人民法院院长郑天翔于1987年4月6日在第六届全国人民代表大会第五次会议上所作《最高人民法院工作报告》。

④ 我国刑法最早设置黑恶犯罪的是1997年《刑法》的第294条,即组织、领导、参加黑社会性质组织罪等。

⑤ 在这个时期,邓小平主张将严重刑事犯罪分子视作敌我矛盾处理。

劫、强奸、放火、爆炸等犯罪。据中共中央〔1983〕31号文件,①以上意义上的流氓团伙分子,是"新的历史条件下产生的新的社会渣滓、黑社会分子";他们"以杀人越货、强奸妇女、劫机劫船、放火爆炸等残酷手段来残害无辜群众,他们仇恨社会主义,对社会治安危害极大",是这个时期和法律背景下的黑恶犯罪分子;对他们的"从严"政策是,"对流氓团伙分子要一网打尽,对流氓头子要坚决杀掉"。通过本次"严打",这些曾经横行一时的流氓犯罪集团受到了严厉的打击。据《最高人民法院工作报告(1987年)》,各级人民法院依法判处的流氓集团犯,1984年为3.6万多名;1985年下降了91.81%;1986年又下降了65.77%。②

2. 1994年"严打"整治斗争

这是第一次全国性"严打"斗争的整治行动。通过以上1983年至1986年"严打",虽然重点打击的七个方面的犯罪总数明显下降了,但刑事发案的总数比上年没有下降,社会治安好转的程度在各地不平衡。主要表现在:有些大中城市、沿海开放城市、城镇和交通干线的社会治安情况还不好,有的很不好;流窜作案、重新犯罪的情况甚为突出;在改革、开放、搞活的形势下,流动人员大量增加,一些犯罪分子混杂其中;一些大中城市和沿海开放城市,外来作案的,在犯罪分子总数中多达40%左右;一批惯犯、累犯、在逃犯和劳改脱逃犯四处流窜,干出一些后果十分严重的恶性案件;一小部分刑满释放人员回到社会后,由于种种原因,又重新犯罪;现在的盗窃犯罪分子,大都是为了追求资产阶级腐朽的生活方式,以偷达到享乐目的,甚至企图"以偷致富";以生产资料、工业设备或原材料

---

① 即《中共中央关于严厉打击刑事犯罪活动的决定》(中发〔1983〕31号),1983年8月25日。
② 参见最高人民法院院长郑天翔于1987年4月6日在第六届全国人民代表大会第五次会议上所作《最高人民法院工作报告》。

为目标,盗窃后向一些违法经营的乡镇企业以及不法收购点销赃的犯罪现象,相当严重;曾经嚣张一时的严重经济犯罪的气焰虽然被打了下去,但是,投机倒把、贪污、受贿等犯罪活动仍然不断发生。因此,对严重危害社会治安和严重破坏经济的犯罪活动的斗争,仍然是一个长期的、艰巨的任务,而且斗争的形势越来越复杂。①

于是,公安机关于1994年上半年,又针对各地公安机关的治安形势因地制宜地开展形式多样的"严打"整治斗争。先是于4月上旬,公安部成立了打击刑事犯罪整治社会治安对策研究小组,通过赴基层深入调查和反复论证,形成新的"严打整治方案"报中央政法委。接着,中央政法委于7月26日向各省、自治区、直辖市党委下发《关于转发"公安部关于继续深入开展严打斗争大力整治社会治安的意见"的通知》。据此,1994年"严打"整治大决战拉开了序幕。并且,公安部于8月12日成立严打整治办公室,作为全国严打整治斗争的领导指挥和参谋机构。②

本次"严打"整治斗争,从1994年7月开始到1995年2月(春节)结束。通过几个月的严打整治,取得了辉煌的战果。据资料显示,仅从1994年8月至11月四个月的时间,共破获各类重大、特大刑事案件18万多起,抓获负案在逃、恶贯满盈的各类逃犯2万多名,摧毁为非作歹的流氓恶势力和各类犯罪团伙4万多个,一大批罪大恶极、鱼肉乡里欺压百姓的流氓地痞恶霸纷纷落入法网,各地公安机关扫荡卖淫嫖娼、色情服务、制贩色情淫秽书刊录像、贩毒吸毒等社会丑恶现象也取得了近几年来少见的战果。同时,于8月29日,经党中央、国务院批准,公安部专门部署了在全国范围内开展收缴非法枪支弹药、打击涉枪犯罪的统一行动,其成

---

① 参见最高人民法院院长郑天翔于1987年4月6日在第六届全国人民代表大会第五次会议上所作《最高人民法院工作报告》。
② 参见黄祖跃:《94严打整治回眸》,《人民公安》1995年第1期。

效之大,为近年所罕见。①

以上"严打"整治斗争,其主体还是黑恶犯罪方面。也就是,本次行动的打击重点,包括那些为非作歹的流氓恶势力和各类犯罪团伙、鱼肉乡里欺压百姓的流氓地痞恶霸、卖淫嫖娼、色情服务、制贩色情淫秽书刊录像、贩毒吸毒、贩卖枪支弹药等,其实都是当前刑法规定和实践中重点打击的黑恶势力及其实施的具体涉黑涉恶犯罪。

3. 1996 年第二次"严打"斗争

1996 年 4 月到 1997 年 2 月,我国进行了第二次全国性"严打"斗争。这是继 1983 年第一次"严打"后,在全国范围内规模最大的一次集中打击行动,以解决当时比较突出的治安问题,重点打击杀人、抢劫、强奸等严重暴力犯罪,流氓犯罪、涉枪犯罪、毒品犯罪、流氓黑恶势力犯罪等严重刑事犯罪。

1996 年 4 月启动的"严打"斗争,其导火索是 1996 年春天发生在北京的震动中央和震惊全国的全国人大常委会副委员长李沛瑶被杀案、鹿宪洲持枪抢劫银行运钞车案和刑满释放人员白宝山持枪杀人抢劫案。1996 年 2 月 2 日凌晨 4 时许,负责保卫李沛瑶的武警张金龙利用轮值之机,进入李沛瑶的寓所行窃,被李沛瑶发现制止后,持菜刀行凶,致李沛瑶急性大出血死亡。这是新中国成立以来第一例国家领导人在治安案件中遇害的事件,引起了中共决策层的强烈关注。1996 年 2 月 8 日,因盗窃被判死缓的越狱犯、退伍军人鹿宪洲,在光天化日之下,蒙面手持 56 式自动步枪将停在朝阳区安慧里附近工商银行泔水桥分理处门前的一辆运钞车洗劫,射杀两名银行工作人员、杀伤一人后,劫走百余万元巨款。这是新中国成立以来首都北京首次发生持枪抢劫银行运钞车案。1996 年 3

---

① 参见丁晓璐:《本刊特稿》,《人民公安》1995 年第 1 期。

月至4月,刑满释放人员白宝山先后在北京市石景山区打伤执勤武警、抢走一支56式半自动步枪,在北京八大处附近装甲兵司令部,向哨兵开枪和企图抢夺枪支、子弹,击伤石景山公安分局防暴大队4名巡警,在丰台区八一射击场打死哨兵一名,企图抢夺枪支等。北京在短期内发生的这一系列恶性案件,不仅令警察压力很大,也引起了社会的不满。于是,1996年4月,我国开始了第二次全国性"严打"行动。①

其实,以上三个案件只是这个时期我国治安状况恶化的一个缩影。据《最高人民法院工作报告(1997年)》,1996年,全国法院全年共受理一审刑事案件57.21万件,比上年上升15.39%;杀人、抢劫、爆炸、绑架勒索、强奸、重大盗窃等犯罪,特别是各种涉枪犯罪和带黑社会性质的集团犯罪以及流氓恶势力犯罪,严重侵犯公民的人身财产安全,危害社会治安,破坏社会稳定,是"严打"斗争的重点。全年共判处严重危害社会治安的犯罪分子32.24万人。其中,判处五年以上有期徒刑、无期徒刑、死刑(包括死缓)的21.19万人,占总数的65.73%,比上年上升2.48个百分点。②

需要特别提出的是,虽然我国的这个时期还没有黑社会性质组织犯罪的立法③,但司法上已有涉黑涉恶犯罪的表述。如以上《最高人民法院工作报告(1997年)》中所述:"杀人、抢劫、爆炸、绑架勒索、强奸、重大盗窃等犯罪,特别是各种涉枪犯罪和带黑社会性质的集团犯罪以及流氓恶势力犯罪,严重侵犯公民的人身财产安全,危害社会治安,破坏社会稳定,是'严打'斗争的重点"。

---

① 参见《1996:全国严打统一行动》,《时事报告》1996年第10期。
② 参见最高人民法院院长郑天翔于1987年4月6日在第六届全国人民代表大会第五次会议上所作《最高人民法院工作报告》。
③ 黑社会性质组织犯罪首次写进我国立法的是1997年3月14日通过的《刑法》,具体是第294条。

4. 2001 年第三次"严打"斗争

经过第二次严打行动以后,90 年代后期,我国的社会治安是良好的。但是到了 90 年代末期,公安机关的立案数量比 1995 年还增加了 50%。在一系列案件中,黑恶势力和有组织犯罪的案件占了很大比重。2000 年,黑恶势力犯罪的数量比 1999 年上涨了 6 倍以上。① 特别是,2001 年 3 月,河北石家庄发生的震动全国"3·16"特大爆炸案②,意味着我国当前社会治安中还存在诸多突出问题。

为下大力气解决社会治安中的突出问题,坚决实现两年内社会治安明显进步的目标,切实保证广大人民群众安居乐业,切实维护和促进改革发展稳定的大局,为社会主义改革开放和现代化建设提供有力的保证,2001 年 4 月 2 日至 3 日,在北京召开了全国社会治安工作会议。会议认为,现在刑事案件总量上升,危害增大;爆炸、杀人、抢劫、绑架、投毒、拐卖妇女儿童等严重犯罪活动猖獗,特别是一些地方黑社会性质的犯罪团伙横行霸道;乡霸、市霸、路霸等一些流氓恶势力为害一方;入室盗窃、扒窃、盗窃机动车等多发性案件居高不下,经济领域的犯罪活动也很突出;黄赌毒等丑恶现象屡禁不止,污染社会风气;各种治安灾害事故不断发生,人身伤害和财产损失严重。会议强调,社会治安不仅是个重大的社会问题,也是一个重大的政治问题;切实保障人民群众的生命和财产安全,是党和政府肩负的重大责任;当前,要在全国范围内开展一场"严打"整治斗争,坚决打掉犯罪分子的嚣张气焰,尽快改变治安面貌,这是广大人民群众的

---

① 参见史丹顿:《2001 年第三次"严打""打黑除恶"再掀高潮》,《国家人文历史》2013 年第 16 期。

② 2001 年 3 月 16 日,石家庄市长安区、新华区和桥东区的职工宿舍或居民楼,先后发生 4 起爆炸案,共造成 108 人死亡,38 人受伤。案件发生后,惊动中央,国务院秘书长到现场指挥破案。经过调查取证发现作案者是一名叫靳如超的职工,而这 4 起爆炸案的住户中都有与靳如超有仇的人。在爆炸案一个月后的 4 月 17 日,靳如超被判处死刑,和他同时判处死刑的还有卖给他炸药的 3 个人,其中 1 人死缓。

强烈愿望;"严打"是打击严重刑事犯罪活动的长期方针,要坚持贯彻执行;各级党委和政府要立即行动起来,按照中央的要求,精心组织,全力推动,一抓到底,务求实效。① 于是,我国第三次"严打"斗争正式启动。

本次"打黑"斗争,重点打击三类犯罪:有组织犯罪、带黑社会性质的团伙犯罪和流氓恶势力犯罪;爆炸、杀人、抢劫、绑架等严重暴力犯罪;盗窃等严重影响群众安全的多发性犯罪。以上会议要求,各地要从实际出发,突出重点,什么问题突出就坚决解决什么,哪里问题严重就抓紧整治哪里;要认真开展治安排查活动,做到发现早、解决快,坚决打击,决不手软。既要求坚持依法从重从快原则,又要求坚持"稳、准、狠",对各类犯罪活动,要充分发动群众,造成"老鼠过街、人人喊打"的强大声势,各级党委和政府要明确专人负责,统一组织,周密部署,加强检查督促,齐心协力打好"严打"整治这一仗。②

本次"严打"斗争,还有不同于前两次的突出特点:

一是起步很高。它是由党中央直接通过全国社会治安工作会议予以布置,并提出了争取两年内使社会治安取得新的明显进步的治理目标。不仅是党和国家领导人几乎全部出席了本会议③,而且时任中共中央总书记、国家主席、中央军委主席江泽民和时任中共中央政治局常委、国务院总理朱镕基在会上都发表了重要讲话。同时,可以说,本次"严打",是党中央作出在全国范围内开展"严打"整治斗争的重大决策。

二是以"打黑除恶"为龙头。具体是,全国公安机关分"打黑除恶""治爆缉枪""整顿和规范市场经济秩序"三条战线在全国范围内开展本次"严打"整治斗争。在这三条战线中,是以"打黑除恶"专项斗争为龙

---

① 参见《中国将在全国范围开展"严打"整治斗争》,中国新闻网,2001年4月3日。
② 参见《中国将在全国范围开展"严打"整治斗争》,中国新闻网,2001年4月3日。
③ 这在新中国成立以来还是首次。

头。在这个意义上,本次"严打",也是第一次全国"打黑除恶"专项斗争。各级公安机关摧毁了一批黑社会性质组织,铲除了一批为害一方、作恶多端的"街霸""村霸""市霸"等恶势力,打掉了一批黑恶势力的"保护伞",扭转了一些地方社会治安秩序的混乱局面;各地深入开展对爆炸物品、枪支、弹药的检查、收缴、打击、整治工作,收缴一大批非法爆炸物和枪支、弹药,查破一批涉枪案件。"严打"整治斗争取得阶段性成果。刑事案件大幅度增长势头得到初步遏制,一些地方刑事发案率有所下降,人民群众安全感有所增强。据统计,开展本次"严打"整治斗争后,该年4至8月刑事案件与上年同期相比增幅下降44.7%。①

三是提出了打击"保护伞"的要求。具体是,为了开展好本次"严打"斗争,最高人民检察院、公安部联合发出通知,要求各级检察机关和公安机关在"严打"整治斗争和整顿规范市场经济秩序工作中加强配合,加大查办职务犯罪案件工作力度。检察机关要把查处黑恶势力"保护伞"案件作为工作重点,坚决查办在"严打"整治斗争中发生的国家机关工作人员滥用职权,徇私舞弊,包庇、阻碍查处黑恶势力犯罪的职务犯罪案件,坚决查办国家工作人员收受贿赂,包庇、纵容、支持黑恶势力犯罪及其他严重刑事犯罪的有关职务犯罪案件;坚决查办利用职权报复打击办案人员的案件,彻底打掉"保护伞"。②

四是强调推行综合治理。具体是,在开展"严打"整治斗争的同时,要全面落实社会治安综合治理的各项措施。大力加强基层组织建设,深入开展基层安全创建活动。搞好社会治安,基础工作是教育、管理和综合

---

① 参见《公安部评出2001年公安十大新闻,"严打"居首位》,新华网,2001年12月31日。
② 参见《中国式反黑30年:少数官员成为黑社会组成部分》,中国网,2009年9月1日。

治理。只有真正搞好教育、管理和综合治理,才能巩固"严打"的成果。这几方面的工作,都要全面抓好。①

5. 2002年继续深化"严打"整治斗争

自2001年4月以来的"严打",打掉了一批作恶多端的黑恶势力,刑事案件大幅度上升的势头得到初步遏制,一些地方的刑事发案有所下降,一些治安混乱地区的面貌得到改观,人民群众的安全感有所增强,"严打"整治斗争取得了阶段性成果。然而,滋生和诱发犯罪的因素仍然大量存在,治安形势仍不容乐观。特别是,随着改革开放的深入和社会主义市场经济的发展,出现了一些新的矛盾纠纷,并引发突出的治安问题。为努力实现社会治安明显进步的目标,进一步贯彻落实江泽民关于社会治安工作的重要讲话和全国社会治安工作会议精神,并为改革发展和党的十六大的胜利召开创造良好的治安环境,2002年3月25日,中央政法委员会在北京召开全国深入开展"严打"整治斗争电视电话会议,对"严打"整治斗争进行再动员、再部署,以更大的决心和更有力的措施,深入推进"严打"整治斗争。于是,2002年继续深化"严打"整治斗争正式开启。

本次继续深化"严打"整治斗争,自2002年3月开始至2003年4月结束,主要是进一步突出重点,加大打击力度,不断整治,增强实效,促进社会治安全局的稳定。具体是在突出重点,增强针对性、实效性上,在破大案、追逃犯上,在进一步发动群众、深挖犯罪分子上,在充分发挥政策法律威力上下功夫,坚决打掉犯罪分子的嚣张气焰,遏制刑事发案上升的势头,切实增强人民群众的安全感;继续把"打黑除恶"作为这场斗争的重点,采取有效方式严厉打击爆炸、杀人、抢劫、绑架、投毒、敲诈勒索等严重暴力犯罪和盗窃等严重影响人民群众安全感的多发性犯罪;结合"严打"

---

① 参见《中国将在全国范围开展"严打"整治斗争》,中国新闻网,2001年4月3日。

整治斗争,严密防范、严厉打击恐怖势力、民族分裂势力、宗教极端势力、境内外敌对势力和邪教组织的渗透破坏活动,维护社会稳定。同时,要集中整治治安乱点,大力开展治安防范,落实综合治理的各项措施。另外,要求深入做好宣传工作,放手发动群众,进一步营造"严打"整治的舆论攻势,各级政法部门要与宣传部门密切配合,进一步增强宣传工作的实效,为"严打"整治斗争创造良好的舆论氛围;保证各个执法环节严肃公正执法,使犯罪分子依法受到严惩。①

(二)"打黑除恶"专项斗争阶段

这个意义上的专项斗争,包括 2000 年 12 月启动的第一次全国"打黑除恶"专项斗争和 2006 年 2 月启动的第二次"全国打黑除恶"专项斗争。

1. 2000 年第一次"打黑除恶"专项斗争

2000 年 12 月 11 日,全国打黑除恶专项斗争电视电话会议在北京召开,中央决定从 2000 年 12 月到 2001 年 10 月,组织全国公安机关开展一场打黑除恶专项斗争。这是我国首次开展"打黑除恶"专项活动。同年,公安部成立了全国公安机关打黑除恶专项斗争领导小组,各省、自治区、直辖市公安厅、局也成立专项斗争领导小组。2001 年 4 月,中央在召开的社会治安工作会议上,将"打黑除恶"专项斗争的时间延长到 2003 年 4 月,并且将其并入为期两年的 2001 年启动的"严打"整治斗争,即第三次"严打"斗争。

黑社会性质组织犯罪严重威胁广大人民群众生命财产安全,为依法惩治黑社会性质组织的犯罪活动,2000 年,最高人民法院根据刑法有关规定,制定了《关于审理黑社会性质组织犯罪的案件具体应用法律若干

---

① 参见崔士鑫:《中央政法委对"严打"整治斗争再动员再部署》,人民网,2002 年 3 月 25 日。

问题的解释》(法释〔2000〕42号),全国法院集中力量审判了一批黑社会性质组织犯罪案件,打击了这类犯罪的嚣张气焰。黑社会性质组织头目梁笑溟纠集30余人,拉拢、贿赂国家公务人员,私藏武器、杀人抢劫、敲诈勒索、残害无辜、危及一方。有关人民法院依法判处梁笑溟等主犯死刑,以正国法,为民除害。① 2001年,以蒋英库为首的黑社会性质组织,杀害21人,肢解焚尸,手段极其残忍;李捷等37人黑社会性质组织,残害无辜、抢劫财物、绑架勒索,无恶不作。对这些为害一方的犯罪分子依法严惩,伸张社会正义。② 据资料显示,全国开展打黑除恶专项斗争五年来,公安机关共打掉涉黑组织2131个,铲除恶势力2.4万多个,破获各类刑事案件17万多起,扣押涉黑资产100多亿元;检察机关公诉涉黑案件1779起,人民法院宣判涉黑案件1462起;司法行政机关跨省异地关押黑社会性质组织头目及骨干518名;专项斗争严肃查处了一批为黑恶势力充当"保护伞"的腐败分子,沉重打击了黑恶势力犯罪的嚣张气焰,有力维护和促进了社会和谐稳定。③

2. 2006年第二次"打黑除恶"专项斗争

2005年,公安部就"当前我国黑恶势力犯罪的现状及对策"进行调研,得出两个结论:我国黑恶势力犯罪已进入活跃期,并可能持续较长一段时间,必须立即行动,防止其坐大坐强。基于此,中央政法委在2006年2月部署在全国开展一场"打黑除恶"专项斗争。④ 于是,第二次全国性

---

① 参见最高人民法院院长肖扬于2001年3月10日在第九届全国人民代表大会第四次会议上所作《最高人民法院工作报告》。
② 参见最高人民法院院长肖扬于2002年3月11日在第九届全国人民代表大会第五次会议上所作《最高人民法院工作报告》。
③ 参见冯悦:《全国打黑除恶专项斗争五年来共打掉2131个涉黑组织》,中国广播网,2011年9月16日。
④ 参见周斌、赵阳:《中国黑恶势力犯罪进入活跃期,向"软暴力"发展》,《法制日报》2011年9月16日。

"打黑除恶"专项斗争正式开启。

本次专项斗争,与2000年开始的第一次不同,主要在:一是工作专业化。在中央成立了打黑除恶专项斗争协调小组,并设立全国"打黑办"。二是工作常态化。将打黑除恶专项斗争列为政法工作常态,并逐步建立"打黑除恶"长效机制。之后,每年都召开一次全国会议。虽然现在打黑除恶仍以"专项斗争"的形式出现,但这项工作实际上已经日常化、常态化。每年对打黑的部署,对线索的摸排、查处,案件的办理,都形成了一整套长效机制。

2008年5月5日,中央政法委召开全国继续深化"打黑除恶"专项斗争电视电话会议。会议总结了两年来全国打黑除恶专项斗争的成绩,针对当前维护社会稳定的形势和黑恶势力犯罪的特点,对继续深化打黑除恶专项斗争进行再动员、再部署。其中,在维稳形势上,主要是为给2008年奥运会的成功举办提供良好的社会环境,并积极回应人民群众的新期待、关注民生、保障民生的重要举措。在再部署上,主要是进一步强化工作措施,扎扎实实地把全国打黑除恶专项斗争引向深入。包括:一要坚持"严打"方针,切实加大对黑恶势力犯罪的打击力度。把"严打"方针贯彻落实到打黑除恶工作的各个环节,体现到抓捕、预审、起诉、审判、改造的全过程。二要坚持深挖处理,坚决打掉黑恶势力的"保护伞"。与深入开展反腐败斗争有机结合起来,进一步加强执法监督,彻底铲除黑恶势力的"保护伞"。三要坚持专群结合,在全社会形成对黑恶势力人人喊打的舆论氛围。深入宣传成功打掉的黑恶势力犯罪典型案例,进一步调动人民群众的积极性,增强人民群众同黑恶势力作斗争的信心。①

2006年2月以来,全国打黑除恶专项斗争取得了显著成效。截至

---

① 参见《全国继续深化打黑除恶专项斗争电视电话会召开》,中国平安网,2008年5月5日。

2009年7月,全国共打掉黑社会性质组织1221个,铲除恶势力12850个,抓获涉黑涉恶犯罪嫌疑人87396名,破获各类刑事案件104610起,缴获各类枪支2586支,社会治安状况明显改观,人民群众安全感明显增强。通过打黑除恶专项斗争,净化了市场环境,有力维护了正常的经济运行秩序;铲除了一大批无恶不作的农村黑恶势力,有力推动了农村基层政权建设;清除了一批干部队伍中的败类,有力推动了党风廉政建设;化解了一大批社会矛盾,有力促进了社会和谐稳定。三年来,全国社会治安形势比较平稳,很多地方杀人、抢劫、爆炸、放火等八类严重暴力案件呈下降趋势。广大人民群众对"打黑除恶"衷心拥护,社会各界反映良好。① 全国"打黑除恶"专项斗争已经成为顺应人民群众呼声、维护人民群众切身利益的民生工程。②

然而,当前和今后一个时期,我国黑恶势力犯罪活动仍然比较活跃。特别是受国际金融危机的影响,各种社会消极因素和矛盾明显增多,在一定程度上也会助长黑恶势力的滋生和蔓延。在这种情况下,有必要继续深入推进打黑除恶专项斗争,以积极应对黑恶势力犯罪新动向、新变化,全力维护社会稳定,以坚决遏制黑恶势力向经济领域扩张,服务经济又好又快发展,以坚决防止黑恶势力向政治领域渗透,巩固党的执政地位。③于是,2009年7月29日,中央政法委员会出台了《关于深入推进打黑除恶专项斗争的工作意见》,要求始终保持对黑恶势力主动进攻的高压态势,确保专项斗争向纵深推进。根据以上《意见》,2009年纵深推进"打黑

---

① 参见袁定波:《中央政法委出台工作意见深入推进打黑除恶专项斗争,严防黑恶势力寻找"保护伞"》,《法制日报》2009年7月30日。
② 参见《全国继续深化打黑除恶专项斗争电视电话会召开》,中国平安网,2008年5月5日。
③ 参见袁定波:《中央政法委出台工作意见深入推进打黑除恶专项斗争,严防黑恶势力寻找"保护伞"》,《法制日报》2009年7月30日。

除恶"专项斗争行动,具有如下几个基本特点:

一是将其作为各地党政机关的核心工作。要求各级党委和政府要担负起打黑除恶的政治责任,切实加强对打黑除恶专项斗争的组织领导,旗帜鲜明地支持打黑除恶工作,为政法部门排除干扰阻力,关心、支持各级"打黑办"和专业队伍建设,充实力量,保障经费,确保专项斗争强劲势头。对因重视不够、工作不力、导致黑恶势力坐大成势、造成严重危害的,要坚决实施一票否决。

二是结合本地区本部门实际开展各项打击工作。具体按"黑恶必除、除恶务尽"原则,紧密结合各自实际,突出重点,加大排查整治力度,深入摸排、狠狠打击盘踞在建筑、运输、采矿等领域,特别是涉足国家重点工程建设的黑恶势力,狠狠打击破坏农村经济发展、把持农村基层政权的黑恶势力,狠狠打击操纵"黄赌毒"活动的黑恶势力,坚决排查整治一批黑恶势力横行的治安乱点。

三是深挖"保护伞"。具体是各级纪检监察机关和党委政法委进一步加强对深挖"保护伞"工作的组织、协调和监督,确保查处"保护伞"和案件侦办工作同步进行。

四是在打击的同时推行源头预防、综合治理。具体在党委和政府的统一领导下,始终坚持源头预防、多管齐下,在打击、防范、教育、管理、建设、改造等环节上狠下功夫,综合运用政治的、经济的、行政的、法律的、文化的、教育的等多种手段,对黑恶势力犯罪问题进行综合治理,最大限度地铲除黑恶势力犯罪滋生蔓延的土壤和条件;加强对建筑、运输、采矿、娱乐等易于滋生黑恶势力的高危行业的监管,及时完善行业准入、资格审查制度,加强执法检查、行业监管力度,坚决防止暴力拆迁、非法采矿、垄断经营、强迫交易等现象的出现;加强公安机关、司法行政机关、监狱和劳教部门与街道、社区的沟通联系,密切协作配合,加强对刑释解教人员的衔接和管理;加强针对下岗、待业、外来务工人员等群体的就业帮扶和社会保障,积极做好流动人口服务管理、预防青少年违法犯罪等工作;把打黑除恶与反腐倡廉建设有机结合起来,进一步加强对干部的教育、管理和监督,严防黑恶势力向党政机关渗透,严防黑恶势力寻找"保护伞"。

五是在打击的同时进一步完善长效机制。具体是各地区、各部门在打击的同时,认真总结打黑除恶工作经验,将其制度化、规范化、法制化,及时推广运用到打黑除恶工作中。特别是,积极探索、建立政法机关之间,政法机关与工商、税务、建设、国土、金融、文化等部门之间协作配合的工作机制,形成预防和打击黑恶势力犯罪的合力。

同时,为了正确理解和适用刑法、立法解释、司法解释关于黑社会性质组织犯罪的规定,依法及时、准确、有力地惩治黑社会性质组织犯罪,2009年7月15日,最高人民法院、最高人民检察院、公安部在北京召开了办理黑社会性质组织犯罪案件座谈会,并于2009年12月9日联合印发了《最高人民法院、最高人民检察院、公安部办理黑社会性质组织犯罪案件座谈会纪要》(以下简称《纪要》)(法〔2009〕382号),作为办理黑社会性质组织犯罪案件的"遵照执行"指导性文件。《纪要》遵循"严格依照法律规定,集中解决重点问题,原则性与灵活性相结合,最大限度地满足司法实践需要"的指导思想。一方面,《纪要》的有关内容和精神与刑法、立法解释及司法解释的规定保持着协调统一;另一方面,《纪要》也充分考虑到了黑社会性质组织犯罪的新特点、新变化,并尽可能地增强可操作性,以满足依法惩治黑社会性质组织犯罪的现实需要。同时,由于司法实践中的适用法律问题纷繁复杂,作为一个旨在为办案提供服务的指导性文件,其内容也不可能面面俱到,只能解决那些最迫切需要解决的问题。从2006年以来的统计数据和各地反映的情况看,当前实践中争议较大的问题主要集中于黑社会性质组织的认定和组织、领导、参加黑社会性质组织罪的适用,因此,《纪要》重点对以上有关问题进行了说明,而对刑法第294条中规定的入境发展黑社会组织罪和包庇、纵容黑社会性质组织罪则较少涉及或未作规定。此外,鉴于当前涉黑犯罪具有表现形式多样、隐蔽性不断增强、手法不断翻新等特点,对于黑社会性质组织的存在时间、成员人数等一些暂时无法达成共识或者不宜统一划定标准的问题,《纪要》只是作了原则性的规定。①

而且,为深入贯彻党的十八大和十八届三中、四中全会以及习近平总书记系列重要讲话精神,认真落实全国继续推进打黑除恶专项斗争电视电话会议和《中央政法委员会关于继续推进打黑除恶专项斗争的意见》的总体部署,进一步加强黑社会性质组织犯罪案件的审判工作,最高人民法院于2015年9月17日在广西壮族自治区北海市组织召开了全国部分法院审理黑社会性质组织犯罪案件工作座谈会,并于2015年10月13日印发了《全国部分法院审理黑社会性质组织犯罪案件工作座谈会纪要》(法〔2015〕291号)。本纪要针对黑社会性质组织犯罪和刑法、刑事诉讼法的相关规定的新变化,以及实践中反映的一些较为突出,但2009年《纪要》未作规定或者有关规定尚需进一步细化和完善的问题。

(三)"扫黑除恶"专项斗争阶段

如此阶段的背景是,2014年党的十八届四中全会通过了《中共中央关于全面推进依法治国若干重大问题的决定》,其中要求:"深入推进社会治安综合治理","依法严厉打击暴力恐怖、涉黑犯罪、邪教和黄赌毒等违法犯罪活动,绝不允许其形成气候"。对此,2017年党的十九大报告进一步指出:"加快社会治安防控体系建设,依法打击和惩治黄赌毒黑拐骗

---

① 参见最高人民法院刑三庭:《〈办理黑社会性质组织犯罪案件座谈会纪要〉的理解与适用》,最高人民法院网,2017年1月4日。

等违法犯罪活动"。由此,2018年1月11日,中共中央、国务院发出《关于开展扫黑除恶专项斗争的通知》,2018年1月23日,中央政法委召开全国扫黑除恶专项斗争电视电话会议,全国扫黑除恶专项斗争开始,进行一场为期三年(2018—2020年)的"全社会共同参与"的全国扫黑除恶专项斗争。就这样,我国正式开启了从"严打"和"打黑除恶"到"扫黑除恶"的时代。

1."扫黑除恶"的突出特点

从"打黑除恶"到"扫黑除恶",一字之变,不是黑恶犯罪治理的量变,而是其质变,是实现对黑恶犯罪从以"打击"为主到"治理"的模式转型,是对新中国"严打"式"打黑"的经验总结、问题纠偏与体制实现。与"打黑除恶"和"严打"相比,"扫黑除恶"具有以下突出特点:

(1)重视程度高与战略意义大

这次"扫黑除恶"专项斗争重视程度前所未有,习近平总书记亲自作出重要指示,中共中央、国务院发布通知,中央政法委牵头,中央纪委、组织、宣传等30多个部门参与,两高两部专门为此制定和下发《关于办理黑恶势力犯罪案件若干问题的指导意见》(以下简称《2018年办案指导意见》),全国全方位总动员,要求各级党委和政府要将扫黑除恶专项斗争作为一项重大政治任务,摆到工作全局突出位置,列入重要议事日程。这样的重视程度、规格,是此次"扫黑除恶"专项斗争与此前两次"打黑除恶"专项斗争的重要区别。

2017年11月8日,习近平总书记在"中办"《文摘》(第160期)《当前农村涉黑问题新动向值得关注》上作出批示:从此件看,当前农村涉黑问题出现了一些新情况,请中央政法委牵头有关部门加强研究,摸清底数,找准病灶,拿出方案。要开展一轮新的扫黑专项斗争,重点是农村,城市也要抓,对群众反映强烈、问题比较突出的地区、行业和领域,应采取强有力的措施,依法重点整治。扫黑除恶要与反腐败结合起来,与基础"拍蝇"结合起来,既抓涉黑组织,也抓后面的"保护伞"。加强基础组织建设,是铲除黑恶势力滋生土壤的治本之策、关键之举,务必把这个基础夯实筑牢。之后,习近平总书记亲自决策部署扫黑除恶专项斗争,先后7次做出重要批示,并亲自批准了《全国扫黑除恶专项斗争督导工作方案》。①

党中央和国务院之所以如此重视本次"扫黑除恶"专项斗争,其战略意义主要是在全面建成小康社会决胜阶段、中国特色社会主义进入新时代的关键时期部署开展的,是以习近平同志为核心的党中央审时度势,作出的重大决策部署,事关社会稳定和国家长治久安,事关人心向背和基层政权巩固,事关进行伟大斗争、建设伟大工程、推进伟大事业、实现伟大梦想。开展"扫黑除恶"专项斗争,是全面贯彻党的十九大精神,以习近平新时代中国特色社会主义思想为指导,牢固树立以人民为中心的发展思想,贯彻落实总体国家安全观,扫除严重危害人民群众人身权、财产权和人格权、人民群众深恶痛绝的黑恶势力,不断增强人民获得感、幸福感、安全感,维护社会和谐稳定,巩固党的执政基础,为决胜全面建成小康社会、夺取新时代中国特色社会主义伟大胜利、实现中华民族伟大复兴的中国梦,创造安全稳定的社会环境。

(2)秉持宽严相济与强调依法处理

在总结以前"打黑除恶"和"严打"的经验和问题的基础上,党和国家推行如此高规格的专项斗争,其实是将黑恶犯罪治理纳入全面深入推进依法治国和国家治理体系和治理能力现代化的轨道。

不可否认,以前的"打黑除恶"和"严打",也都强调"依法"进行,要求"依法严厉打击"。然而,因观念上和实践中过于强调刑法在"打黑除

---

① 参见扫黑除恶办公室:《扫黑除恶知识普及篇》,《法制日报》2019年8月30日。

恶"的地位和作用,以及对刑法相关规定内在关系的理解和适用存在误区,从而导致所谓"依法严厉打击",实际上是既违反《刑法》又违反《刑事诉讼法》的非真正"依法处理"。如,在实体上,以前"打黑除恶"和"严打"所谓"依法严厉打击",实际上是"一律从重"与多次从重,并没有按宽严相济刑事政策,给予那些涉黑犯罪人罪刑相适应这个刑法基本原则所要求的量刑处置。如1983年"严打"期间,一位王姓女子因与10多名男子发生性关系而以流氓罪被判处死刑、一位男青年为其女友拍了一些穿着较为暴露的照片而被判处死刑、一名马姓中年妇女因组织地下舞会而被判处死刑等,都是典型例证。在程序上,"严打"所追求的"从快"处理,使得我国《刑事诉讼法》对刑事诉讼程序的各个环节有严格的期限规定,得不到严格遵守,并助推了粗糙办案和刑讯逼供。

而"扫黑除恶",在很大程度上注意和克服了以上问题,比以前几次都更加理性和讲求深入贯彻宽严相济刑事政策和依法治国方略。主要表现在:一方面,《扫黑通知》要求,要严格贯彻宽严相济的刑事政策,聚焦涉黑涉恶问题突出的重点地区、重点行业、重点领域,把打击锋芒始终对准群众反映最强烈、最深恶痛绝的各类黑恶势力违法犯罪,要坚持依法严惩、打早打小、除恶务尽,始终保持对各类黑恶势力违法犯罪的严打高压态势,对黑社会性质组织犯罪组织者、领导者、骨干成员及其"保护伞"要依法从严惩处,对犯罪情节较轻的其他参加人员要依法从轻、减轻处罚。另一方面,《扫黑通知》要求,要依法及时采取查封、扣押、冻结等措施,综合运用追缴、没收、判处财产刑以及行政罚款等多种手段,铲除黑恶势力经济基础。要主动适应以审判为中心的刑事诉讼制度改革,切实把好案件事实关、证据关、程序关和法律适用关,严禁刑讯逼供,防止冤假错案,确保把每一起案件都办成铁案。并且,最高人民法院、最高人民检察院、公安部、司法部联合出台《办理黑恶势力犯罪案件的指导意见》,进一步提高执法效能,依法、准确、有力惩处黑恶势力犯罪及其"保护伞",办理具体案件标准更加明确。

(3)强调综合治理与强化取得实效

这次专项斗争提出了很高的社会治理目标,也就是,通过3年不懈努力,黑恶势力违法犯罪特别是农村涉黑涉恶问题得到根本遏制,涉黑涉恶治安乱点得到全面整治,重点行业、重点领域管理得到明显加强,人民群众安全感、满意度明显提升;黑恶势力"保护伞"得以铲除,加强基层组织建设的环境明显优化;基层社会治理能力明显提升,涉黑涉恶违法犯罪防范打击长效机制更加健全,扫黑除恶工作法治化、规范化、专业化水平进一步提高。

基于此前的"严打"和"打黑除恶",更多是从社会治安角度出发,重心在"打"并局限于"点"。强调点对点打击黑恶势力犯罪,打得多,防得少,总是等到问题累积到一定严重程度才出手,打击力度大,短促而剧烈。其效果就像"割韭菜"一样,运动式打击后很快又更旺盛地坐大成势,难以实现社会治安的长治久安。而这次"扫黑除恶",更加重视综合治理、源头治理、齐抓共管,重点不再在"打",而在"扫",是将黑恶犯罪纳入整体综合治理体系,进行国家治理体系和治理能力现代化建设中,具体是要切实把专项治理和系统治理、综合治理、依法治理、源头治理结合起来,调动多部门[①]形成扫除的合力,对在办案中发现的行业管理漏洞,要及时通报相关部门,提出加强监管和行政执法的建议,通过明确各行业的主管部门的扫黑责任,加大了防范力度,综合运用法律、经济、行政等多种治理手段,强化重点行业、重点领域监管,防止行政不作为和乱作为,预防和解决黑恶势力违法犯罪突出问题,最大限度挤压黑恶势力滋生空间。

---

① 共同参与的部门从过去的10多个部门增加到了近30个。

由此,这次专项斗争确定了"坚持党的领导、发挥政治优势""坚持人民主体地位、紧紧依靠群众""坚持综合治理、齐抓共管""坚持依法严惩、打早打小""坚持标本兼治、源头治理"的全面治黑基本原则,以及确立了治黑的"两个不发生",实现"一降两升"长效机制标准。也就是,"不发生因黑恶势力逞强争斗、争抢地盘导致群死群伤案件""不发生黑恶势力持枪大规模聚众斗殴、寻衅滋事恶性案件",以及涉黑涉恶举报数量大幅下降,人民群众安全感明显上升,人民群众满意度大幅上升。并且确立了专项斗争的基本要求。包括:"两结合"即"扫黑除恶要与反腐、基层'拍蝇'结合起来","要与加强基层组织建设结合起来";"一案三查"即"既要查办黑恶势力,又要追查黑恶势力背后的'关系网'和'保护伞',还要倒查党委、政府的主体责任和有关部门的监管责任";"两个一律"即"对涉黑涉恶案件,一律深挖其背后腐败问题","对黑恶势力'关系网''保护伞',一律一查到底、严肃处理,绝不姑息"。

同时,本次专项行动,特别强化了治理实效。主要表现在:其一,本次行动要求把扫黑除恶与反腐败斗争和基层"拍蝇"结合起来,深挖黑恶势力"保护伞"。治理党员干部涉黑涉恶问题被作为整治群众身边腐败问题的一个重点,纳入执纪监督和巡视巡察工作内容。建立问题线索快速移送反馈机制,对每起涉黑涉恶违法犯罪案件及时深挖其背后的腐败问题,防止就案办案、就事论事。党员干部涉黑涉恶问题被作为执纪审查重点,对扫黑除恶专项斗争中发现的"保护伞"问题线索优先处置,发现一起、查处一起,不管涉及谁,都要一查到底、绝不姑息。加大督办力度,把打击"保护伞"与侦办涉黑涉恶案件结合起来,做到同步侦办,尤其要抓住涉黑涉恶和腐败长期、深度交织的案件以及脱贫攻坚领域涉黑涉恶腐败案件重点督办。其二,严格落实社会治安综合治理领导责任制。对涉黑涉恶问题突出的地区、行业、领域,通过通报、约谈、挂牌督办等方式,督促其限期整改。对问题严重、造成恶劣影响的,由纪检监察机关、组织人事部门依法依纪对其第一责任人及其他相关责任人严肃追责,绝不姑息。严格落实行业监管责任,对日常监管不到位,导致黑恶势力滋生蔓延的,要实行责任倒查,严肃问责。其三,确定了"精准施治"的重点治理领域。具体包括重点打击十类黑恶势力违法犯罪:威胁政治安全特别是制度安全、政权安全以及向政治领域渗透的黑恶势力;把持基层政权、操纵破坏基层换届选举、垄断农村资源、侵吞集体资产的黑恶势力;利用家族、宗族势力横行乡里、称霸一方、欺压残害百姓的"村霸"等黑恶势力;在征地、租地、拆迁、工程项目建设等过程中煽动闹事的黑恶势力;在建筑工程、交通运输、矿产资源、渔业捕捞等行业、领域,强揽工程、恶意竞标、非法占地、滥开滥采的黑恶势力;在商贸集市、批发市场、车站码头、旅游景区等场所欺行霸市、强买强卖、收保护费的市霸、行霸等黑恶势力;操纵、经营"黄赌毒"等违法犯罪活动的黑恶势力;非法高利放贷、暴力讨债的黑恶势力;插手民间纠纷,充当"地下执法队"的黑恶势力;境外黑社会入境发展渗透以及跨国跨境的黑恶势力。其四,重视从源头上遏制黑恶现象。对易滋生黑恶势力的重点地区、重点行业、重点领域,相关监管部门要加强日常监管,并会同公安机关健全和落实市场准入、规范管理、重点监控等机制,堵塞管理漏洞,铲除黑恶势力滋生土壤。其中,农村地区重点打击把持或侵害基层政权组织的"问题村官",破坏影响基层选举,以暴力威胁或其他不法手段欺压百姓、危害一方的农村黑恶痞霸势力;城市城区重点打击以小额贷款公司、担保公司、调查公司、咨询公司等为掩护发放高利贷、暴力讨债的黑恶势力,以及专门受雇他人从事"造势摆场""摆平事端"的"地下出警队"或"黑保安公司";城乡接合部重点打击以"抢占地盘"为特征的,以暴力或胁迫手段排挤对手,垄断经营,攫取非法利益的黑恶势力,如建筑领域的阻挠施工、封门堵路、强揽供料的"沙霸""砖霸"等;各农贸市场重点打击欺行霸市、扰乱经营秩序的"菜霸""市霸"等;各行业场所重点打击充当赌场、娱乐场所"靠山""保护伞",收取"保护费",扰乱医院、学校周边秩序的黑恶势力等。① 其五,开展实效的督导监督检查。据报道,至2019年10月初,中央已先后于2019年8月27日至9月1日、4月1日至10日、5月底至6月上旬派出三轮20个督导组,着重围绕政治站位、依法严惩、综合治理、深挖彻查、组织建设和组织领导等督导重点,坚持问题导向,督导结合、以督促改,推动扫黑除恶专项斗争进一步深入开展,开展对全国所有省(区、市)督导检查,以确保扫黑除恶专项斗争始终在法治轨道上运行,确保攻坚克难、除恶务尽、务求实效。

2. "扫黑除恶"的理性评价

2018年10月16日至17日,在湖北武汉举行的"全国扫黑除恶专项斗争推进会"上,时任中共中央政治局委员、中央政法委书记、全国扫黑除恶专项斗争领导小组组长郭声琨,将"扫黑除恶"专项斗争要求概括为如下八个方面:坚持高位推动,动员部署迅速有力;坚持高压态势,依法打击持续深入;坚持除恶务尽,深挖彻查取得突破;坚持延伸打击,治安整治成效明显;坚持综合治理,行业监管稳步推进;坚持党建引领,基层基础不断夯实;坚持问题导向,督导考核扎实有效;坚持依靠群众,宣传发动有声有色。同时,他将"扫黑除恶"目标概括为实现"十个新突破":(1)进一步学习领会以习近平同志为核心的党中央决策部署,在提升政治站位、统一思想行动上实现新突破。要以更高的政治自觉推进专项斗争,以更强的政治担当推进专项斗争,以更大的政治责任推进专项斗争。(2)进一步总结历史经验教训,在推进扫黑除恶常态化、长效化上实现新突破。要

---

① 参见扫黑除恶办公室:《扫黑除恶知识普及篇》,《法制日报》2019年8月30日。

优化部署,深化打击,固化机制。(3)进一步研究涉黑涉恶违法犯罪新动向,在增强靶向性、掌握主动权上实现新突破。增强发现问题的功力,提高分类施策的能力,形成综合打击的合力。针对当前新特点新趋势,政法机关要将办案中发现的行业管理漏洞通报相关主管部门,相关部门要研究制定加强行业监管、行政执法的政策、措施预防和减少新型涉黑涉恶违法犯罪滋生蔓延。(4)进一步完善和深挖彻查"保护伞"工作机制,在除恶务尽上实现新突破。完善线索核查机制,完善联点包案机制,完善政法机关内部清理机制。(5)进一步运用组织化政策措施,在排除干扰阻力、攻克重大复杂案件上实现新突破。要健全领导干部交流制度,创新重大案件办理机制,防止各种不正当因素的干扰,同时,要健全鼓励干警担当作为的政策导向。(6)进一步加强专业化建设,在提升办案能力上实现新突破。强化办案力量整合,强化重大案件办理机制,强化信息技术运用。(7)进一步统一执法办案思想,在提高法制化水平上实现新突破。要加强法律政策研究,加强案例指导工作,加强执法办案规范化建设。(8)进一步推进源头治理,在铲除黑恶势力滋生土壤上实现新突破。要深化行业日常监管,深化基层组织建设。(9)进一步加强督导,在推动专项斗争取得重大实效上实现新突破。一要建立督导工作机制,力争2019年上半年实现中央督导工作全覆盖;二要建立督导问题整改机制;三要建立督导专员制度。全国扫黑办将聘请一批政治坚定、敢于碰硬、工作能力强的同志担任扫黑除恶督导专员,进行专项督导、机动督导。(10)进一步创新宣传发动社会参与机制,在营造扫黑除恶强大声势上实现新突破。①

时任中央政法委秘书长、全国扫黑办主任陈一新在2018年8月16

---

① 参见陈慧娟:《全国扫黑除恶专项斗争推进会:扫黑除恶专项斗争新阶段要实现"十个新突破"》,《光明日报》2018年10月18日。

日全国扫黑办第二次主任会议上,提炼了扫黑除恶从全面推开向纵深推进要破解的"十个问题",并提出了相应的解决措施。他认为,当前全国扫黑除恶专项斗争正处在从全面推开向纵深推进的发展转换阶段。在这个阶段,需着力破解的十个系列问题及其措施是:针对有些地方站位不高的问题,要深化思想认识,强化使命担当;针对有些地方部署形式化的问题,要深化斗争部署,增强斗争实效;针对有些地方发动群众不充分的问题,要深化宣传发动,充分调动和激发人民群众参与的积极性和主动性;针对有些地方线索核查质效不高的问题,要深化核查机制手段创新,推进专项斗争持续深入发展;针对有些地方重点案件查处不力的问题,要深化斗争策略运用,攻克一批涉黑涉恶大要案;针对有些地方执法思想不一致的问题,要深化法律政策适用,提升法治保障水平;针对有些地方黑恶势力"保护伞"打击难的问题,要深化"打伞"机制的完善落实,真正做到深挖彻查;针对有些地方存在打击"盲区"的问题,要深化综合治理,促进专项斗争均衡发展;针对有些地方扫黑办作用发挥不到位的问题,要深化各级扫黑办建设,充分发挥参谋助手作用;针对有些地方开展督导不力的问题,要深化严督实导,倒逼专项斗争举措落地见效。[①]

以上关于"扫黑除恶"的要求、目标、问题和解决路径表明:一方面,"扫黑除恶"不再是运动式、打击式的黑恶犯罪治理,而是将黑恶犯罪纳入国家治理体系和治理能力现代化建设中予以体系化治理的现代化治理。另一方面,"扫黑除恶"作为黑恶犯罪治理现代化的策略,还有很多事要做、有很长的路要走。

[①] 参见陈一新:《扫黑除恶当前要着力破解"十个问题"》,澎湃新闻网,2018年8月17日。

第三章

黑恶犯罪治理的基本理念

显然,黑恶犯罪治理作为国家治理的基本和重要组成部分,应当坚守和遵循哲学和法学的基本理论和原理,如国家治理体系和治理能力现代化理论、哲学上的系统论理论、法律上的合法性与公正性关系原理、禁止重复评价的罪责刑相适应。这些基本理念性的理论或原理,为黑恶犯罪治理提供了正当性根据,是实现黑恶犯罪治理现代化的理论根据和逻辑大前提。

一、黑恶犯罪治理的现代化

党的十八届三中全会提出"推进国家治理体系和治理能力现代化"。这既是中华民族的伟大创举,也是各项国家治理进入新时代的标志和要求。黑恶犯罪的惩处,作为黑恶犯罪治理的重要组成部分,需要纳入黑恶犯罪的治理体系和治理能力现代化的有机体系中,进行正当化根据的考量、刑事政策的选取、定罪量刑的适用。这意味着,我国新时代的黑恶犯罪治理,需要结束传统治理方式与模式,进入全新的现代化惩处时代。

(一) 黑恶犯罪治理需遵循刑法现代化的要求

刑法是黑恶犯罪治理的基本工具,也是新中国黑恶犯罪治理中最为依托的治理措施。仅从本治理措施(惩处)而言,一方面黑恶犯罪治理现代化是刑法现代化的体现和要求,另一方面刑法参与黑恶犯罪治理(惩处)中,自身需遵循刑法现代化的基本要求。之所以如此,这不仅取决于黑恶犯罪治理是国家治理体系和治理能力现代化的基本有机组成部分,而且取决于刑法现代化的性质和特点。

1. 刑法现代化是实现刑事法治的基本前提与核心内容

随着"依法治国"的全面深入推进,如何有效实现刑事法治,就是其中的重要课题。而无论如何,包括黑恶犯罪治理在内的刑事法治的实现肯定需与刑法现代化保持一致。至于何谓刑法现代化,在理论上有不同观点。从宏观上看,它是指刑法从传统向现代的历史转型,是一个涉及方方面面的庞大系统工程,其实质是要实现形式合理性与实质合理性相融合、社会保护与人权保障相统一的现代刑事法治。① 它的实现,不仅需要精神的超越和观念的重塑,而且需要制度层面之创新和司法运作之变革。② 包括公民刑法意识、刑法立法、刑法司法乃至刑法研究的各个层面的现代化内容。

其一,刑法现代化的基础是刑法文化的现代化。一个国家的公民对刑法的认识,对刑法的思想,对刑法的意识的总和,称为一个国家的刑法

---

① 参见石经海:《刑期折抵制度的刑法精神》,《现代法学》2004年第6期。
② 参见乐欣:《刑法现代化:要借鉴更要创造》,《检察日报》2003年7月25日。

文化。众所周知,中国刑法传统源远流长,中国法制史在很大程度上是一部中国刑法史。这样,一方面,从中国刑法的漫长的发展史来看,中国刑法文化源远流长,一些传统的刑法思想、意识根深蒂固;另一方面,从现代化刑法所要求的原则、精神、理念来看,中国传统刑法文化所造就的重刑主义等刑法观念却又成为中国刑法走向现代化的沉重枷锁。因此,中国刑法要走向现代化,必须造就一种对人权保障等的新的刑法认识、新的刑法思想、新的刑法意识。这是刑法走向现代化的关键和前提所在。这是一种观念、一种精神。只有使这种精神得以超越、这种观念得以重塑,才可能使刑法获得走向现代化的文化氛围,因为刑法立法、刑法司法和刑法研究走向现代化都需要这种文化氛围提供可能。由此,中国刑法现代化在刑法文化上的发展道路应当是"扬弃本民族刑法文化传统,注重刑法本土化建设,与兼收并蓄外国刑法先进、合理的文明成果,融入刑法发展的国际潮流"①。

其二,刑法现代化的前提是刑法立法的现代化。刑法的现代化,不仅需要凝塑现代化的刑法精神,而且需要一个结构严密、层次分明、相互连贯、和谐协调的现代化刑事法律规范体系。那种认为"刑法现代化绝不是立法现代化"②,进而把刑法立法现代化排除在刑法现代化之外的观点,无疑失之偏颇。因为,固然"如果现代化的刑法被界定为自我封闭的逻辑系统,无论人为设计如何处心积虑,在立法上'法律移植'无论多么科学和完善,最终难以保证其功能的正常发挥。就好比生物体的'排泄'现象一样,这样的法律为社会本身所排斥,社会不能为其提供必要的'养分'"③,

---

① 乐欣:《刑法现代化:要借鉴更要创造》,《检察日报》2003年7月25日。
② 宗建文:《刑法适用解释机制与刑事法治改革》,载刘生荣、黄丁全主编:《刑法基础理论研究》,法律出版社2001年版,第491页。
③ 宗建文:《刑法适用解释机制与刑事法治改革》,载刘生荣、黄丁全主编:《刑法基础理论研究》,法律出版社2001年版,第491页。

但这只能说明刑法立法还存在不足和缺憾,还需要立法乃至司法解释等加以补充或具体化,而不能由此就证明刑法立法不需要更加"结构严密、层次分明、前后一致、相互连贯、和谐协调"。相反,无论是刑法典本身所追求的"结构严密、层次分明、前后一致、相互连贯、和谐协调",还是对刑法典进行"补漏拾遗"的刑法解释的规范和完善,都应是刑法现代化在刑法立法现代化上的根本要求。刑法立法的现代化不仅需要确定罪刑法定、人权保障等基本原则,而且还应具有谦抑性①、及时性、协调性等基本特征。虽然中国有着源远流长的刑法立法,虽然中国当前的刑法立法相对较为完备,但中国刑事立法的现状也不容过分乐观,立法现代化的实现还有待努力。就中国目前刑事立法的实际情况而言,只有将理性和科学有效地结合起来,才能走出一条符合中国国情的渐进变革之路,才能使中国之刑事立法融入当代立法的世界潮流。"以建构理性主义立法模式为主,割断中国传统刑法中的人治主义因素,确立法律至上的理念和权威,合理地吸收经验理性主义尊重传统文化合理内容的精神,在追求国际化的同时,不脱离本国的国情和历史文化传统。"②

其三,刑法现代化的关键是刑事司法的现代化。刑法的现代化须臾离不开刑事司法的现代化。刑法的现代化需要一套科学规则来规范刑事法治活动,这些规则是否合理以及被遵循还需经过刑事司法的最终检验。并且,刑事司法对个案的处理能使人们对正义的渴望变为现实,是刑事立法的自然体现。刑事司法现代化的主要途径是刑法适用过程中的公平公正,而刑法公正的终极目标无非就是既保护社会又保障人权。当前主要解决如下两个问题:一是完善刑事司法解释工作;二是建立中国的刑事判

---

① 即应合理确定刑法的调控范围,刑法介入社会生活应以维护和扩大自由为目的,而不应过多地干预社会。

② 乐欣:《刑法现代化:要借鉴更要创造》,《检察日报》2003年7月25日。

例制度。其中,刑事司法解释是当今世界各国为弥补成文法局限性而采取的不可或缺的重要手段之一,我国应加强和完善刑事司法解释工作。具体表现为:从刑事司法解释的体制来看,我国的刑事司法解释是多元多极的,解释主体多元、司法解释侵犯立法解释等问题亟待解决;从刑事司法解释的方法来看,对目前我国的刑事司法解释是采用主观解释①还是采用客观解释②的方法,有不同的观点,但客观解释论的方法应该成为中国刑事司法解释现代化的合理选择。同时,运用判例是现代刑事司法的发展趋势。刑事判例对于正确运用刑法具有导向作用。由于判例以确保刑事法律适用的稳定性为基础,刑事判例的灵活性并不会导致刑事法律适用的恣意,不会抵触罪刑法定这一现代刑事法治的基本原则。构建刑事判例制度是中国刑事司法现代化的有力助推,将判例法纳入我国法治运作体制之中,不是为了动摇成文法的主导地位,而是为了弥补成文法的局限,更好地保证成文法的适用。应当有别于普通法系国家以判例作为主要法源的做法,而是从中国法治发展的实际情况出发,建立适应中国的刑事法治状态的判例制度,既不能夸大判例法的作用,也不能对其刻意贬低。③

其四,刑法现代化的保障是刑法研究的现代化。世界法学发展的规律向我们表明,一国的法制发展状况与该国的法学研究水平是密切相关的。中国的刑法学研究在中国的法学研究中相对走在前列。新中国刑法研究,以结束"十年动乱"和十一届三中全会为契机,掀起了刑法学研究的热潮,使中国的刑法学蓬勃发展。特别是中国经济体制从计划经济向

---

① 主张刑法解释是旨在表达立法者对社会生活的态度和对人们行为的主观愿望,探知立法原旨即法律解释的目标。
② 主张刑法解释是法官在适用法律时,必须根据实际情况对法律作出解释,而不能拘泥于法律制定当时立法者事实上的意思。
③ 参见乐欣:《刑法现代化:要借鉴更要创造》,《检察日报》2003年7月25日。

市场经济的逐渐转型,中国逐渐把自己融入世界经济、政治、法律等之中,使自己在成为世界经济全球化的重要一员的同时,也使自己逐渐成为世界法律一体化的重要参与者,中国的刑法学研究逐渐与世界法律接轨,从而使我们的刑法学研究,在以充分发掘本土资源为基础的同时,又注重对外国刑法、国际刑法进行改造性的借鉴与吸收;既继承历史,又立足现在和开创未来,走有中国特色的国际化与本土化相结合、创造与移植相兼顾的中国刑法现代化的道路。① 不仅如此,中国刑法研究的现代化还需要:刑法理念的现代化意味着刑法学者应当捐弃刑法属于政治国家的统治工具这种单纯工具主义刑法观,制定和实施刑法应以对国家刑罚权进行限制,以人文关怀为价值取向,以人为本,将刑法的人权保障功能充分弘扬。② 刑法研究内容的现代化即不仅要注重应用刑法学的研究,而且还要注重理论性刑法学的研究,不仅要注重注释刑法学的研究,而且还要注重应然刑法学的研究,不仅要研究刑法本身,而且还要研究刑法之外;刑法学者自身的现代化意味着他们以满腔的热情、深厚的人文底蕴、理性的价值标准、新的刑法观念和客观科学的研究方法,投入刑法学的研究之中;等等。

  刑法现代化的基本要求意味着,无论是刑法文化现代化、刑事立法现代化还是刑事司法现代化抑或是刑法理论现代化,都贯穿了一根重要的

---

① 在这条道路上,中国刑法的使命在于移植和创造,而不是继承和弘扬,并特别注重协调好国际化与本土化的关系。其中,扬弃本民族刑法文化传统,注重刑法本土化建设,与兼收并蓄外国刑法先进、合理的文明成果,融入刑法发展的国际潮流,是中国刑法现代化并行不悖的两条发展道路。同时,法律的移植必须对中国的经济发展水平、历史传统、文化背景和风俗习惯等进行全面的考察和通盘的比较,即在移植外国法律以实现中国刑法的现代化的同时,应当注意本土化的问题。参见乐欣:《刑法现代化:要借鉴更要创造》,《检察日报》2003年7月25日。

② 参见徐岱:《世纪之交刑法学研究的五年回顾与展望》,《法制与社会发展》2001年第1期。

主线,那就是给予刑法更多的人文关怀和尽可能多的人权保障。这是提倡和贯彻刑法现代化的重要功能和意义所在。

2. 黑恶犯罪治理需坚守刑法现代化

我国已进入国家治理体系和治理能力现代化的国家治理新时代。在这样的时代背景下,黑恶犯罪治理必须"现代化",并成为国家治理体系和治理能力现代化的有机组成部分。虽然"黑恶犯罪惩治(定罪处刑)"不是"黑恶犯罪治理"的全部,但应是其基本的有机组成部分,并且其所基于的根据及其政策取向与法律适用情况,直接决定了黑恶犯罪治理能否现代化。否则,黑恶犯罪的惩处难免出现"头痛医头脚痛医脚"、过分强调"打击"等片面、极端、顾此失彼等非理性治理现象。黑恶犯罪治理中的定罪处刑作为黑恶犯罪治理的基本组成部分和核心措施,其对刑法现代化的体现和坚守主要表现在如下方面:

首先,黑社会性质组织犯罪定性处罚的立法与司法需实现刑法文化现代化的转变和提升。以刑法文化现代化为考察对象,虽然国民对犯罪及其法律后果的认知、观念等意识要素是刑法文化的核心内容,但这并不意味着拥有这些内容就可顺理成章地实现刑法现代化。刑法及其主要内容的现代化,在刑法文化层面上,主要体现为,将刑法精神、价值、功能等刑法哲学内涵融入以上刑法的主要内容。而如上哲学内涵的存在价值又主要在于它们的"与时俱进"性,即随着社会的发展、时代的进步,人类文明的提高,更好地发展人类自身,实现人的目的。因此,"我们的时代是权利本位的时代,是一个权利倍受关注和尊重的时代,一个权利显著发展的时代"。"在我们所处的时代,让更多的人更好地享受更为充分的权利,已经成为人类的普遍的愿景。"[1]这样,刑法文化的现代化与否及其程

---

[1] 夏勇:《走向权利的时代》,中国政法大学出版社2000年版,第1—2页。

度,最终取决于人们对刑法以人为本、人权保障等价值取向的认识、观点和思想,以及关于这个认识、观点和思想的程度。既然黑社会性质组织犯罪定性处罚的立法与司法作为刑法立法与司法的重要组成部分,那么人们对黑社会性质组织犯罪的观念及其人权保障等,将直接影响到刑法文化的现代化。

其次,黑社会性质组织犯罪定性处罚的立法作为刑法立法的重要组成部分,需要实现黑社会性质组织犯罪定性处罚立法的现代化。就刑法立法现代化标准而言,立法现代化不仅需要构建一个结构严谨、层次清晰、前后关联、联系顺畅、体系协调的现代化刑事法律条文体系,还要把罪刑法定、人权保障等刑法基本理念以及刑法谦抑性、及时性协调等基本特性融入刑法条文之中。这是因为,刑法的现代化,需要对现代刑法的精神进行塑造。而从前面的分析来看,现代刑法的精神的塑造就意味着"让更多的人更好地享有更多的权利"[1]。这也是当代人类对刑法的共同期许。"这个期许本身,既包含一种关于人权价值的预设,也隐含着一种关于权利发展的愿景。"可"权利的发展远不止是愿景,毋宁说它是一种社会存在",或说,"权利是一种观念(idea),也是一种制度(institution)"[2]。因此,刑法关于"权利"的现代化必须通过具体的刑法规范体现出来,具体体现在刑法规定的原则、制度和具体规范之中。这样,黑社会性质组织犯罪定性处罚的立法是否现代化,是刑法立法的现代化及其程度的重要体现。

最后,黑社会性质组织犯罪定性处罚的司法作为刑法司法的重要组成部分,需要实现黑社会性质组织犯罪定性处罚司法的现代化。既然刑

---

[1] 夏勇:《权利发展说——〈走向权利的时代〉一书绪论》,载南京师范大学法制现代化研究中心编:《法制现代化研究》,南京师范大学出版社1999年版,第43页。

[2] 夏勇:《走向权利的时代》,中国政法大学出版社2000年版,第1—2页。

法文化和刑法立法须经刑事司法实际体现出来,则刑法文化的现代化和刑法立法的现代化须经刑事司法的现代化才能最终得以实现。既然黑社会性质组织犯罪定性处罚的司法作为刑法司法的重要组成部分,那么在刑事司法活动中,也需直接体现刑事司法的人文关怀和人权保障及其程度。综观黑社会性质组织犯罪定性处罚的实践,刑法现代化的如此要求的实现,其关键在于正确理解和适用刑法关于黑社会性质组织犯罪的立法规定,其中的关键在于将具体案件定罪处刑所涉法律规定放在整个刑法乃至刑事法和社会系统中,并在宽严相济的刑事政策中去理解和适用。

(二) 黑恶犯罪治理现代化的基本要求

基于国家治理体系和治理能力现代化的要求,黑恶犯罪治理现代化应有如下基本要求:

1. 不能再以传统"社会管理"式社会治理模式进行黑恶犯罪治理

传统"社会管理"式社会治理模式,是一种单向度的、以国家为本位和以政府为主体的、政府凌驾于社会之上并习惯于包揽一切社会事务的、自上而下的命令式管控模式。① 在这种社会治理模式下,必然会出现"头痛医头脚痛医脚"的治标不治本与顾此失彼问题。表现在刑法治理上,就会出现当前社会治理中的"刑法依赖综合症"以及运动式斗争式犯罪治理、应对日益突发的各类风险和回应国民的"体感治安"的非理性甚至情绪性或象征性刑法立法、②脱离法律体系和法治体系的法律理解与适用等问题。以上对犯罪的治理模式,必然带来"重打击、轻预防"的运动式治理,带来长效治理机制的缺位以及刑法对黑恶犯罪等犯罪的治理失

---

① 参见俞可平:《论国家治理现代化》,社会科学文献出版社2010年版,第2—3页。
② 参见刘艳红:《象征性立法对刑法功能的损害——二十年来中国刑事立法总评》,《政治与法律》2017年第3期。

灵。我国的多次"严打"和"打黑除恶"专项斗争的成效表明,在黑恶犯罪的治理上,调整相关政策、制度,进行事前预防和事后打击等的综合治理才是治理的关键。若仅将重心放在事后的刑事打击上,则始终只能处在被动防御的局面,无法解决其根源问题。而且,这种运动式的治理即使一时效果显著,但其结果却只能是治标不治本,①一旦治理运动结束,就会反弹和反复运动式治理。进而出现一方面国家一直重视对黑恶犯罪的治理问题,而另一方面黑恶犯罪现象一直未得到有效治理的尴尬现象。

2. 要用现代"社会治理"式治理模式对黑恶犯罪进行惩处

党的十八届三中全会提出的"创新社会治理体制"、党的十九大提出的"推进社会治理体系和治理能力现代化"、社会治理"法治化"、"深化依法治国实践"和"建设中国特色社会主义法治体系、建设社会主义法治国家"等战略要求。与此相适应,我国的国家治理模式正在从传统"社会管理"到现代"社会治理"模式的转型。如此政策和社会治理模式的变化意味着,无论是宏观上的黑恶犯罪治理还是微观上它的定性处罚,都要基于历史思维和国家治理能力现代化的需要,特别是依法治国的全面展开和深入推进,以及国家治理模式的由"社会管理"到"社会治理"的时代转型,需要随着国家治理能力现代化的提升而不断进化创新。

传统的"社会管理"型治理模式的失灵预示着应创新治理思维,注重治理工具的协同运用,②采用"社会治理"型的治理模式。所谓社会治理,就是政府、社会组织、企事业单位、社区以及个人等社会主体,基于平等合作型伙伴关系,依法对社会事务、社会组织和社会生活进行规范和管理,

---

① 参见曹龙虎:《国家治理中的"路径依赖"与"范式转换":运动式治理再认识》,《学海》2014年第3期。

② 参见郑家昊:《"治理失灵"及其救赎——兼论两种不同的社会认知观及行动方案》,《学海》2016年第3期。

并最终实现公共利益最大化的过程。① 它是与社会管理根本不同的现代社会治理模式,其理论的核心在于"公共性",在本质上推崇的是政府、市场与社会三者的合作共治与三位一体②,具有社会治理主体多元、关系平等、过程合作的多元性、对话性、合作性、共识性等特点。在这种模式下,"社会"不是管理和实践的对象③,而是管理和实践的主体;社会治理的目标不只是维护稳定④,还要实现公共利益的最大化。⑤ 在这个模式中,需要以"法治"为基本实现方式,并既强调依法办事的过程又强调将法律作为整个社会治理体系中有机部分以发挥其作用的"方法论"。⑥

基于以上治理理念,刑法参与黑恶犯罪治理的模式也应随着这个转型而转型:刑法不能再以功能扩大化、修订补丁化、借鉴西方化、理解局部化和适用碎片化等方式参与黑恶犯罪治理,而应统合社会矛盾理论、社会结构理论、社会治理政策理论、刑事一体化理论、社区矫正理论、保安处分理论等原理,将刑法放回社会治理的有机体系中并发挥其在社会治理体系和法治体系中的本位作用,并据此统合和创新刑法参与社会治理的理念、政策、立法、司法和运行机制。包括:在理念上,不能仅在"刑法内"来适用和研究刑法,还要将刑法放在整个法治体系和社会治理体系中去考察、适用和研究(立法、司法、执法和法律研究者们不要既做运动员又做裁判员;刑法作为法的一种,必定具有维护社会秩序和统治秩序的功能,

---

① 参见陈家刚:《从社会管理走向社会治理》,《学习时报》2012年10月22日。
② 参见王晓毅:《社会治理与精准扶贫》,《贵州民族大学学报》2017年第1期。
③ 不能将"社会治理"扭曲为"治理社会"。
④ 稳定是社会治理变革的一个条件,稳定的形成,不是靠堵,而是要疏;不是靠强力、压制和打击,而是靠协商、对话与合作。参见陈家刚:《从社会管理走向社会治理》,《学习时报》2012年10月22日。
⑤ 参见俞可平:《论国家治理现代化》,社会科学文献出版社2010年版,第213页。
⑥ 参见陈金钊:《"法治政府"及其实现的方法论》,《贵州民族大学学报》2017年第5期。

是维护社会秩序和统治秩序的重要工具),实现刑法内部(整个刑法规范体系及其各具体规定)与外部(国家的法治体系和社会治理体系)的有机统一;在政策上,坚持广义刑事政策,"最好的社会政策即最好的刑事政策",通过刑事政策的指引作用,真正将刑法的功能融入整个法治体系和社会治理体系中;在立法上,坚持刑事政策指引下的刑事一体化下的科学立法,将犯罪现象的剖析、刑事政策的指引和过滤、刑事程序制度的对接、刑事执行的社会治理效果等,纳入法治体系和社会治理体系中论证后,再决定是否入刑和如何入刑;在司法上,基于"徒法不足以自行"原理,避免盲人摸象式和机械化适用刑法规定,将个案的刑法适用纳入整个刑法体系、法治体系、社会治理体系中,在刑事政策指引下予以考量;在机制上,坚持刑事政策指引下的刑事一体化,聚焦刑法社会治理功能并由此打通法律适用各环节的机械、孤立、片面适用刑法规定的运行渠道。这就要求无论是立法、司法、执法还是法律研究,也无论是法律适用主体的集体(审判委员会、检察委员会、合议庭、办案组等)或个体(案件承办人等),都要明确刑法的法律适用不是为了适用而适用,而是为了实现包括社会治理在内的刑法功能,刑法社会治理功能的有效实现,需要从法教义学的体系解释角度去理解、适用、贯彻和坚守罪刑法定原则,无论是法律研究者还是司法适用者都要把自己视为"裁判员"(而不是运动员)去研究、适用刑法,而不能脱离刑法的社会治理功能机械地理解、适用和研究"刑法"的规定。

二、黑恶犯罪治理的系统化

(一)系统性是所有犯罪处理的基本方法论原理

从哲学上看,任何事物都是以大大小小的"系统"方式存在和运行与发挥作用的。"系统"一词来源于古希腊语,是由部分构成整体的意思。在当代,它通常被理解为,由若干要素以一定结构形式联结构成的具有某种功能的有机整体。据此,"系统"实际上强调的是要素之间的相互关联及其有机整体性,即要素只有存在于整体中才具有要素的意义,若将要素从系统整体中分离出去,其将失去要素的地位和性质。这意味着,系统中各要素是不可能脱离系统而单独存在,它们在系统中都占据一定的地位,并发挥着各自的作用;同时,系统也不是各部分的简单相加或机械组合,系统中各要素的功能并非其整体功能,要素性能好并非整体性能就好,系统的整体功能是各要素在孤立状态下所没有的,局部并不能说明整体。正如机器中的动力系统,构成该动力系统的各零部件,只有成为该动力系统的有机组成部分时,才有该动力系统的相应功能,一旦将零部件从动力系统中卸下来,它将不能发挥动力系统的相应功能了。在系统论看来,世界上任何事物都是一个有机系统,整个世界就是系统的集合,从而在方法论上,使人类的思维方式发生了深刻的变化,特别是改变了那种遵循单项因果决定论的着眼于局部或要素思维方法。

显然,包括刑事法律在内的国家法律体系、部门法体系也都是一个系统。仅从刑事法的理论渊源来看,一般认为,刑事科学系统论源于德国著名刑法学家李斯特的"整体刑法学"。也就是,为了克服专业的片面性,李斯特将以包括刑事政策学、犯罪学、刑罚学和行刑学在内的"整体刑法学(gesamteStrafrechtswissenschaft)"[1]为理想目标,以实现各部分的有机统一和促进各学科间的合作。[2] 德国刑法学家耶赛克和魏根特教授认为

---

[1] 李斯特于1881年创办《整体刑法学杂志》,以整合所有关于犯罪现象、犯罪行为、犯罪控制、刑事政策和犯罪预防的科学研究。参见[法]马克·安塞尔:《新刑法理论》,卢建平译,香港天地图书有限公司1990年版,第30页。

[2] 参见[德]汉斯·海因里希·耶赛克、托马斯·魏根特:《德国刑法教科书(总论)》,徐久生译,中国法制出版社2001年版,第53页。

这是"一个屋顶下的刑法和犯罪学"的理念,①并把它称为"刑事科学",具体划分为刑法学(Strafrechtswissenschaft)、犯罪学(Kriminologie)。其中,前者包括实体刑法、刑事诉讼法和行刑法等三个主要领域,并以刑法教义学(刑法理论)和刑事政策为主要内容,以刑法史学、法哲学、比较法学和社会科学(社会学、社会政策、社会经济、社会心理学、社会哲学)等为相邻学科;后者主要是关于犯罪原因、行为人的个性和环境、犯罪被害人、刑事制裁效果等方面研究的科学,并以犯罪侦查学、法医学等为相邻学科。认为,刑法只有与犯罪学和它们的相邻学科的密切合作,才能适应错综复杂的社会要求;否则,"没有犯罪学的刑法学相当于没有视力的人,没有刑法的犯罪学是边界模糊的犯罪学"②。在法国,马克·安塞尔(Marc Ancel)于1954年出版了《新社会防卫思想》一书,提出了温和的社会防卫思想也即所谓的新社会防卫论,批判地针对李斯特、菲利及普林斯等人在19世纪末20世纪初所创立的社会防卫理论,主张在刑罚目的问题上,遵循始终以促进人类进步的前提下的对犯罪进行预防、对被害人进行保护和对犯罪人进行改造,③其总的发展趋势,是突破传统刑法观念的桎梏(刑事责任、刑罚、刑事司法等),在保留刑法制度和刑罚措施的前提下,在刑法领域以外寻求更广泛、更有效的法律(民事的、行政的或其他)救济办法。④ 对于如此新社会防卫思想,虽然没有直接被称为"整体刑法学"或"刑事一体化",但实际上带有浓厚的"整体刑法学"或"刑事一体化"

---

① 参见[德]托马斯·魏根特:《论刑法与时代精神》,樊文译,载陈兴良主编:《刑事法评论》(第19卷),北京大学出版社2007年版,第283页。
② [德]汉斯·海因里希·耶赛克、托马斯·魏根特:《德国刑法教科书(总论)》,徐久生译,中国法制出版社2001年版,第52—61页。
③ 参见[法]马克·安塞尔:《新刑法理论》,卢建平译,香港天地图书有限公司1990年版,第124页。
④ 参见卢建平:《社会防卫思想》,载高铭暄、赵秉志主编:《刑法论丛》,法律出版社2000年版,第157—192页。

思想。在我国,甘雨沛先生主张"成立一个具有刑事立法论、刑法解释论、刑罚执行论、刑事政策论以及保安处分法的全面规制的'全体刑法学'"①,储槐植先生提出的"犯罪学—刑法学—行刑学"三位一体的、刑法内部结构合理(横向协调)和刑法运行前后制约(纵向协调)的"刑事一体化",②从而明确地把"刑事科学系统论"思想在我国上升到理论层面。并且,随着刑事科学系统论思想的展开,该理论会不断走向深化和成熟。③

前述各"刑事科学系统论"思想,虽然在具体设计和表述上并不相同,但它们的理念是基本相同的,即都是在坚持刑法的前提下,注重实现刑法最佳社会效益,也就是,在刑事科学系统论思想中,不能不要刑法,且仍需把它放在中心位置,在坚持刑法公正的前提下,注重各刑事科学的协调和合作,以实现刑法最佳社会效益。如此理念,实际上是刑法公正和效益价值的反映和要求,因为对于现实来说,刑法不应当是"盲目的",而必须是"公正合理的"和"符合实际的",④通过刑法和刑法运行互相协调,即刑法内部结构科学(横向协调)与刑法运行前后照应(纵向协调),实现刑法最佳社会效果。⑤

(二)黑恶犯罪治理现代化是系统论原理在黑恶犯罪治理上的体现和要求

黑恶犯罪治理的系统论原理意味着,无论是黑恶犯罪微观定罪处罚

---

① 甘雨沛、何鹏:《外国刑法学》(上),北京大学出版社1984年版,"前言"部分。
② 参见储槐植:《建立刑事一体化思想》,《中外法学》1989年第1期。
③ 刘仁文教授提倡"瞻前望后、左看右盼、上下兼顾、内外结合"的"立体刑法学",就是该理论走向深化和成熟的重要表现。参见刘仁文:《提倡"立体刑法"》,《法商研究》2003年第3期。
④ 参见[德]托马斯·魏根特:《论刑法与时代精神》,樊文译,载陈兴良主编:《刑事法评论》(第19卷),北京大学出版社2007年版,第283页。
⑤ 参见储槐植:《建立刑事一体化思想》,《中外法学》1989年第1期。

上的刑法适用,还是宏观上的惩处政策措施,都需要放在我国的整个刑法体系、法律体系、法治体系乃至社会治理体系中去予以系统考察和适用,避免人为"拔高""降格""扩大""缩小"等认定和处理,以及"孤立""片面"等的非理性盲人摸象式的法律适用。

其一,黑恶犯罪的惩处需纳入国家治理体系中予以理解和施行。党的十八届三中全会提出"推进国家治理体系和治理能力现代化"。这既是中华民族的伟大创举,也是各项国家治理进入新时代的标志和要求。黑恶犯罪治理现代化,就是这个标志和要求的典型体现,意味着我国新时代的黑恶犯罪治理,需要结束传统治理方式与模式,进入全新的现代化治理新时代。据此,黑恶犯罪的治理应基于和统合社会矛盾理论、社会结构理论、社会治理政策理论、刑事一体化理论、社区矫正理论、保安处分理论等原理,放回社会治理的有机体系中并发挥其在社会治理体系和法治体系中的本位作用,并据此统合和创新刑法参与社会治理的理念、政策、立法、司法和运行机制。

其二,黑恶犯罪的惩处需放在刑法体系和法律体系中予以考察和适用。黑恶犯罪的定性处罚,作为防控涉黑犯罪的重要环节,不可能孤立于刑法的犯罪论或刑罚论立法规定去实现,而应把它们放在整个刑法的体系中、整个刑事法的体系中,放在整个社会系统中,以刑事一体化的思维和宽严相济的刑事政策,去系统化地理解和适用。否则,孤立、片面法律适用下的黑社会性质犯罪定性处罚,不仅带来偏离刑法现代化、偏离刑法基本精神(合法、公平、公正等)的重复评价,而且也难以真正达到有效防控涉黑犯罪的目的。

其三,将黑恶犯罪治理的有关刑法条文作为一个有机整体予以理解和适用。对黑社会性质组织犯罪定性处罚的法律适用需要把所有相关法律规范作为一个有机联系的整体,不能孤立片面地理解和适用其中的某个规定。例如,对《刑法》第294条关于组织、领导、参加黑社会性质组织罪,入境发展黑社会组织罪和包庇、纵容黑社会性质组织罪的法律适用,就不能孤立依据这些规定,而应结合本规定以及刑法总则关于罪责刑相适应、刑法面前人人平等、犯罪成立条件、共同犯罪、量刑的根据、刑罚的种类和体系、故意犯罪过程中的未完成形态等予以全面考察和适用。

三、黑恶犯罪治理的合法化

(一) 合法性是法治的底线

对于什么是合法,从字面上看,就是定性处理符合法律的规定,即所谓的定性处理适法。就刑法适用而言,符合刑法的什么或哪些规定,才算定性处罚合法,应是真正把握和正确适用定性处罚合法的关键。按我国台湾地区刑法学家高仰止教授的界定,所谓处罚合法(适法),是指"科处之刑罚完全符合刑法上一切法定要件,不仅合于分则中对某一犯罪所规定之刑种与刑度,并应合于总则中对于刑种与刑度之修正,依法予以加重或减轻也"[①]。又据我国大陆学者高铭暄教授的相关界定,所谓处罚合法(依照刑法规定量刑的原则),"是指在对犯罪的社会危害性和犯罪人的人身危险性作出评断之后,究竟适用何种刑罚,适用多重的刑罚,要在法律规定的刑罚幅度内选择,并与刑法规定的一系列原则、制度相一致"[②]。结合以上界定,所谓定性处罚合法,就是定性处罚要适用刑法分则和刑法总则的所有相关规定。这意味着,定性处罚合法的界定和把握,进一步有赖于刑法分则与刑法总则的关系原理。

---

① 高仰止:《刑法总则之理论与实用》,五南图书出版公司1986年版,第483页。
② 高铭暄主编:《刑法学原理》(第三卷),中国人民大学出版社1994年版,第239页。

对于刑法分则与刑法总则的关系原理,传统刑法理论一般阐述为:刑法分则是关于具体犯罪和具体法定刑的规范体系;在刑法分则中,列举了各种具体犯罪的罪状和相应的法定刑,它们是解决具体定性处罚问题的标准;它与刑法总则相互为用、相互依存、密不可分,是特殊与一般、具体与抽象的关系,没有总则的原则规定,分则所规定的罪状和法定刑就难以理解和适用;人民法院在处理每个刑事案件的时候,不仅直接涉及分则的有关条文,而且必须遵守总则所规定的各项原则[1]。如此阐述,深入揭示了刑法分则与刑法总则的内在关系。这个关系决定了,"对犯罪人量刑时仅仅根据刑法分则规定的法定刑还是不够的,还必须在此基础上,考虑刑法总则的有关规定。只有这样,对犯罪人确定的刑罚才真正具有合法性"[2]。但如此阐述,也缺乏对刑法分则在立法和司法上的规范性质的准确定位。特别是,关于"人民法院确定对犯罪人适用的刑罚之前,都有一个根据犯罪的社会危害性大小和犯罪人的人身危险性大小进行选择的过程,但无论怎样选择,都必须在刑法条文规定的法定刑的幅度内,不能超越"[3]的定性处罚合法的理解,并不符合立法和司法实际。事实上,从立法和司法来看,刑法分则的规定并不是一个完整的刑法规范。在立法上,它只是关于具体犯罪的特别犯罪构成要件和一般刑罚处罚的规定而已,并没有对具体犯罪构成的全部要件和可能适用的全部处罚方法(刑罚、非刑罚、不给任何刑罚或非刑罚处罚)作出规定。在司法上,这些不完整的规定,需结合刑法总则的相关规定,才能予以正确和准确的适用。就定罪而言,刑法分则关于抽象个罪罪状的规定(立法),只是为具体犯罪的定罪(司法)提供一个特别的起始标准即定罪基准,至于具体如何定罪和

---

[1] 参见高铭暄:《刑法学》,法律出版社1984年版,第45—46页。
[2] 高铭暄主编:《刑法学原理》(第三卷),中国人民大学出版社1994年版,第243页。
[3] 高铭暄主编:《刑法学原理》(第三卷),中国人民大学出版社1994年版,第242页。

定什么罪,还需由定罪情节和刑法总则的相关规定决定;就量刑而言,刑法分则关于抽象个罪的法定刑规定(立法),只是为具体犯罪的量刑(司法)提供一个起始标准即量刑基准①,至于具体如何量刑和量什么刑,还需刑法总则的相关规定予以指导,其中,对于不符合刑法总则规定的,还需要刑法总则规定予以补充、修正②,并表现为给予刑罚处罚、给予非刑罚处罚或单纯宣告有罪的处罚等三种情形。对于后两种情形,因刑法分则没有规定,而只能由总则性规定予以补充。这个"补充",实际上是对刑法分则关于法定刑规定的修正。同时,即使是给予刑罚处罚(第一种情形),也因罪责刑相适应原则的要求,而依总则性的法定或酌定减轻处罚规定,需对这个刑法分则关于法定刑规定予以补充、修正。

因此,基于刑法分则与刑法总则的关系原理及刑法分则的规范性质,定性处罚合法与否,并非孤立地取决于刑法分则关于法定刑的规定,而应综合地取决于刑法总则和刑法分则的所有相关规定。曾引发全球关注的许霆案③原一审处罚(量刑)之所以"不合法",就是因为在适用刑法分则关于"盗窃金融机构,数额特别巨大"的法定刑规定(处无期徒刑、死刑)时,在罪责刑不相适应的情况下,没有同时适用刑法总则的相关规定④。

---

① 此处所称量刑基准,与众多学者所界定的量刑基准不同,是基于刑法分则的司法实质及刑法分则与刑法总则的关系等所作出的界定,即所谓量刑基准是指在定罪活动中确定的,由定罪情节(而不是量刑情节)所决定的那个具体法定刑。
② 参见石经海:《刑法分则的司法本质与量刑基准的界定》,载郎胜等主编:《2008年度中国刑法学年会论文集:刑法实践热点问题探索》(下卷),中国人民公安大学出版社2008年版,第123—133页。
③ 据报道,2006年4月21日广东省高级人民法院保安许霆,在广州某银行ATM取款机取款,因ATM机出故障而先后恶意取款17万多元,被广州市中级人民法院一审以盗窃罪判处无期徒刑,并处没收全部个人财产;2008年3月31日,广州市中级人民法院重审一审以盗窃罪判处许霆有期徒刑5年,并处罚金2万元。
④ 根据本案犯罪的社会危害性和犯罪人的人身危险性,还应依罪责刑相适应等刑法基本原则,及内化有宽严相济刑事政策和刑法时代精神,而适用刑法总则关于免刑及非刑罚处罚措施(第37条)、酌定减轻处罚(第63条第2款)等规定。

同时,本案重审基于"许霆的盗窃犯意和取款行为与有预谋、有准备的盗窃犯罪相比,主观恶性相对较小"和"许霆利用自动柜员机出现异常窃取款项,与采取破坏性手段盗取钱财相比,犯罪情节相对较轻"两方面的事实,依照《刑法》(总则)第63条第2款关于酌定减轻处罚的规定,作出了相对"合法又合理"的量刑(5年有期徒刑)。由此,基于刑法分则与刑法总则的关系原理及刑法分则的规范性质,本案在量刑上并不具有特别性,更不是"当下中国司法界的一道难题"[①],而只是一个极其普通、极其常规的量刑问题。

综上,所谓定性处罚合法,是指基于具体个案的定性处罚综合地、动态地符合某个案件所涉所有相关规定。其中,就刑法适用而言,这里的"综合地",意味着它不是只符合刑法分则的规定,需符合刑法的所有相关规定,特别是,当直接适用刑法分则规定而明显导致罪责刑不相适应时,需依刑法的基本原则及其他总则性规范和内化于这些规范中的刑事政策和刑法时代精神等,对刑法分则的刑罚规定进行调整和校正;这里的"动态地",意味着在刑事司法上,定性处罚合法并不只是表现为静态地符合法定刑的规定,而还动态地符合本案定性处罚所涉定罪要件、定罪情节、量刑情节、量刑制度等的所有相关刑法规定。

(二) 合法性与合理性是不可分离的有机体

当前理论上一般认为,"合理性是合法性的前提,法治中首先要讲合法性,还要讲合理性"[②],"适用刑罚之最高准则,首为适法,次为适当",

---

[①] 刘品新:《许霆"恶意"取款案:法定量刑过严可否自由裁量》,《检察日报》2008年1月16日。

[②] 陈兴良:《刑事法治论》,中国人民大学出版社2007年版,第1页。

"刑罚之适用,虽属适法,但未必皆为适当,故两者应分别言之"①。如此等等把合法与合理、适法与适当关系相隔离之阐述,从哲学上形式与实质等辩证关系原理来看,值得商榷。

事实上,从哲学概念的相对范畴来看,"合法"与"合理"是一个问题的两个方面,不仅不相冲突,而且必须同时存在,共同构建正当性法律评价的有机体。

如前所述,刑法理论界和实务界对许霆案原一审量刑,共识性地评价为"不合理但合法"。这个评价,意味着应当承认,在司法上,"讲法可以不讲理","讲法"与"讲理"可以分离,"处罚合法"与"量刑合理"可以分离。实际上,如此共识性评价,是有理论渊源的。如前所述,理论上关于合法与合理关系的阐述,一般认为,"合理性是合法性的前提,法治中首先要讲合法性,还要讲合理性"②,"适用刑罚之最高准则,首为合法,次为适当","刑罚之适用,虽属合法,但未必皆为适当,故两者应分别言之"③。如此等等关于合理性与合法性关系的阐述,实际上是把合理性与合法性在形式上视为两个独立体。具体就处罚合法与量刑合理的关系而言,以上观点意味着,处罚合法与量刑合理的追求和实现,是分开进行的:先追求和实现处罚合法,在符合处罚合法性的前提下,再进一步追求和实现量刑合理(量刑适当,下同)。

实际上,以上对处罚合法与量刑合理关系的认识,是片面的。许霆案原一审量刑之所以"不合理",主要是源于这个"片面"认识,而不是源自立法及其司法解释规定的缺陷④。从表面上看,量刑公正源自量刑合理,

---

① 高仰止:《刑法总则之理论与实用》,五南图书出版公司1986年版,第483页。
② 陈兴良:《刑事法治论》,中国人民大学出版社2007年版,第1页。
③ 高仰止:《刑法总则之理论与实用》,五南图书出版公司1986年版,第483页。
④ 虽然这个立法及其司法解释确实存在缺陷。

量刑权威来自处罚合法；但实际上，基于诸如许霆案原一审与重审量刑的根本不同及其效果，量刑公正与量刑权威及量刑合理与处罚合法，都并非两个可以分离的独立体。一方面，在量刑中，不仅要"讲法"而且要"讲理"，只有既合法又合理，该量刑才是符合量刑目的的，才能与刑法现代化的发展相一致；另一方面，在法律规范层面上，量刑合理（量刑适当）不仅意味着，"科处之刑罚合乎法条所规定之精神，亦即将抽象之法律规定，适用于具体之犯罪事实，其量刑之是否妥当也"①，而且还要使量刑符合所有相关法律的规定，并达到这些规定在实质内容上的统一。正如有论者指出，"只有不讲理的人，没有不讲理的法"；"不管是从技术上来看，还是从道理上来看，法律只有合乎情理，才能是符合人民意志的"②。"处罚合法"只有合乎情理，只有合乎人民的意志，只有合乎民众普遍认可和遵循的"常理、常情、常识"③，才能真正称得上"处罚合法"，才能达到量刑的目的，才能受到民众的拥护，才能树立量刑权威。显然，这样的"处罚合法"，不可能是形式上的，而应是实质上的④，即根据案件的具体事实，综合适用刑法的所有相关规定，包括刑法的基本原则及内化于刑法规

---

① 高仰止：《刑法总则之理论与实用》，五南图书出版公司1986年版，第483页。

② 马国川、陈忠林：《我是"非主流"法学家》，《经济观察报》2008年4月3日。

③ 按陈兴良教授的解释，所谓常识是一种社会的通识或者共识，它虽然不是一种理性思维的结果，但却具有强大的生命力。按陈忠林教授的解释，所谓常理，是指那些经过几千年还能得到民众普遍认同的人与人相处、人与自然相处的基本道理（如不害人），是经过人类社会实践检验的社会或自然规律，即"天理"；所谓常情，是指为一个社会民众所普遍共享的感情（如爱英雄、恨坏人），是一个社会普遍认同的价值观、善恶观、是非观在一个人心目中的反映，即"良心"。因此，所谓的"常识、常理、常情"实际上是现代法治法律的基础，是天理良心的统一及其在个人身上的体现：若把法律与天理对立起来，就是把法律摆在社会自然规律的对立面；若把法律与常情对立起来，就是把法律摆在了人民的对立面。以民众都懂的"常识、常理、常情"来释法，既利于民众守法，也利于克服少数人的"暴政"和"精英专制"。参见马国川、陈忠林：《我是"非主流"法学家》，《经济观察报》2008年4月3日；陈兴良：《刑罚目的新论·注释7》，《华东政法学院学报》2001年第3期。

④ "处罚合法"是罪刑法定原则实质化的表现和要求。

定中的刑法时代精神、基本刑事政策等。正是在以上意义上,合法与合理不可割裂,"合理"是"合法"的实质内容,"合理"必然蕴含于"合法"之中,并表现为互为内表的统一体。许霆案原一审与重审量刑表明,原一审量刑问题的出现,并不是真正由于"合法的前提"(现行立法和司法解释)存在的问题①,而是由于没有正确地适用法律②,从而使量刑既不合理也不合法。

同时,处罚合法与量刑合理的司法实现,并不存在先后之分,而是同时进行的,表现为罪刑法定原则与罪责刑相适应原则的有机统一和在量刑问题上的同时贯彻。罪刑法定原则和罪责刑相适应原则作为刑法的基本原则,在司法上不是彼此孤立而是有机统一的。一方面,刑法关于符合犯罪构成但因情节显著轻微而不认为是犯罪(第13条)、关于免除刑事处罚(第37条)和关于法定或酌定减轻刑事处罚(第63条)的规定,就意味着我国立法上的罪刑法定原则不是形式上的,而是实质上的。这个实质上的罪刑法定原则的"实质"性表现及其实现标准,在一定意义上就是罪责刑相适应原则的内容和要求。具体就量刑而言,刑法的以上关于免除刑事处罚和关于法定或酌定减轻刑事处罚的规定,就意味着罪刑法定原则下的处罚合法,不只是形式上符合刑法分则的规定,还需依罪责刑相适应原则,对依刑法分则规定所作的量刑进行考察、验证、补充甚至调整,以做到量刑合理和真正意义上的处罚合法。在这个意义上说,处罚合法与否,取决于罪刑法定原则与罪责刑相适应原则的有机统一与同时贯彻。另一方面,罪刑法定原则与罪责刑相适应原则的内在关系决定了,罪责刑

---

① 不可否认,这些立法和司法确实存在问题。但该案重审一审量刑表明,基于实质性罪刑法定原则,在综合适用所有相关刑法规定中,据那些相关现行立法和司法解释是可以作出合法又合理的量刑的。

② 没有综合适用刑法的所有相关规定,实际上是只追求量刑的形式化合法,没有从"合理性"这个实质内容上考察所适用的法律。

相适应意义上的量刑合理,只能在刑法①框架内予以追求和实现。"不合法"的量刑,纵使与其犯罪的社会危害性和其犯罪人的人身危险性程度相一致,也不能是"合理"的量刑。例如未成年人或孕妇以极其残忍手段、极其恶劣情节实施了杀人犯罪,对其判处死刑,似乎并不违背罪责刑相适应原则,但因违背罪刑法定原则即不合法,而是不合理的量刑。因此,对于刑法分则的刑罚规定,经罪责刑相适应原则等刑法总则性规范的检验,而表现为量刑合理时,在该刑法分则刑罚规定内所作的量刑,就是合法性量刑;而相反,经罪责刑相适应原则等刑法总则性规范的检验,而使量刑结论表现为明显不合理时,就应启动刑法总则关于酌定减轻乃至免除处罚的规定,对该刑法分则刑罚规定进行调整和校正,使量刑结论的罪责刑相适应。这样,纵使某个法律规范是完备的,但静态地适用该规定而不一定有合法、合理的量刑;而相反,纵使法律的某个规定有很大缺憾,但因综合适用刑法总则和刑法分则的所有相关规定,而使该规定得到调整和校正,从而也能作出相对"合法又合理"的量刑。正是基于如此机理,虽然刑法关于盗窃罪的加重犯的"盗窃金融机构,数额特别巨大"及其"处无期徒刑或死刑,并处没收财产"的规定,存在严重缺憾,但法院在许霆案重审中,通过综合适用刑法的其他规定,还是作出了相对"合法又合理"的量刑。

(三) 合法与合理的有机统一是形式合理与实质合理的融合

实质性罪刑法定原则下的处罚合法,因以量刑合理为实质内容而与量刑合理融为一体。然而,按照德国学者韦伯的理解,合理性有形式合理

---

① 指广义的刑法,包括刑法典、单行刑法、附属刑法等关于犯罪和刑事责任的规范。

性与实质合理性之分①,那么,作为处罚合法实质内容的量刑合理,到底是形式合理还是实质合理,又是深入认识和践行处罚合法的关键。

处罚合法是刑事法治的必然体现和具体要求。不可否认,"刑事法治的首要之义,在于实质理性的建构与形式理性的坚守","形式合理性与实质合理性就是形式理性与实质理性"②。但如何坚守形式合理性(形式理性)与如何建构实质合理性(实质理性),自然需基于形式合理性与实质合理性的内在关系。所谓形式合理性,是指关于不同事实之间的因果关系判断;所谓实质合理性,是指关于不同价值之间的逻辑关系判断。③ 前者主要被归结为手段和程序的可计算性,是一种客观合理性;后者则基本属于目的和后果的价值,是一种主观的合理性。④ 这样,形式合理性与实质合理性的关系,实际上就是手段与目的的关系。基于手段与目的的内在关系原理,也即手段是为达到某种目的而采取的方法和措施,而目的是人在行动之前根据需要在观念上为自己设计的要达到的目标或结果,它贯穿实践过程的始终,并通过主体运用手段改造客体的活动来实现⑤,形式合理性的坚守与实质合理性的建构实际上是有机统一的。

这个有机统一表现在,一方面,量刑的形式合理性,作为实现合法性的一个手段,其价值在于,它是实现适用法律统一性的需要,表现为所有的相同或相类似案件都在统一法律框架下进行处理。因此,量刑的实质合理性离不开其形式合理性。另一方面,量刑的形式合理性也离不开其

---

① 参见[德]马科斯·韦伯:《论经济与社会中的法律》,张乃根译,中国大百科全书出版社1998年版,第290页。
② 陈兴良:《刑事法评论》(第6卷),中国政法大学出版社2000年版,第2—4页。
③ 参见[德]马科斯·韦伯:《论经济与社会中的法律》,张乃根译,中国大百科全书出版社1998年版,第290页。
④ 参见陈兴良:《刑事法评论》(第6卷),中国政法大学出版社2000年版,第3页。
⑤ 参见辞海编辑委员会:《辞海》,上海辞书出版社2000年版,第1755、2014页。

实质合理性。这主要是,没有与实质合理性相结合的形式合理性,必然导致量刑价值取向的形式化。当前实践中关于"处罚合法与量刑合理可以分离"的理论主张和实践做法,实际上只是主张量刑的形式合理性。这不仅不符合实质性罪刑法定原则①,而且还必然使量刑法律适用陷入困境和使量刑的司法权威受到挑战。如,在某个(些)法律规定与其他所有相关规定(如刑法的基本原则,内化于某些规定中的刑法时代精神、基本刑事政策等)不相一致时,其量刑就必定会受到普遍质疑②。这主要是,在法的"理"不是浮于法的表面时,在只"讲法"不"讲理"受到质疑,而需"既讲法又讲理"(既合法又合理)时,就不会综合该法的所有相关规定"释其理、用其法",而把"指望"放在批判或试图修改立法或有权解释的某个具体规定上,并必然会演绎出对诸如许霆案原一审"不合理"量刑的茫然不知所措,必然会本应作出类似本案重审的"常规性量刑"而作出类似本案原审一审的"哗然量刑"。有鉴于此,确实应当实质性地解释刑法,而不应当简单地批判刑法。否则,即使在批判刑法的基础上,提出了良好的立法建议,也不能及时解决司法实践中面临的现实问题。③

理论上认为,对于那些符合有效事实要件的行为、利益、主张和期待,在用法律上的既定标准加以衡量时,只要它们具有相同或相似的法律性质,具有相等或近似的法律上的重要性,就不管这些行为、利益、主张和期待来自于什么样的人,也不管由什么样的人来扮演"主持正义"的司法者

---

① 对罪刑法定原则的实质意义,周少华先生在《刑法理性与规范技术》一书中进行了深入剖析。另外,从立法上看,它也既表现在刑法分则中大量"其他"弹性罪状和相对确定法定刑上,又表现在刑法总则中的出罪(第13条关于犯罪定义的但书规定)、免刑(第37条)和酌定减轻处罚(第63条第2款)等特别规定上。参见周少华:《刑法理性与规范技术》,中国法制出版社2007年版,第253页。
② 在这个(些)规定与刑法的其他相关规定相一致时,其量刑一般不会出现问题。
③ 参见张明楷:《刑法学研究中的十大关系论》,《政法论坛》2006年第2期。

角色,案件的处理结果都应当是相同或相似的。① 显然,这种只要"形式"不要"实质"的价值追求,是片面的。其一,司法过程并不是一个把形式化的普遍性概念和范畴适用于案件事实的过程,而是一个由司法决策者把他对实质正义的理解适用于待决争议的过程。② 以上量刑的形式化追求,虽然有利于实现基于社会平均主义的均衡报应及试图由此实现的一般预防,但忽视了犯罪人的个性差别而必然走向极端。其二,形式上的平等往往掩盖了实质上的不平等,不仅经济发达地区和落后地区对诸如财产犯罪使用同样的刑罚便暗示着量刑在实质上不公正,而且在同一地区对诸如饥寒交迫的少年与富家公子盗窃同样的财物,而给予同样的处罚,也是形式上的平等掩盖了实质上的不平等,甚至,在这种意义上,形式越公正,实质上就越不公正。因此,从量刑公正来看,形式合理性只是实现该实质合理性的手段;量刑合理性终将是通过形式合理性去实现实质合理性。这是形式合理性与实质合理性的统一性所在。

当然,形式合理性和实质合理性也确实存在对立的情况。在范畴学上,概念和范畴之间的对立有两种情况:具有相容性的分立关系和互不相容的排斥关系。形式合理性与实质合理性的对立,属于前一种情况:在理性化的法律制度中,在多数情况下,它们是相容的,即形式合理性是形式化了的实质合理性,在这种情况下,只要采用形式合理性优先原则,就实现了二者的融合;既然形式合理性和实质合理性是手段与目的的关系,则二者不存在矛盾冲突和相互排斥的关系,只存在手段能否体现和实现目的的关系。然而,虽然形式合理性与实质合理性之间不存在矛盾冲突和

---

① 参见郑成良:《论法律形式合理性的十个问题》,《法制与社会发展》2005 年第 6 期。
② 参见[德]马科斯·韦伯:《经济与社会》(下卷),林荣远译,商务印书馆 1997 年版,第 14、148—154 页。

互相排斥问题,但在实践中,手段并非都能恰当地切合目的(形式合理性并非都能恰当地切合实质合理性)。从现实来看,这个"不切合"主要有与法律的确定性相联系和与法律的不确定性相联系两种情况。对于前者,因法律上的规定过于明确,若按照形式合理性的要求来处理案件,就可能导致个案结果的实质合理性被过度牺牲的严重结果,如许霆案原一审量刑所适用的法律;对于后者,因法律上的不确定设置(如自由裁量),若按形式合理性的要求处理案件,就无法得出确定性的结论。对于如此两种情况,因"手段"都失去了其作用的意义,而都应回到"目的"即实质合理性这个"基点",按实质合理性的要求及法律赋予的量刑裁量权去实现量刑的目标。显然,如此做法,是罪刑法定原则实质化的要求和表现。因此,理论上认为,"与其说形式合理性是一种与实质合理不同的合理性,毋宁说它是实质合理性的一种特殊存在形态"[1],并非正确;那种试图"通过形式合理性而追求与实现实质合理性"[2],也并不总是可行。

需指出的是,基于手段和目的的关系,形式合理性作为实现实质合理性的手段,具有优先性,但这并不意味着,形式合理性的判断就先于实质合理性的判断。在司法上,形式合理性与实质合理性的实现,也不存在先后之分,而是同时实现的。理论上,有论者认为,"形式判断先于实质判断","如果先作实质判断则不可能后作形式判断","只有先作形式判断,其后的实质判断才是可能的"[3]。笔者不同意这种认识。确实,"如果先作实质判断则不可能后作形式判断",但这并不能得出"形式判断先于实

---

[1] 郑成良:《论法律形式合理性的十个问题》,《法制与社会发展》2005年第6期。
[2] 陈兴良:《法治国的刑法文化——21世纪刑法学研究展望》,《人民检察》1999年第11期。
[3] 陈兴良:《定罪的基本规则》,载《第七届刑事法前沿论坛文集》,中国社会科学院刑事法重点学科2009编印,第36—38页。

质判断"和"只有先作形式判断,其后的实质判断才是可能的"结论。因为,形式判断与实质判断是完全可以同时作出的。事实上,依"判断"的思维规律,"形式"与"实质"作为互为内表的"判断"对象,在实践中应是同时作为综合判断的对象,否则,就因判断对象不全,而必定会得出片面的判断结论。在实践中,由于认识手段和能力的局限性,认识中的判断会有一个渐进过程,但这不意味着判断有先后之分。

(四)既合法又合理是现代化黑恶犯罪治理的基本要求

黑恶犯罪的理性惩处,在案件处理的定性处罚上,需坚持和做到案件法律适用既合法又合理。这既是全面和深入推行"依法治国"党政国策的要求和体现,也是提升黑恶犯罪治理能力和治理水平的要求和体现。随着社会及法治的发展和人类生活品质的提高,"法"作为保障和促进社会发展、弘扬社会正能量的工具(措施),不可能还是"恶法亦法",必须追求"良法善治"。因此,要实现黑恶犯罪治理现代化,就必须追求和实现黑恶犯罪治理(定性处罚)的既合法又合理,坚决避免所谓的"合法不合理"或"合理不合法"的错误理念。

基于以上合法与合理,特别是前述形式合理性与实质合理性的互补关系,在黑社会性质组织犯罪定性处罚中,实质性罪刑法定原则下的处罚合法追求,就不应只是形式合理,而应是形式合理与实质合理相融合与互补:在形式合理性能恰当地切合实质合理性时,只要践行形式合理性就实现了实质合理性;在形式合理性不能恰当地切合实质合理性时,就应抛开形式合理性,而按刑法基本原则、内化于法律中的基本刑事政策和刑罚轻缓化、非刑罚化等刑法时代精神及法律赋予的量刑裁量权等,去实现量刑的实质合理性。

四、黑恶犯罪治理的均衡化

黑恶犯罪治理均衡化的最主要体现是禁止背离罪刑相适应原则对黑恶违法犯罪的惩处予以重复评价。黑社会(性质)组织犯罪,虽然是与贩毒、恐怖主义活动一并,为国际社会公认的有组织犯罪最高形态,甚至被联合国大会宣布为"全球性的瘟疫","世界三大犯罪灾难"。① 然而,这并不等于就可以不公平不公正地背离罪刑相适应原则对黑恶犯罪进行重复评价上的不均衡惩处。犯罪学上的研究早就表明,包括重刑措施在内的非客观公正定性处罚,不仅使此类犯罪的打击广受诟病,而且其惩处目标也难以真正达到,并使刑法精神受到严重损害。而相反,"公正是法治的生命线","司法公正对社会公正具有重要引领作用,司法不公对社会公正具有致命破坏作用"②。因此,在全面推进依法治国的进程中,黑社会性质犯罪案件需与其他所有案件一并,坚持基于罪刑相适应原则客观公正地对其定性处罚,以"努力让人民群众在每一个司法案件中感受到公平正义"③。

(一)禁止黑恶犯罪定性处罚重复评价是刑法公正精神所在

公正、谦抑、人道是当代刑法的基本精神所在。黑恶犯罪的重复评价问题的存在,不仅使此类犯罪的打击广受诟病,而且其惩处目标也难以真正达到,并使刑法公正精神受到严重损害。

---

① 参见李文燕、田宏杰:《黑社会性质组织特征辨析》,《公安大学学报》2001年第3期。
② 《中共中央关于全面推进依法治国若干重大问题的决定》(2014年10月23日中国共产党第十八届中央委员会第四次全体会议通过)。
③ 《中共中央关于全面推进依法治国若干重大问题的决定》(2014年10月23日中国共产党第十八届中央委员会第四次全体会议通过)。

首先,黑社会性质组织犯罪的重复评价立法和司法,与刑法的公正性相冲突。公正是法最重要的价值取向之一,早期社会人们认为,"法律是一系列的规范,国家权威依此来实现正义"①。刑法作为对犯罪人施加国家暴力的法律依据,其内在的正义性是其存在的根基。在对行为进行刑法评价时,"之所以应当贯彻禁止重复评价的原则,是由法的正义性所决定的"②。为此,刑法把罪责刑相适应原则作为其基本原则,要求所有具体立法和司法都要做到"罪责刑"相适应,以体现刑法公正。既然黑社会性质组织犯罪在定性或处罚上进行了二次或以上的评价,使行为人承担的刑事责任量超出了其所犯下的罪行应当承担的刑事责任量,使黑社会性质组织犯罪在定性或处罚上不能做到罪责刑相适应,则这样的立法和司法就有违刑法的公正性。

其次,黑社会性质组织犯罪的重复评价立法,与刑法的谦抑性相冲突。刑法的谦抑性,又称为刑法的经济性或者节俭性,是指立法者应当力求以最小的支出——少用甚至不用刑罚(而用其他替代性措施),获取最大的社会效益——有效地惩罚和预防犯罪。③ 刑法的谦抑性有两种表现:第一,对于某种危害社会的行为,只有在利用国家民事、行政法律制裁仍无法与之抗衡的时候,才能动用刑法的方法——刑罚;第二,即使必须要动用国家刑罚权来制裁某种危害社会的行为,也应当坚持刑罚的最低必要限度,且是为实现其目标而绝对必需,④力求以最少的支出获得最大的社会效益,也即实现刑法经济效益的最大化。根据刑法经济效益原理,

---

① [美]罗斯科·庞德:《法理学》(第一卷),余履雪译,法律出版社2007年版,第297页。
② 陈兴良:《禁止重复评价研究》,《现代法学》1994年第1期。
③ 参见陈兴良:《论刑法哲学的价值内容和范畴体系》,《法学研究》1992年第2期。
④ 参见[英]边沁:《立法理论——刑法典原理》,孙力等译,中国人民公安大学出版社1993年版,第78页。

如果投入一定的成本就可以完全实现刑法的目的——惩罚犯罪、预防犯罪,就不应当进行多余的投入,否则,不仅不能实现刑罚的最佳效果,还将导致暴政。① 为此,要实现刑法经济效益的最大化,就必须在刑法上禁止重复评价。

对黑社会性质组织犯罪进行重复评价,较之其他一般犯罪,更加有悖于刑法的谦抑性。这是因为,黑社会性质组织犯罪涉案人数众多,如果对如此有组织犯罪进行重复评价,所涉及的重复评价对象必将大大多于普通单一主体犯罪或一般共同犯罪。如此一来,对某一个黑社会性质组织犯罪案件进行重复评价,所带来的不良后果较之普通单一主体犯罪或一般共同犯罪将会呈十几倍甚至几十倍的增加。另外,由于黑社会性质组织犯罪所涉及的罪名的法定刑设置相对较高,且有诸多体现从重处罚精神的处罚制度(如特殊累犯、限制减刑、限制假释等),如果对此重复评价,将导致对某一严重犯罪行为重复定罪处刑,势必会较大幅度地提高最终宣告刑和执行刑。这不仅严重违反罪责刑相适应等刑法基本原则,还会导致司法成本的大量不合理增加,难以实现刑法的社会效果,有损刑法的谦抑精神。

最后,黑社会性质组织犯罪的重复评价立法,与刑法的人道性相冲突。刑法的人道性表现在,"刑罚的科处和执行必须考虑到被告人和被判刑人的个性,以负责任的态度人道地对待被告人和被判刑人,以便使其能够顺利地重返社会"②。为此,刑法把罪刑法定主义作为其基本原则,以防止刑罚权的滥用和保障国民自由,其在很大程度上就是为了体现刑

---

① 参见[意]贝卡利亚:《论犯罪与刑罚》,黄风译,北京大学出版社2008年版,第63页。

② [德]汉斯·海因里希·耶赛克、托马斯·魏根特:《德国刑法教科书(总论)》,徐久生译,中国法制出版社2001年版,第35—36页。

法的人道性。而对包括黑社会性质组织犯罪在内的犯罪的重复评价问题,因有违罪责刑相适应原则而有损罪刑法定主义及其所体现的刑法人道性。

(二) 历史上黑恶犯罪治理的重复评价现象梳理

1. 何谓刑法上的禁止重复评价

在理论上,对什么是刑法上的禁止重复评价,尚有不同的认识。有的以犯罪构成事实为基点,把它理解为"在定性处罚时禁止对同一犯罪构成事实予以二次或二次以上的法律评价"①;也有的以是否对被告人有利为基点,把它理解为"对于同一事实或者情节在定罪或量刑上作不利于被告人的重复评价"②。综观如此等等之观点,理论上对刑法上禁止重复评价认识之分歧,大致可概括为如下四个方面:一是对犯罪构成事实以外的事实予以多次法律评价,是否属于刑法上的重复评价?二是作有利于被告人的重复评价,是否应为刑法所禁止?三是这一原则是否只是量刑原则?四是这一原则是否有例外?

事实上,刑法上的禁止重复评价原则,在实质上只不过是罪责刑相适应原则的具体要求或派生原则。③ 有鉴于此,对刑法上禁止重复评价原则的理解和界定,需基于罪责刑相适应原则的精神和要求。

其一,禁止重复评价的事实应是刑法评价的所有事实,包括犯罪构成事实以外的事实和对被告人有利的事实。在刑事司法上,刑法评价的事实不仅是定罪事实而且还包括量刑事实。定罪事实即犯罪构成事实,是

---

① 陈兴良:《禁止重复评价研究》,《现代法学》1994年第1期。
② 张明楷:《刑法格言的展开》,北京大学出版社2013年版,第526—527页。
③ 参见郑思科、黄福涛:《禁止重复评价原则研究》,《山西省政法管理干部学院学报》2011年第3期。

刑法评价某个行为是否构成犯罪或构成何种犯罪所基于的事实,在法律规范视角具体表现为各种定罪情节。量刑事实即犯罪构成事实以外的依法应当对量刑产生影响的事实,是刑法评价某个行为人刑事责任的大小及其实现方式所基于的事实,在法律规范视角具体表现为各种量刑情节。据此,犯罪构成事实和对被告人不利的事实,只是刑法评价的事实的一部分。仅禁止这两部分事实而不禁止犯罪构成事实以外的量刑事实和对被告人有利的事实的重复评价,难以实现罪责刑相适应。例如,关于被告人有自首情节而当庭认罪的事实,既属于犯罪构成事实以外的量刑事实,也属于对被告人有利的量刑事实,在司法上,若同时认定被告人的自首情节和当庭认罪情节,则因自首本应当当庭认罪而表现为重复评价,并因过于减轻了被告人的处罚而有违罪责刑相适应原则。因此,基于罪责刑相适应原则,刑法上所禁止重复评价的事实应是能够为刑法评价的所有事实,包括定罪事实和量刑事实;对犯罪构成事实以外的事实以及对被告人有利的事实予以多次法律评价,也应是违背了刑法上的禁止重复评价原则。

其二,禁止重复评价并非只针对刑事司法上的量刑。综观理论上关于本原理(原则)的阐述,它似乎只是或主要是一项指导刑事司法的量刑原则。[①] 事实上,刑法上的禁止重复评价原则,作为罪责刑相适应原则的派生原则或具体要求,不仅指导量刑而且还应指导定罪,不仅指导刑事司法也指导刑事立法。作为定罪原则,其表现在,当某个定罪事实已作为甲犯罪构成事实评价后,就不能再将其作为乙犯罪构成事实予以评价。作为立法原则,其表现在,对于某个抽象的行为事实,既不能被规定为多个犯罪的构成要件,也不能被规定为多个功能的量刑情节。虽然在立法上可能存在这些犯罪间的竞合关系,但这并不是可以把同一事实评价为数

---

① 参见林山田:《刑法通论》,台湾三民书局1990年版,第435页;姜涛:《论量刑中的禁止双重评价原则及其实现》,《中共中央党校学报》2011年第3期;等等。

罪的犯罪构成事实的理由,而相反,想象竞合、法条竞合等归责形式的存在,在实质上就是"为了避免重复评价"的。① 一些国家将禁止重复评价作为一项指导所有立法的宪法原则(Constitutional Principles),②也足见其在刑法立法上的指导意义。

其三,作为罪责刑相适应原则的表现和要求,该原则的适用不应有例外。在实践中,不时会遇到同一"事实"既被评价为定罪情节又被评价为量刑情节的情形。如对于"携带枪支、弹药抢夺"的事实,可既要作为评价抢劫罪犯罪构成要件的定罪情节,又要作为评价酌定从重处罚的量刑情节;又如对于强奸案行为人的"十七周岁"事实,既需作为评价强奸罪犯罪主体要件的定罪情节,又要作为评价"应当从轻或减轻处罚"的量刑情节。据此,有论者认为,刑法上的禁止重复评价"并非当然禁止",而是一种"附条件的禁止",③即认为刑法上的禁止重复评价原则存在例外情形。以上针对同一"事实"既被评价为定罪情节又被评价为量刑情节的情形,并非刑法上禁止重复评价原则真正意义上的"对同一对象的重复评价",它们是分别针对同一事实的不同侧面或不同属性的不同具体对象的非重复评价。④ 具体而言,将"携带枪支、弹药抢夺"的事实,评价为作为抢劫罪犯罪构成要件的定罪情节,评价的是枪支、弹药中的"凶器"属性,评价为作为酌定从重处罚的量刑情节,评价的是超过通常"凶器"的程度差异性;将"十七周岁"这个事实,评价为作为强奸罪犯罪主体的定罪情节和评价为作为"应当从轻或减轻处罚"的量刑情节,也是分别提

---

① 参见周光权:《论禁止重复评价——以刑满后发现同种余罪的处理为切入点》,《人民检察》2012年第9期。
② 参见[日]町野朔:《法条竞合论》,载内藤谦等编:《平野龙一先生古稀祝贺纪念论文集(上集)》,有斐阁1990年版,第418页。
③ 参见姜涛:《论量刑中的禁止双重评价原则及其实现》,《中共中央党校学报》2011年第3期。
④ 参见石经海:《量刑个别化的基本原理》,法律出版社2010年版,第266页。

取了该事实的不同侧面或属性①而予以评价的。这些评价,并没有违背罪责刑相适应原则,并非真正意义上的"对同一事实的多次评价"。在这个意义上说,刑法上的禁止重复评价原则作为贯彻罪责刑相适应的具体原则和要求,不存在例外。

综上,刑法上的禁止重复评价原则是指针对同一事实的同一属性或侧面进行定性处罚上的二次或二次以上的法律评价,包括进行定罪情节与定罪情节的评价、定罪情节与量刑情节的评价、量刑情节与量刑情节的评价。

2. 我国黑恶犯罪在立法和司法的重复评价表现

深入考究表明,我国在黑恶犯罪的立法、司法上存在一定程度上的重复评价问题。② 这些问题,具体可概括为数罪并罚型、酌定从重型和实质累加型三种基本类型。

(1) 黑恶犯罪的数罪并罚型重复评价

对于《刑法》第294条第4款关于"犯前三款罪又有其他犯罪行为的,依照数罪并罚的规定处罚"的规定,③是否存在重复评价问题,在理论上存在肯定与否定两种对立观点。肯定说认为,这里的"其他犯罪行为"既作为组织、领导、参加黑社会性质组织罪的构成要件予以评价,又作为

---

① 分别表现在:在年龄上符合强奸罪犯罪主体要求而应当负刑事责任;因年龄上没有达到18周岁而不具有完全刑事责任能力,应当从轻或减轻处罚。

② 其他有组织犯罪也在一定程度上存在重复评价问题,但因实践中那些案件相对较少且没有如此引起社会关注而酌定从重型重复评价问题相对小些。

③ 《中华人民共和国刑法》第294条第4款。这是《刑法修正案(八)》修改后的规定,修改前为《刑法》第294条第3款,其规定为"犯前两款罪又有其他犯罪行为的,依照数罪并罚的规定处罚"。如此修改,使得黑社会性质组织犯罪的以上三个罪名都需与其具体犯罪数罪并罚。下文中"犯前三款罪"均指修改后的第294条第4款。由于入境发展黑社会组织罪和包庇、纵容黑社会性质组织罪一般不涉及对同一"其他犯罪行为"被两次评价问题,因而本著中的黑社会性质组织犯罪的重复评价问题探讨,主要基于组织、领导、参加黑社会性质组织罪展开。

其他具体犯罪的构成要件予以评价,属于重复评价,否则,"如果一个组织没有实施任何违法犯罪活动,司法机关不可能将其认定为黑社会性质的组织"①。否定说认为,黑社会性质组织犯罪是行为犯,只要实施了组织、领导和参加黑社会性质组织的行为即构成此罪,在此之外的"其他犯罪行为"依照数罪并罚原理处理并不存在重复评价问题。②

根据刑法禁止重复评价原则之内涵,肯定说应是合理的。否定说以黑社会性质组织犯罪是行为犯为由而否定其重复评价存在的理解,忽视了"其他犯罪行为"与黑社会性质组织行为特征的内在关系,进而忽视了同一"其他犯罪行为"被两次评价的事实。

诚然,组织、领导、参加黑社会性质组织罪是行为犯,但这个"黑社会性质组织"的认定并非空穴来风,依据《刑法》第294条第5款③第3项的规定,即"以暴力、威胁或者其他手段,有组织地多次进行违法犯罪活动,为非作恶,欺压、残害群众",它需以该组织实施了一定的具体"违法犯罪活动"为行为特征(要件要素)。虽然按以上法律规定,这个行为特征(要件要素)也包括一般违法活动,但基于当前认定黑社会性质组织的通行司法要求,其中必须至少有一次犯罪活动。这样,组织实施的具体"犯罪活动",既要基于以上《刑法》第294条第5款规定而作为行为特征参与评价为黑社会性质组织及组织、领导、参加黑社会性质组织罪,又要基于《刑法》第294条第4款关于"犯前三款罪又有其他犯罪行为的,依照数罪并罚的规定处罚"的规定而作为"其他犯罪行为"被评价为相应具体犯

---

① 张明楷:《刑法学》,法律出版社2011年版,第942页。
② 参见孟庆华、王敏:《刑法第294条第3款规定的理解适用问题探讨》,《辽宁大学学报(哲社版)》2010年第5期。
③ 《刑法修正案(八)》前的"黑社会性质的组织"特征是由2002年4月28日全国人民代表大会常务委员会通过的《关于〈中华人民共和国刑法〉第二百九十四条第一款的解释》这个立法解释规定的。

罪并数罪并罚。例如,对于一个以非法控制某地赌博行业为目的而组织实施了一起开设赌场的犯罪活动和三起非法拘禁、故意伤害、故意损坏财物的违法活动行为的犯罪集团,在符合黑社会性质组织其他特征时,可以将该集团认定黑社会性质组织。在这里,虽然该集团只实施了一起成立犯罪的活动(开设赌场),但该犯罪活动是认定该集团成立黑社会性质组织的要件要素,否则,纵然他们实施了再多的一般违法活动,充其量也只能被认定为不能成立黑社会性质组织的团伙。可正因为如此,这个开设赌场的犯罪活动,既作为认定黑社会性质组织及其组织、领导、参加黑社会性质组织罪的行为特征(要件要素),又要具体认定为开设赌场罪,并与组织、领导、参加黑社会性质组织罪数罪并罚,从而使这个同一"开设赌场"的犯罪活动受到两次犯罪评价。这种基于立法上关于数罪并罚的错综规定而带来的重复评价,笔者称之为"数罪并罚型重复评价"。

(2)黑恶犯罪的酌定从重型重复评价

如前所述,这种重复评价,是在立法及其司法解释已贯彻对黑社会性质组织犯罪从重处罚精神下,又通过政策性的司法文件将黑社会性质组织犯罪背景及其组织领导者身份视作酌定从重处罚情节予以适用而带来的重复评价。

综观立法和司法实践,对黑社会性质组织成员的处罚依据,包括立法的明文规定、相应的司法解释和具有司法指导性的政策性文件。这些规范性依据在对黑社会性质组织成员的处罚上实际形成了"三重"层级的处罚依据:第一重是《刑法》第294条第1款和第5款的规定,以将组织成员行为评价为组织、领导、参加黑社会性质组织罪;第二重是《刑法》第26条[①]、最

[①] 《刑法》第26条规定:"对组织、领导犯罪集团的首要分子,按照集团所犯的全部罪行处罚","对于第三款规定(组织、领导犯罪集团的首要分子)以外的主犯,应当按照其所参与的或者组织、指挥的全部犯罪处罚"。

高人民法院《关于审理黑社会性质组织犯罪的案件具体应用法律若干问题的解释》(法释〔2000〕42号,下文简称《解释》)第3条的具体化规定①和《刑法》第294条第4款关于数罪并罚的规定②,要求组织成员对组织的"其他犯罪行为"负责,并认定为相应具体犯罪予以数罪并罚;③第三重是最高人民法院《关于贯彻宽严相济刑事政策的若干意见》(法发〔2010〕9号,下文简称《意见》)和最高人民法院刑三庭《在审理故意杀人、伤害及黑社会性质组织犯罪案件中切实贯彻宽严相济刑事政策》(2010年4月14日发布,下文简称《阐释》),④要求对黑社会性质组织犯罪从重处罚。

在以上"三重"层级处罚依据中,第三重层级关于对黑社会性质组织犯罪从重处罚的《意见》和《阐释》的要求,并不是对前两重层级相关立法及其《解释》关于从重处罚的"重申"或具体化,而实际上是在将黑社会性质组织犯罪背景及其组织领导者身份视作酌定从重处罚情节予以适用。因为《意见》和《阐释》要求从重处罚的对象与相关立法及其解释是不同的:相关立法及其解释的从重处罚评价对象是黑社会性质组织成员(组织领导者、积极参加者、一般参加者)的具体行为责任,是在区别对待精

---

① 《解释》第3条规定:"对于黑社会性质组织的组织者、领导者,应当按照其所组织、领导的黑社会性质组织所犯的全部罪行处罚"。
② 《刑法》第294条第4款规定:"犯前三款罪又有其他犯罪行为的,依照数罪并罚的规定处罚"。
③ 以上两重处罚依据带来的是前述数罪并罚型重复评价。
④ 《意见》第7条要求:"对于……黑社会性质组织犯罪……要作为严惩的重点,依法从重处罚";《阐释》要求:"对于组织者、领导者应依法从严惩处,其承担责任的犯罪不限于自己组织、策划、指挥和实施的犯罪,而应当对组织所犯的全部罪行承担责任",且"对于组织者、领导者检举、揭发与该黑社会性质组织及其违法犯罪活动有关联的其他犯罪线索,即使依法构成立功或者重大立功,在考虑是否从轻量刑时也应当从严予以掌握","对于积极参加者,应根据其在具体犯罪中的地位、作用,确定其应承担的刑事责任。确属黑社会性质组织骨干成员的,应依法从严处罚"。

神和罪责刑相适应原则下的具体"从重处罚",而《意见》和《阐释》的评价对象是黑社会性质组织犯罪的整体及其组织领导者的身份("黑老大"),是笼统要求在司法上对黑社会性质组织犯罪"作为严惩的重点"、"依法从重处罚"、对组织领导行为"依法从严惩处"和对组织领导者等的从宽处罚情节"依法从严予以掌握"。[①] 以上评价对象的不同决定了,《意见》和《阐释》对黑社会性质组织犯罪的从重处罚要求,具有独立于相关立法及其解释的司法意义,[②]并使得黑社会性质组织成员在立法和司法解释的区别从重处罚的基础上,又要整体上酌情从重处罚。

以上将黑社会性质组织犯罪背景及其组织领导者身份作为酌定从重处罚情节予以适用的重复评价,必然带来罪责刑不相适应的重刑。综观司法实践,这个"重刑"概括起来主要表现在如下几个方面:一是将所有黑社会性质组织成员的处刑相对拔高,即相对于那些不具有黑社会性质组织背景的具体犯罪而言,在有黑社会组织犯罪背景情况下,对整个犯罪及其成员的处刑相对要高;二是将组织领导者作为酌定从重处罚身份("黑老大"),在法定刑幅度内选处相对重的刑罚量;三是在适用数罪并罚中,单个犯罪的处刑本已拔高,而在并罚时选处执行刑[③]时,又往往酌定拔高,从而使数罪并罚的处刑结果(执行刑)受到两次"酌定从重处罚"。

以上重复评价及其重刑问题,并非个案中的偶然现象,而是在所有黑社会性质组织成员的处罚上都有不同程度的体现。据对所收集的全国的

---

① 这其中虽然都冠以"依法",但这些"依法"因在立法上缺乏相应的具体规定而在司法上是一个虚化的概念。

② 这由刑事政策和刑法的内在关系所决定:一方面刑事政策指导着立法并贯彻在相应立法中,另一方面在司法上刑事政策又需在立法框架下指导着如何正确准确地定罪量刑,包括发现和启用酌定量刑情节的提取和适用。刑事政策如此司法适用功能,不仅没有超越立法,而且还是其立法指导功能的要求和体现。

③ 执行刑不是刑罚的执行,而是法院在审判时最终作出的拟移交执行的刑罚。

40个黑社会性质组织犯罪案判决的统计,①在被认定为组织、领导黑社会性质组织罪的45名组织、领导者中,有4人被判处有期徒刑3—5年、13人被判处有期徒刑5—8年、28人被判处有期徒刑8—10年(顶格或接近顶格处刑),分别占总人数的9%、28.8%和62.2%,虽然所判刑罚轻重与行为人所犯罪罪行轻重有关,但如此高比率的顶格或接近顶格处刑结果和事实,并不是一个常规现象,它们都在一定程度上是酌定从重处罚所带来的重刑表现;在以上45人被适用数罪并罚中,除了28人被判处无期徒刑或者死刑和10人被判处数罪并罚法定最高刑(20年有期徒刑)②外,其余7人虽然因犯罪相对较轻而均处以低于数罪并罚法定最高刑,但他们所选处的执行刑均接近数罪并罚总和刑的结果和事实,③也不是一个常规现象,它们也在一定程度上是酌定从重处罚所带来的重刑表现;另外,在被认定为参加黑社会性质组织罪的40名"第一参加者"中,有10人被认定为"一般参加者"(法定刑为3年以下有期徒刑)、30人被认定为"积极参加者"(法定刑为3年以上10年以下有期徒刑),对于他们参加黑社会性质组织罪单个犯罪的处刑,前者大多在有期徒刑2年以上,后者有25人在3年以上7年以下、有5人在7年以上10年以下,对于他们数罪并罚的处刑,除8人被判处无期徒刑或者死刑和5人被处20年有期徒刑外,其余27人所选处的执行刑均接近数罪并罚总和刑,④以上各个处

---

① 这40个案件来源于北大法宝,审理时为《刑法修正案(八)》修改前《刑法》,其关于组织、领导、参加黑社会性质组织罪的法定刑为"3年以上10年以下有期徒刑"。
② 审判时法律规定数罪并罚的有期徒刑法定最高刑为20年。
③ 分别是15.5年/14年、11年/10年、17.5年/17年、14.5年/8年、19.5年/18年、14年/13年、18.5年/16年。
④ 这27人的数罪并罚总和刑和所选处执行刑的对比情况分别是(单位为"年"):10.5/9;10/8;5.5/5;7/5.5;17/15;15/14;7.5/7;10.3/10;6/4;15/14;16/15;19/18;11/10;12.5/12;18/17;17/16;9.5/9;24/19;18/16;7/6.5;7.5/7;17/16;13.5/12;16/15;11.5/11;18/17;7.5/7。

刑,虽然因案情轻重差别而在处刑数量上不一定是数罪并罚法定最高刑的顶格或接近顶格,但仔细比对这些案件的案情就不难发现,它们的处刑都在不同程度上表现了酌定从重处罚重复评价所带来的重刑问题。

(3)黑恶犯罪的实质累加型重复评价

所谓实质累加型重复评价,是指某个评价规范,孤立地看其本身并不具有重复评价性,但在案件已适用了关于黑社会性质组织犯罪处罚上错综复杂的重复评价规范情况下,本规范的适用在客观上加剧了这些黑社会性质组织成员从重处罚程度而表现出的重复评价情形。这种重复评价,在《刑法修正案(八)》(简称《修正案八》)关于黑社会性质组织成员处罚的修订及其适用中表现很是突出。这具体表现在提高组织领导者处罚的法定刑、提高数罪并罚的法定最高刑、规定为特别累犯、限制组织领导者适用减刑、假释等方面。如此修订,似乎是贯彻宽严相济刑事政策的必要和体现,可相对于黑社会性质组织犯罪处罚上错综复杂的重复评价问题,这些规定,在客观上又进一步加剧了对黑社会性质组织成员处罚上的重复评价。具体情况如下:

在提高组织领导者处罚的法定刑方面,在《修正案八》第43条中,将《刑法》第294条关于组织、领导黑社会性质组织罪的法定刑(主刑)从原来的"3年以上10年以下有期徒刑",修改为"7年以上有期徒刑"。这不仅是将本罪的法定最低刑从3年提高到了7年,而且还是将本罪的法定最高刑从10年提高到了15年。如此双重提高,虽然符合宽严相济刑事政策及其对组织领导者与积极参加者的区别配刑要求,孤立地看并无可厚非,但相对于本罪错综复杂的重复评价问题来说,无疑是加剧了对于组织领导者在处罚上的重复评价程度。

在提高数罪并罚的法定最高刑方面,在《修正案八》第10条中,将《刑法》第69条关于数罪并罚的有期徒刑法定最高刑从原来的统一为20

年,修改为"总和刑期在35年以上的,最高不能超过25年"。同样,如此总和刑的提高,孤立地看无疑是必要和重要的,但相对于本罪错综复杂的重复评价问题来说,也在客观上加剧了这些黑社会性质组织成员处罚的重复评价程度。

在规定为特别累犯方面,在《修正案八》第7条中,将《刑法》第66条关于特别累犯的规定,从原来的"危害国家安全的犯罪分子在刑罚执行完毕或者赦免以后,在任何时候再犯危害国家安全罪的,都以累犯论处",修改为"危害国家安全犯罪、恐怖活动犯罪、黑社会性质的组织犯罪的犯罪分子,在刑罚执行完毕或者赦免以后,在任何时候再犯上述任一类罪的,都以累犯论处"。这不仅是简单地把"黑社会性质组织犯罪"这个类罪规定为特别累犯,而是将"危害国家安全犯罪、恐怖活动犯罪、黑社会性质的组织犯罪"这三类特别类罪中众多罪名进行排列组合,大大提高了认定为累犯的概率和对这些犯罪的从重处罚程度。如此规定,在没有本罪错综复杂的重复评价问题下,也无可厚非,但在这些黑社会性质组织成员本就受多重从重处罚的重复评价情况下,如此规定也在客观上增加了其被重复评价程度。

在限制减刑方面,在《修正案八》第15条中,将《刑法》第78条第2款关于限制减刑的条件,从原来的"减刑以后实际执行的刑期,判处管制、拘役、有期徒刑的,不能少于原判刑期的1/2;判处无期徒刑的,不能少于10年",修改为"判处管制、拘役、有期徒刑的,不能少于原判刑期的1/2","判处无期徒刑的,不能少于13年","人民法院依照本法第50条第2款规定限制减刑的死刑缓期执行的犯罪分子,缓期执行期满后依法减为无期徒刑的,不能少于25年,缓期执行期满后依法减为25年有期徒刑的,不能少于20年"。对于以上修改,就黑社会性质组织犯罪来说,在黑社会性质组织的犯罪分子被判处无期徒刑或死缓的时候,其减刑以后实际执行的刑期,从原来的 10 年或原判刑期的 1/2(少于 10 年),加重为不能少于 13 年或 25 年、20 年,从而使得这些已因错综复杂的立法被多次重复评价的黑社会性质组织的犯罪分子,其处罚上的重复评价被再次加剧。

在限制假释方面,在《修正案八》第 16 条中,将《刑法》第 81 条关于限制假释的规定,从原来的"对累犯以及因杀人、爆炸、抢劫、强奸、绑架等暴力性犯罪被判处 10 年以上有期徒刑、无期徒刑的犯罪分子,不得假释",修改为"对累犯以及因故意杀人、强奸、抢劫、绑架、放火、爆炸、投放危险物质或者有组织的暴力性犯罪被判处 10 年以上有期徒刑、无期徒刑的犯罪分子,不得假释",从而使得那些实施了暴力犯罪的被判处 10 年以上有期徒刑、无期徒刑的犯罪分子,被排除在绝对可适用假释的情形之外。如此立法,孤立地看,符合宽严相济刑事政策的精神要求,但相对于前述关于黑社会性质组织的犯罪分子的错综复杂的重复评价立法而言,也再次加剧了对黑社会性质组织犯罪分子处罚上的重复评价程度。

(三)黑恶犯罪治理的重复评价问题剖析

反观以上我国关于黑社会性质组织犯罪的刑法立法和刑事司法,之所以存在如此严重的重复评价问题,主要是源于重刑主义观念下对刑事政策的片面理解和适用,以及立法技术问题造就黑社会性质组织犯罪相关规定的冲突。

1. 重刑主义观念下对刑事政策的片面理解和适用

基于黑社会性质组织犯罪的严重犯罪态势与社会危害,在立法和司法上,对黑社会性质组织犯罪普遍存在较为严重的重刑主义观念。在重刑主义观念的作用下,立法和司法机关对宽严相济的基本刑事政策产生片面理解和对"从严"的具体刑事政策存在误读与误用,从而导致有关黑社会性质组织犯罪在刑法立法和刑事司法上存在严重的数罪并罚型、酌定从重型和实质累加型重复评价问题。

(1)立法和司法上对宽严相济基本刑事政策的片面理解

刑事政策所要探讨和解决的问题,不仅是"刑法如何制定,以便其能最好地实现其保护社会的任务"[①],而且还包括其如何对刑事司法发挥有效的指导作用。宽严相济的刑事政策,作为我国当前的基本刑事政策,是当前世界各国刑事政策的"轻轻重重"两极化趋势与中国实际相结合的产物和表现,[②]既与"轻轻重重"刑事政策有两极化的共性,但又有中国特色的个性,表现在既坚持"从严",也兼顾对主观恶性或人身危险性相对较小者的轻缓处理,并追求二者的辩证统一,力求既有力打击和震慑犯罪、维护法制的严肃性,又要尽可能减少社会对抗,化消极因素为积极因素。[③] 因此,宽严相济的刑事政策应当包含"宽"和"严"两个方面;其中,"宽"是其基本方面,意味着对犯罪情节轻微或具有从轻、减轻、免除处罚情节的,依法从宽处罚;对包括黑社会性质组织犯罪在内的严重的刑事犯罪,如果具有自首、立功等从宽处罚情节的,也应当依法从宽处罚。

然而,综观我国关于黑社会性质组织犯罪的立法和司法,往往弱视"宽"与"严"相辅相成的基本要求以及其中关于"宽"的基本方面,更多的是强调其"严"的一面。如刑法立法规定对组织、领导、参加黑社会性质组织行为与"其他犯罪行为"数罪并罚,以及上述最高人民法院出台

---

① [德]汉斯·海因里希·耶赛克、托马斯·魏根特:《德国刑法教科书(总论)》,徐久生译,中国法制出版社2001年版,第28—29页。

② 所谓"轻轻",是指宽松的刑事政策,即对轻微犯等主观恶性不大的犯罪,处罚更轻;所谓"重重",是指严厉的刑事政策,即对严重犯罪更多地、更长地适用监禁刑。参见陈兴良:《刑事政策视野中的刑罚结构调整》,《法学研究》1998年第5期。

③ 参见石经海:《量刑个别化的基本原理》,法律出版社2010年版,第188页。

的《解释》《意见》和《阐释》中,要求对黑社会性质组织犯罪"作为严惩的重点"的"依法从重处罚",对组织领导行为的"依法从严惩处"和对"检举、揭发与该黑社会性质组织及其违法犯罪活动有关联的其他犯罪线索","依法构成立功或者重大立功"从宽处罚情节的组织领导者等,"在考虑是否从轻量刑时也应当从严掌握",即是对宽严相济刑事政策片面理解与适用的突出表现,并无不体现着立法及司法对打击黑社会性质组织犯罪的重刑主义观念。在如此重刑主义观念指导下,在立法上对黑社会性质组织犯罪进行数罪并罚型重复评价,在司法上对黑社会性质组织犯罪进行酌定从重型和实质累加型重复评价,也就成了必然的结果。

宽严相济刑事政策要求在立法和司法上同时兼顾"宽"与"严"的两个侧面,其核心在于对不同犯罪区别对待。然而,这个区别对待并非简单的区别处理,而是需体现"宽"与"严"的相辅相成,即罪责刑相适应。事实上,一方面刑法上的罪责刑相适应原则,既是提出宽严相济刑事政策的法律依据,也是在立法上对重刑主义思想的否定;另一方面刑事政策作为"刑法的灵魂",无论是刑事立法还是司法,也无论是刑事立法的理解还是刑事司法的适用,无不在刑事政策的正确指导下进行,否则,这样的立法和司法,只能是盲目和"死"的。具体就黑社会性质组织犯罪而言,在立法和司法上并不能简单地将黑社会性质组织犯罪分子区分为组织、领导者和参加者,进而对前者一味地从严惩处,对后者一味地从宽处理,而应当表现出,在对组织、领导者的处罚上,坚持以"严"为主要侧面,以"宽"为次要侧面,以体现对组织领导者的严厉打击和罪责刑相适应;在对参加者的处罚上,坚持以"宽"为主要侧面,以"严"为次要侧面,以体现对组织体系的瓦解和对参加者的宽容及罪责刑相适应。

（2）司法上对"从严"具体刑事政策的误读和误用

"从严"是我国当前司法上的具体刑事政策，其基本要求是"从重从快"打击严重危害社会治安的犯罪。在内在关系上，具体刑事政策本是体现基本刑事政策某一方面内容的，因而"从严"本应是体现宽严相济基本刑事政策中"严"方面内容的。同时，"从严"政策与形势密不可分，在一定意义上，"从严"政策的存在是犯罪态势发展的必然要求。这样，虽然理论上对"从严"政策大多持否定态度，但基于"从严"政策与宽严相济刑事政策及犯罪态势发展的内在关系，对"从严"政策本身所具有的价值仍应当肯定，更何况，"从严"作为一项刑事政策，它本身并不必然与刑法的理性精神相对立和与法治理念相违背。[1]

同时，对"从严"具体刑事政策的理解和适用，应当将其纳入罪刑法定原则的基本框架之下，因为"刑法是刑事政策不可逾越的藩篱"[2]。因此，"从严"政策只是在特定时期、针对特定严重危害社会秩序的犯罪，集中力量在法律框架内从严从快打击的临时性、非常性与应急性的，且需严格基于罪责刑相适应原则依法定性处罚。对于依法具备法定或酌定从轻或减轻处罚情节的犯罪，应当依法从轻或减轻处罚，不能因为行为人是黑社会性质组织犯罪的组织者或领导者等"从严惩处"对象，就对该法定或酌定量刑情节不予认定。同理，对于那些依法具备法定或酌定从重处罚情节的犯罪，一方面对于那些依法应当从重处罚的也应从重处罚，不能因为行为人是黑社会性质组织犯罪的一般参加者等非"从严惩处"对象，就对该法定或酌定从重处罚情节不予认定；另一方面对于那些依法没有任何法定或酌定从重处罚情节的而从重处罚。

---

[1] 参见齐文远、周详：《刑法、刑事责任、刑事政策研究——哲学、社会学、法律文化的视角》，北京大学出版社2004年版，第270页。

[2] 转引自［日］庄子邦雄：《刑罚制度的基础理论》，《国外法学》1979年第4期。

然而,在刑事司法上,特别是在处理黑社会性质组织犯罪案件中,司法机关对"从严"政策存在较为严重的误读和误用,有些情形甚至有逾越法律的嫌疑,由此带来严重的酌定从重型重复评价问题。这主要表现为:根据实践考察,如果将行为人在不具有黑社会性质组织犯罪背景的情况下,单独实施某种具体犯罪行为的定罪处罚结果作为一个基准,那么当行为人在黑社会性质组织犯罪中实施上述具体犯罪行为时,司法机关对其处罚结果一般都会在该基准之上。前述关于带有重刑性的统计数据,就鲜明地表明了这一点。之所以如此,如前所述,在很大程度上是因为司法机关出台的《意见》和《阐释》,要求对黑社会性质组织犯罪"作为严惩的重点"的"依法从重处罚"、对组织领导行为的"依法从严惩处"和对组织领导者等的从宽处罚情节的"依法从严予以掌握"的结果,从而使得黑社会性质组织犯罪背景及其组织领导者身份被作为处理黑社会性质组织犯罪的酌定从重处罚情节予以适用。本来,对黑社会性质组织犯罪的"从重处罚",在其首要分子(组织领导者)与其他主犯的认定及其法定刑配置中就已有充分体现,而在司法上再次基于《意见》等把黑社会性质组织犯罪背景及其组织领导者身份视为酌定从重处罚情节予以适用,则不仅带来重刑,而且导致重复评价。

2. 立法技术问题造就黑恶犯罪的相关规定冲突

为体现对黑社会性质组织犯罪的从严打击立场,刑法立法规定对组织、领导、参加黑社会性质组织行为单独定性处罚,并将黑社会性质组织实施的"其他犯罪行为"与该罪数罪并罚。然而,如此立法却与刑法的共同犯罪、刑法的基本原则等规定产生了冲突,从而导致黑社会性质组织犯罪的立法和司法均存在如此严重的数罪并罚型重复评价问题。

（1）如此立法与刑法共同犯罪规定相冲突

经考察，《刑法》第294条第4款关于"犯前三款罪又有其他犯罪行为的，依照数罪并罚的规定处罚"之规定，是与刑法共同犯罪规定相冲突的。根据《刑法》第25条和第26条第2款关于共同犯罪和犯罪集团的规定，①共同犯罪是一种犯罪形态，而犯罪集团只是共同犯罪这种犯罪形态的法定形式之一。又据《刑法》第26条第3款和第4款之规定，②组织、领导、参加犯罪集团的行为，本身并不单独被视为犯罪行为，只有行为人实施了刑法规定的其他具体犯罪行为时，才能被视为犯罪行为并给予定罪处罚。

从立法及其法理分析，黑社会性质组织犯罪作为有组织犯罪的一种具体情况，属于刑法分则具体规定的必要共同犯罪。与此相应，黑社会性质组织也属于刑法总则规定的犯罪集团，即《刑法》第26条第2款规定的"3人以上为共同实施犯罪而组成的较为固定的犯罪组织"，具体为一种具体的或特殊的犯罪集团。诚然，黑社会性质组织与一般犯罪集团相比，存在重要区别，如前者具有经济、组织、行为及非法控制四个方面的法定特征，而后者只是一种有组织的共同犯罪形式，结构相对比较松散，也没有相对严密的组织性。但尽管如此，黑社会性质组织在本质上仍属于刑法共同犯罪规定中的犯罪集团，作为"特殊犯罪集团"的黑社会性质组织，同共同犯罪规定中的"一般犯罪集团"一样，应当遵循共同犯罪的基本理论和立法规定。

按照共同犯罪的以上立法规定及其精神，对黑社会性质组织所实施

---

① 即共同犯罪是指"二人以上共同故意犯罪"，犯罪集团是指"三人以上为共同实施犯罪而组成的较为固定的犯罪组织"。

② 《刑法》第26条第3款和第4款分别规定："对组织、领导犯罪集团的首要分子，按照犯罪集团所犯的全部罪行处罚"；"对于第3款规定以外的主犯，应当按照其所参与的或者组织、指挥的全部犯罪处罚"。

的犯罪行为,只应当按共同犯罪来定罪处罚,不应实施数罪并罚。把黑社会性质组织实施的"其他犯罪行为",既作为黑社会性质组织犯罪数罪并罚时认定具体犯罪的构成要件,又作为认定黑社会性质组织及其组织犯罪的构成要件,显然是与刑法的共同犯罪规定相冲突的。刑法关于"犯前三款罪又有其他犯罪行为的,依照数罪并罚的规定处罚"规定上的重复评价问题,首先是由于在立法上完全忽视了黑社会性质组织与共同犯罪及其犯罪集团规定的内在关系所致。

(2)如此立法与刑法基本原则相冲突

事实上,现行《刑法》第294条第4款关于"犯前三款罪又有其他犯罪行为的,依照数罪并罚的规定处罚"之规定,是与刑法的基本原则相冲突的。刑法基本原则是刑法本身具有的、贯穿全部刑法规范,整个刑法立法、刑事司法以及刑法解释都必须遵守的基本准则,是刑法的灵魂和精髓,其确立是一个国家刑事法制走向成熟的标志。① 这既意味着,刑事司法以及刑法解释须遵循刑法的基本原则,也意味着,刑法关于犯罪和刑事责任及其实现方式的具体规定是绝对不能与刑法的基本原则相冲突,否则这些刑法立法、刑事司法以及刑法解释因有违或破坏刑法的基本原则而有损刑法的公平公正等基本法治精神。具体就黑社会性质组织犯罪而言,其刑法立法、刑事司法和刑法解释自然也不能有违或破坏刑法的基本原则。

在我国现行刑法立法上,有罪刑法定、罪责刑相适应和刑法面前人人平等三大基本原则,其中,罪刑法定原则被视为其首要的核心的基本原则。然而,这并非意味着,罪刑法定原则的存在和适用就可以凌驾于其他基本原则之上,甚至独立于其他基本原则;而相反,罪刑法定原则

---

① 参见屈学武:《刑法总论》,社会科学文献出版社2004年版,第27—28页。

的遵守和适用,必须同时遵守和适用罪责刑相适应原则和刑法面前人人平等原则,即只有同时遵循和符合了罪责刑相适应和刑法面前人人平等原则的法律条文的遵守和适用,才能算是正确地遵守和适用了罪刑法定原则。

综观世界各国关于罪刑法定原则的规定,其基本要求和经典表述是"法无明文规定不为罪,法无明文规定不处罚",也就是说,什么是犯罪,有哪些犯罪,各种犯罪构成条件是什么,有哪些刑种,各个刑种如何适用,以及各种具体犯罪的具体量刑幅度如何等,均由刑法加以规定;对于刑法没有明文规定为犯罪的行为,不得定罪处罚。该原则,在我国现行刑法中(第3条)规定为:"法律明文规定为犯罪行为的,依照法律定罪处刑;法律没有明文规定为犯罪行为的,不得定罪处刑。"在罪刑法定原则的发展历程中,虽然经历了由早期绝对规则主义到现代相对规则主义的发展变化,但其作为刑法灵魂的地位,始终无法动摇。在我国当前的刑事司法实务中,虽然罪刑法定原则已明确地写入刑法典,但因对该原则存在诸多不正确的理解而导致在很大程度上还存在"有意或无意曲解法律、忽视法律乃至无视法律的错误观念及做法,以致有法不依、执法不严、违法不究、究不依法的现象"[①]。

对罪刑法定原则的正确理解,不仅要基于现行《刑法》第3条的规定,而且要基于现行刑法规范的所有规定,仅根据《刑法》第3条的规定去理解和适用罪刑法定原则不仅是机械的,而且会是片面的。例如,对于《刑法》第3条"法律明文规定为犯罪行为的,依照法律定罪处刑;法律没有明文规定为犯罪行为的,不得定罪处刑"中的"法律",理论上和实践中通常理解为刑法(包括单行刑法、附属刑法)中的某个具体条文的规定。

---

① 高铭暄主编:《刑法专论》(上编),高等教育出版社2002年版,第99—100页。

如利用ATM提款机出错窃取17多万元巨款的行为（"盗窃金融机构,数额特别巨大的"），理论上和实践中通常把这里关于刑罚适用的"法律"仅理解为"处无期徒刑或者死刑,并处没收财产"。① 显然,如此理解忽视了刑法的其他有关规定,如《刑法》第13条关于"情节显著轻微危害不大的,不认为是犯罪"，"对于犯罪情节轻微不需要判处刑罚的,可以免予刑事处罚,但是可以根据案件的不同情况,予以训诫或者责令具结悔过"，"犯罪分子虽然不具有本法规定的减轻处罚情节,但是根据案件的特殊情况,经最高人民法院核准,也可以在法定刑以下判处刑罚"等的规定。

之所以对罪刑法定原则的正确理解要基于现行刑法规范的所有规定,是由刑法分则与刑法总则的关系原理所决定的。对于刑法分则与刑法总则的关系原理,传统刑法理论一般阐述为:刑法分则是关于具体犯罪和具体法定刑的规范体系;在刑法分则中,列举了各种具体犯罪的罪状和相应的法定刑,它们是解决具体定性处罚问题的标准;它与刑法总则相互为用、相互依存、密不可分,是特殊与一般、具体与抽象的关系,没有总则的原则规定,分则所规定的罪状和法定刑就难于理解和适用;人民法院在处理每个刑事案件的时候,不仅直接涉及分则的有关条文,而且必须遵守总则所规定的各项原则。② "总则以分则为依托,同时又指导、补充分则"，例如,"对具体犯罪的构成要件以及法定刑的理解与确定,应以总则

---

① 这一点在实践中2007年许霆案量刑争议中得以充分体现。在理论上,似乎也是共识。如高铭暄、马克昌、赵秉志教授认为"对犯罪分子判处刑罚时,除其具备法定的减轻情节外,必须在法定刑范围内进行"（参见赵秉志：《新刑法教程》，中国人民大学出版社1997年版,第415页;高铭暄、马克昌：《刑法学》，北京大学出版社、高等教育出版社2007年版,第361页）;张明楷教授认为"法定刑是法官量刑的法律依据,在通常情况下,法官只能在法定刑的范围内选择与犯罪相适应的刑种与刑度;在法律有减轻处罚的特别规定时,可以低于法定刑量刑"（参见张明楷：《刑法学》，法律出版社2007年版,第499页）。

② 参见高铭暄：《刑法学》，法律出版社1984年版,第45—46页。

规定为指导;当分则条文没有完整地规定构成要件的全部要素时,应以总则规定予以补充"。① 以上如此阐述,较为深入揭示了刑法分则与刑法总则的内在关系。这个关系决定了,"对犯罪人量刑时仅仅根据刑法分则规定的法定刑是不够的,还必须在此基础上,考虑刑法总则的有关规定。只有这样,对犯罪人确定的刑罚才真正具有合法性"②。但如此阐述,也缺乏对刑法分则在立法和司法上的规范性质的准确定位。特别是,关于"人民法院确定对犯罪人适用的刑罚之前,都有一个根据犯罪的社会危害性大小和犯罪人的人身危险性大小进行选择的过程,但无论怎样选择,都必须在刑法条文规定的法定刑的幅度内,不能超越"③的合法性理解,并不符合立法和司法实际。事实上,从立法和司法来看,刑法分则的规定并不是一个完整的刑法规范。在立法上,它只是关于具体犯罪的特别犯罪构成要件和一般刑罚处罚的规定而已,并没有对具体犯罪构成的全部要件和可能适用的全部处罚方法(刑罚处罚、非刑罚处罚、不给任何刑罚或非刑罚处罚)作出规定。在司法上,这些不完整的规定,需结合刑法总则的相关规定,才能予以正确和准确的适用。仅就量刑而言,刑法分则关于抽象个罪的法定刑规定(立法),只是为具体犯罪的量刑(司法)提供一个起始标准即量刑基准,④至于具体如何量刑和量什么刑,还需刑法总则的相关规定⑤予

---

① 张明楷:《刑法学》,法律出版社2011年版,第492页。
② 高铭暄主编:《刑法学原理》(第三卷),中国人民大学出版社1994年版,第243页。
③ 高铭暄主编:《刑法学原理》(第三卷),中国人民大学出版社1994年版,第242页。
④ 笔者所称量刑基准,与众多学者所界定的量刑基准不同,是基于刑法分则的司法实质及刑法分则与刑法总则的关系等所作出的界定,即所谓量刑基准是指在定罪活动中确定的,由定罪情节(而不是量刑情节)所决定的那个具体法定刑。当然,这只是第一个层级的量刑基准。
⑤ 就定罪基准而言,这意味着刑法分则关于抽象个罪罪状的规定(立法),只是为具体犯罪的定罪(司法)提供一个起始标准,至于具体如何定罪和定什么罪,还需由定罪情节和刑法总则的相关规定决定。

以验证、补充、修正,①并表现为给予刑罚处罚、给予非刑罚处罚或单纯宣告有罪的处罚等三种情形。对于后两种情形,因刑法分则没有规定,而只能由总则性规定予以补充。这个"补充",实际上是对刑法分则关于法定刑规定的修正。同时,即使是给予刑罚处罚(第一种情形),也因罪责刑相适应原则的要求,而依总则性的法定或酌定减轻处罚规定,需对这个刑法分则关于法定刑规定予以补充、修正。

总之,罪刑法定原则作为刑法的精神和灵魂,是刑法基本原则中最核心的原则,②但该原则不是形式化和机械性的,而应以罪刑相适应原则和刑法面前人人平等原则的基本要求及刑法的所有相关规定为实质内容。符合罪刑法定原则始终要求符合刑法的其他原则及刑法的所有相关规定,其中,当然包括禁止重复评价原则。对罪刑法定原则的正确理解,不仅要基于其规定本身,而且要基于现行刑法规范的所有规定,否则,就会具有片面性和机械性。

基于以上分析,可以得出,《刑法》第294条第4款关于"犯前三款罪又有其他犯罪行为的,依照数罪并罚的规定处罚"规定上的重复评价问题,在刑法的基本原则上,是由于忽视了刑法三大基本原则之间以及刑法基本原则与刑法其他原则之间的内在关系,从而在违背刑法面前人人平等原则和罪责刑相适应原则等原则的同时也违背了罪刑法定原则所致。

(四) 现代化黑恶犯罪治理需禁止重复评价

在国家治理体系和治理能力现代化的背景下,黑恶犯罪的惩处虽然

---

① 参见石经海:《刑法分则的司法本质与量刑基准的界定》,载郎胜等编:《2008年度中国刑法学年会论文集:刑法实践热点问题探索》(下卷),中国人民公安大学出版社2008年版,第123—133页。

② 参见屈学武:《刑法总论》,社会科学文献出版社2004年版,第32页。

是重要和必要的治理方式,但绝对不是唯一甚至主要的治理方式。何况,黑恶犯罪的惩处还绝对不可以损害宪法要求和法律精神本就具有的公平公正。因此,黑恶犯罪的惩处不仅是必须禁止重复评价,而且是采取切实有效的措施防范重复评价问题出现。具体可以是,在立法上对黑社会性质组织犯罪的刑法相关规定进行系统性改造,并在司法上尽可能避免作出与罪责刑不相适应的定罪处罚,以直接解决数罪并罚型和酌定从重型重复评价问题和间接解决实质累加型重复评价问题。

1.在立法上对刑法的相关规定进行系统性改造

对当前的黑社会性质组织犯罪相关立法进行系统性改造,是彻底解决黑社会性质组织犯罪重复评价问题的必要途径。主要表现为:

其一,在立法上将组织、领导、参加黑社会性质组织行为与组织下的具体犯罪行为相分离,并取消其数罪并罚规定。

为避免黑社会性质组织犯罪在立法上存在的数罪并罚型重复评价问题,有学者主张,将敲诈勒索罪、聚众斗殴罪、寻衅滋事罪和一般情形的故意伤害罪,排除在《刑法》第294条第4款规定"犯前三款罪又有其他犯罪行为的,依照数罪并罚的规定处罚"中的"其他犯罪行为"之外,当黑社会性质组织实施上述行为时,仅以黑社会性质组织犯罪处罚。[1] 如此主张难以解决此类重复评价问题。一方面,如前所述,《刑法》第294条第5款规定的黑社会性质组织的认定,需以实施了敲诈勒索罪、聚众斗殴罪、寻衅滋事罪和一般情形的故意伤害罪等犯罪活动为前提和要件,易言之,没有实施"其他犯罪行为",在刑法立法和司法上就无法成立和认定黑社会性质组织;另一方面,从刑事司法来看,并非"其他犯罪行为"不包括以上具体犯罪就可完全避免数罪并罚型重复评价问题,因为"其他犯罪行

---

[1] 参见王恩海:《组织、领导、参加黑社会性质组织罪中并罚的适用标准》,《法学》2009年第9期。

为",并非仅是以上几种犯罪活动,以上几种犯罪活动之外的其他犯罪活动,①也可以带来此类数罪并罚型重复评价问题。

基于罪责刑相适应、罪刑法定等刑法的基本原则及刑法的其他相关规定,从根本上避免数罪并罚型重复评价问题的基本措施,应是在立法上将组织、领导、参加黑社会性质组织行为与组织下的具体犯罪行为相分离,并取消其数罪并罚规定。具体而言,将组织、领导、参加黑社会性质组织罪仅作为一个组织、领导、参加黑社会性质组织的犯罪,其成立以"组织、领导、参加了黑社会性质组织"为要件,它是在行为人尚没有实施其他具体犯罪活动或实施的其他行为尚构不成具体犯罪的情况下,而认定的一种犯罪;黑社会性质组织及其犯罪的认定,虽然需有为获取经济利益而通过违法犯罪实施社会控制的目的,但其不以实施了具体犯罪活动为要件;对行为人既实施了组织、领导、参加黑社会性质组织的行为,又实施了组织下的具体犯罪活动,仅依吸收犯原理按具体犯罪活动所触犯的罪名定罪处罚即可。据此,根据罪责刑相适应原则和禁止重复评价原则,该条的法条设置可以修改为:"组织、领导黑社会性质的组织的,处5年以上有期徒刑,并处没收财产;积极参加的,处3年以上7年以下有期徒刑,可以并处罚金或者没收财产;其他参加的,处3年以下有期徒刑、拘役、管制或者剥夺政治权利,可以并处罚金。""境外的黑社会组织的人员到中华人民共和国境内发展组织成员的,处3年以上10年以下有期徒刑。""国家机关工作人员包庇黑社会性质的组织,或者纵容黑社会性质的组织进行违法犯罪活动的,处5年以下有期徒刑;情节严重的,处5年以上有期徒刑。""黑社会性质的组织应当同时具备以下特征:(一)形成较稳定的

---

① 如前所述,凡是黑社会性质组织用以获取经济利益或为形成非法控制而实施的犯罪活动,都是这里的"其他犯罪行为"。

犯罪组织,人数较多,有明确的组织者、领导者,骨干成员基本固定;(二)以通过实施违法犯罪活动或者其他手段获取经济利益为目的;(三)以通过实施违法犯罪活动,或者利用国家工作人员的包庇或者纵容,形成区域或行业控制。"

以上修改,不仅使得黑社会性质组织犯罪在立法上存在的数罪并罚型重复评价问题得以解决,而且可使整个黑社会性质组织罪立法及刑法关于共同犯罪规定得以协调,并且还相应解决了因《修正案八》提高黑社会性质组织领导者法定刑、提高数罪并罚的法定最高刑、限制减刑和假释等所带来的实质累加型重复评价问题。

事实上,以上立法修改,也与《联合国打击跨国有组织犯罪公约》(下文简称《公约》)的规定和国际社会关于打击黑社会组织犯罪的惯例相一致。据《公约》第5条第1款规定:"各缔约国均应采取必要的立法和其他措施,将下列故意行为规定为刑事犯罪:(a)下列任何一种或两种有别于未遂或既遂的犯罪行为:(一)为直接或间接获得金钱或其他物质利益而与一人或多人约定实施严重犯罪,如果本国法律要求,还须有其中一名参与者为促进上述约定的实施的行为或涉及有组织犯罪集团;(二)明知有组织犯罪集团的目标和一般犯罪活动或其有关犯罪的意图而积极参与下述活动的行为:a.有组织犯罪集团的犯罪活动;b.明知其本人的参与将有助于实现上述犯罪目标的该有组织犯罪集团的其他活动;(b)组织、指挥、协助、教唆、便利或参谋实施涉及有组织犯罪集团的严重犯罪"。综观《公约》的相关规定,不难发现,该规定具有如下三个基本特点:一是要求各缔约国将符合以上要求的特定犯罪组织规定为犯罪;二是这个犯罪的成立并不以实施了其他具体犯罪为前提;三是若行为人成立组织犯罪后又具体实施了组织下的具体犯罪活动,并非就要进行数罪并罚。

就国际社会惯例而言,综观域外关于有组织犯罪的立法,通常是"对有组织犯罪规定严厉或比较严厉的法定刑,并认为只要有组织、领导、参加犯罪组织的行为即构成犯罪"①。例如,现行《俄罗斯联邦刑法典》第210条专门规定了"组建、参加犯罪团体罪"②、《德国刑法典》第129条规定了建立犯罪团体罪和建立恐怖团体罪、《法国刑法典》第450—1条规定了参加坏人结社罪、《意大利刑法典》第416条规定了建立犯罪集团罪和第416条—2规定了组织、参加黑手党型集团罪等。综观这些立法及其相关规定,一方面它们都把组织、领导、参加犯罪团体(组织)的行为本身规定为犯罪,另一方面这些组织、领导、参加犯罪团体(组织)罪的成立,虽然都需以"为实施犯罪目的"为构成条件,但并不要求该团体已经实施了具体犯罪活动,也没有发现对行为人成立组织犯罪后又具体实施了组织下的具体犯罪活动而需予以数罪并罚的规定。

其二,在特别累犯立法上,应区别对待黑社会性质组织的组织、领导者、积极参加者和一般参加者。基于从严惩处社会危害严重、主观恶性比较深类犯罪的再犯者、预防和减少相应犯罪发生的立法精神,③对于组织、领导者和积极参加者,可以在立法上规制特别累犯,而对于一般参加者,则不宜规制设立。此外,基于宽严相济的刑事政策的"区别对待"精神和"轻轻重重"要求,对黑社会性质组织犯罪一般参加者的处罚应坚持以"宽"为主要侧面,以"严"为次要侧面。故将一般参加者认定构成特别

---

① 马克昌:《有组织犯罪——全球关注的问题》,《法学论坛》2004年第5期。

② 《俄罗斯联邦刑法典》第210条规定:"1.为实施严重犯罪或者特别严重的犯罪而组建犯罪团体和领导这种团体或其所属分支机构,以及为实施严重犯罪或特别严重犯罪制订计划和创造条件而组建有组织集团的组织者、领导者或其他代表人物的联合组织的,处7年以上15年以下的剥夺自由,并处或不并处没收财产。2.参加犯罪团体或参加有组织集团的组织者、领导者或其他代表人物的联合组织,处3年以上10年以下的剥夺自由,并处或不并处没收财产……"。

③ 参见全国人大常委会法制工作委员会刑法室:《〈中华人民共和国刑法修正案(八)〉条文说明、立法理由及相关规定》,北京大学出版社2011年版,第21页。

累犯,还将违背宽严相济刑事政策的基本精神。

2. 在司法上避免作出与罪责刑不相适应的定罪处罚

基于当前的立法现状,在立法作出系统性改造之前,司法上应采取相应的权宜性措施。既然黑社会性质组织犯罪在司法上所存在的严重的酌定从重型和实质累加型重复评价问题,主要是由于司法机关在处理涉黑案件时受重刑主义观念的错误主导,进而对相关刑事政策和法律规定产生片面理解,最终导致司法上的重复评价,那么在相应的司法对策上,应在正确理解和适用宽严相济刑事政策、刑法基本原则和刑法分则与刑法总则内在关系的基础上,针对重刑主义观念对不同量刑活动的具体影响,分别采取如下几个方面的对策:

(1)不将黑社会性质组织犯罪背景作为酌定从重处罚情节予以适用

基于黑社会性质组织犯罪的严重社会危害性和宽严相济的刑事政策,对黑社会性质组织犯罪予以严惩是必要的。但并非就要将黑社会性质组织犯罪背景作为酌定从重处罚情节予以适用,否则导致酌定从重型重复评价。理论上有论者认为,应当在立法上将黑社会性质组织犯罪背景作为法定从重处罚量刑情节,规定在刑法典中各类黑社会性质组织犯罪可能涉及的犯罪中,在司法上审判人员在对进行黑社会犯罪的罪犯判处刑罚的时候应当将犯罪分子的黑社会背景作为量刑的考虑因素。① 如此认识和建议,不仅是不理性的,而且是极其有害的。

既然在立法上基于罪责刑相适应原则,对于整个黑社会性质组织犯罪的各项设置,就已体现了对其从重处罚的立法精神和宽严相济刑事政策要求,则不仅不宜在立法上再将黑社会性质组织犯罪背景作为法定从重处罚量刑情节,规定在刑法典中各类黑社会性质组织犯罪可能涉及的

---

① 参见杨雪松:《对我国黑社会犯罪刑事立法的思考》,《法学杂志》2009年第4期。

犯罪中,而且在司法上也不宜再将涉黑犯罪背景作为酌定从重处罚情节予以适用。这就要求,司法上在处理黑社会性质组织犯罪的过程中,必须坚守罪责刑相适应、罪刑法定等刑法的基本原则及刑法的公正、谦抑和人道等刑法精神,按刑法关于黑社会性质组织犯罪的各项规定,对其各案件事实及其相应情节客观地加以认定和适用,力克有意或无意地把行为人的黑社会性质组织犯罪背景作为酌定从重处罚情节加以认定和适用。

(2)不将黑社会性质组织的组织、领导者身份作为酌定从重处罚情节予以适用

同样,基于黑社会性质组织犯罪的组织领导者的地位和作用以及宽严相济的刑事政策,对其组织领导者予以严惩是必要的,但并非就要将黑社会性质组织的组织、领导者身份("黑老大")视作酌定从重处罚情节予以适用,从而导致酌定从重型重复评价。虽然在共同正犯中,由于各行为人的违法行为基于"共谋"相互被归属,各行为人对于全体的结果承担责任。① 但是,"个人仅应承担自己所实施的犯罪的责任,而不承担他人所实施的犯罪的责任"②,也是现代法律责任归属的共识。因此,应在坚持"部分实行全部责任"原则的基础上,依据其在共同犯罪中所起的作用来具体认定其犯罪地位和选处其所应适用的刑罚,对各主犯区别对待。具体就黑社会性质组织犯罪的组织领导者而言,应是基于宽严相济刑事政策、罪责刑相适应原则和其组织者、领导者在黑社会性质组织犯罪中的地位和作用,区别情形对组织者、领导者予以主犯地位认定和刑罚适用。

司法上对黑社会性质组织犯罪的组织领导者的区别对待,具体可分

---

① 参见[日]高桥则夫:《规范论和刑法解释论》,戴波等译,中国人民大学出版社2011年版,第124页。
② [日]西原春夫:《犯罪实行行为论》,戴波等译,北京大学出版社2006年版,第247页。

为如下三种情形:第一,如果行为人犯组织、领导黑社会性质组织罪并且是主犯,又组织、领导该黑社会性质组织实施了其他具体犯罪行为的,则应当认定为组织、领导黑社会性质组织罪和其他具体犯罪的主犯。第二,如果行为人犯组织、领导黑社会性质组织罪,但在该组织成立后的其他犯罪行为实施过程中又没有实施组织、领导行为,仅以参加者的身份实施犯罪行为并起次要作用的,则应分别认定为组织、领导黑社会性质组织罪的主犯和其他具体犯罪的从犯。第三,如果行为人在黑社会性质组织成立过程中起组织、领导作用,但之后并不组织、领导该组织实施其他具体犯罪行为,则应当视其后的参加行为在具体犯罪中所起的作用分别认定为组织、领导黑社会性质组织罪的主犯与其他具体犯罪的主犯或从犯。

(3)基于罪责刑相适应原则认定和适用各种量刑情节

如前所述,在司法实践中,因受刑事政策的片面影响以及社会的高度关注,司法机关处理涉黑案件往往具有重刑主义观念,这是导致司法上重复评价问题的根源之所在。司法机关在处理黑社会性质组织犯罪时,应严格基于罪责刑相适应原则理性认定和适用自首、立功、累犯等各种量刑情节。

其一,基于罪责刑相适应原则客观认定和适用自首、立功等有利于被告人的法定量刑情节。包括:一是在正确理解"其他犯罪行为"与黑社会性质组织犯罪内在关系的基础上,合理认定和适用自首情节。包括:当犯罪分子对其实施的所有"其他犯罪行为"都构成自首时,应当认定其对黑社会性质组织犯罪也构成自首;当犯罪分子对其实施的主要的"其他犯罪行为"构成自首时,也应当认定其对黑社会性质组织犯罪构成自首;当犯罪分子如实供述的"其他犯罪行为"并不是其主要犯罪行为,但是根据其如实供述的犯罪行为足以认定其已经构成黑社会性质组织犯罪的,应当认定对黑社会性质组织犯罪成立自首,且基于刑法关于可以从轻或减轻处罚情节适用的倾向性,除在特殊情形下,①司法机关也一般应当从宽处罚。二是基于立功的立法精神,合理地认定和适用"涉黑"中的立功情节。当前司法实践中,对于组织者、领导者的检举、揭发行为,如果检举、揭发的是与该黑社会性质组织及其违法犯罪活动有关联的其他犯罪线索,司法机关一般都不认定构成立功或重大立功。即使有个别组织者、领导者所检举、揭发的犯罪线索最终被认定为立功或重大立功,一般也不对其从轻或减轻处罚。这明显是由司法机关的重刑主义观念所导致的量刑不公现象,应当予以纠正。另外,在黑社会性质组织犯罪中,对立功的认定应当特别注意对其时间的限定,司法解释将立功限定为"到案后"的表现,是不利于被告人的限制解释。黑社会性质组织犯罪是组织特征很突出的犯罪形态,其成员之间的关系紧密,利益渗透较深,很多黑社会性质组织成员在犯罪后,虽然有悔罪表现并且想揭发他人犯罪行为,但因害怕其他成员对其进行陷害报复不敢投案,而采取其他方式如打电话告知公安机关其他犯罪人的犯罪情况,这极大地有利于公安机关对案件的侦破。这种告知行为已经表明行为人对犯罪行为的痛恨,再犯罪可能性较小,只是由于客观上的原因不能投案,已经在实质上符合立功的条件。司法上将立功的时间限定为"到案后",不符合"涉黑"案的实际,也有违刑法关于立功的立法精神。因此,认定立功应以"犯罪后"为时间限定,且一旦认定犯罪人有立功表现的,除上述在自首认定中提到的特殊情形外,一般应当从宽处罚。

其二,基于罪责刑相适应原则理性认定和适用累犯等不利被告人的法定量刑情节。累犯是对后罪的评价,对累犯从重处罚是对行为人所犯的后罪的从重处罚。因此,累犯制度本身并不存在重复评价问题。但基

---

① 例如,在共同犯罪案件中,对于首要分子和主犯,如果从轻处罚可能会导致全案量刑失衡的,则一般不从轻处罚。

于组织、领导、参加黑社会性质组织罪等有组织犯罪存在错综复杂的重复评价问题,使得在司法上对黑社会性质组织犯罪在适用累犯制度时出现实质累加型重复评价问题。对此,在立法上取消组织、领导、参加黑社会性质组织罪之前,在司法上对"涉黑涉恶"案中的累犯"从重处罚"程度的认定和适用,应当在坚持罪责刑相适应原则和综合考虑各种相关因素下避免重复评价的适用,包括从严惩处不是一律在法定刑幅度内判处最重刑罚、从严惩处不是对所有恶势力成员一律重判以及对于黑恶势力所代表的主观恶性大和人身危险性大这一酌定从重处罚情节,在定罪量刑的过程中只能评价一次。①

---

① 参见蔡智玉:《恶势力案件定罪量刑中应当注意的问题》,《人民法院报》2019 年 8 月 22 日。

第四章

黑恶犯罪治理的刑事政策

基于当前黑社会性质组织犯罪的特点和原因,要有效防控我国黑恶犯罪,尚需通过创新社会治理方式和提升社会治理能力,有效施行社会综合治理,预防和化解社会矛盾。其中,最关键的是有效贯彻宽严相济的刑事政策及其"从严"政策,以及正确运用"打早打小"的各方面防控对策与措施,坚持打黑与反腐相结合的治本措施和营造积极健康的社会文化氛围。

一、"打早打小"政策的正确理解与运用

综观我国的犯罪态势,黑社会性质组织犯罪可以说是其中发展最快、给社会经济发展和民众生活秩序破坏最大的一种恶性犯罪。然而并不能由此就可以以"拔高"性等不合法打击方式对其定罪处罚,并且犯罪学上

的研究早就表明,"拔高"性定性处罚等"从严"措施并不能有效解决恶劣的犯罪态势问题。综观关于黑社会性质组织犯罪的办案与防治实践,这种犯罪自20世纪90年代中期以来,经历多次全国性"严打"整治斗争和"打(扫)黑除恶"专项斗争,虽然其发展势头在很大程度上得到阶段性遏制,但因对"打早打小"的实践认识等方面的偏差,而既在案件办理上存在定性处罚的"拔高"问题,也在治理措施上存在渎职性的"放纵"问题,继而既使此类犯罪的合法性打击广受诟病,又导致在每一次"严打"或专项斗争后,又会出现循环式发展。

(一) 黑恶犯罪的"打早打小"政策之基本理解

综观相关理论上和实践中并不多见的相关阐述,"打早打小"一般被界定为一种对黑恶势力进行综合治理的原则、方针。认为所谓的"打早打小",是指"一旦发现黑恶势力或者黑恶势力的苗头,要综合运用法律武器、政策杠杆、侦查手段,在第一时间将其打掉"[1];在思想观念上"树立积极治安、主动进攻的理念,加大打击一般犯罪团伙的力度,把尚未形成气候的犯罪团伙的气焰打下去";在工作思路上"各级政法机关在向黑恶势力发起凌厉攻势的同时,尤需严厉打击雇凶犯罪、涉枪犯罪、公开结伙犯罪及带有明显地域特征的各类乡霸、村霸、街霸等团伙型犯罪,及早将其消灭在萌芽状态、初级阶段、低级层次,防止其坐大成势、为害一方"[2]。

在概念渊源上,"打早打小"的概念或表述最早出自何时何处,有不同

---

[1] 余新民:《对黑恶势力犯罪坚持"打早打小"原则的探讨》,《中国人民公安大学学报》2005年第6期。
[2] 李恩树:《打早打小谨防黑恶势力坐大》,《法制日报》2011年9月16日。

观点。有的认为是出自20世纪80年代的公安机关"严打"实践。如原公安部新闻发言人武和平认为,"对于(黑社会性质组织)这样一种犯罪,公安机关早在80年代就采取了'打早防小,露头就打'的方针"①。也有认为是出自20世纪90年代的上海公安机关。如原上海市公安局指挥部综合处干部程刚认为,"'打早打小'策略是上海公安机关于1998年在总结自1983年开始以来的'严打'斗争经验基础上提出的"②。综合考察我国20世纪八九十年代"严打"及"打黑"的背景、做法、方针政策,应当说最早出自20世纪90年代的公安机关是比较可信的。这是因为,针对黑恶犯罪或流氓恶势力长期采取一种非常规的、大规模的"头痛医头"、统一行动、方式方法单一的"从严"政策,难以取得像"严打"初期那样的成果与效果。在这样的问题背景下,上海公安机关总结十几年的"严打"斗争经验与问题,提出"在坚持'严打'方针的基础上,实行'露头就打'、'抓大不放小'、'积小胜为大胜'这一策略思想",并"经过几年的实践,把这一策略思想概括成了'打早打小'警务政策"③,是符合该政策演绎发展特点的。

据考证,涉黑犯罪问题的"打早打小",最早是针对"黑恶势力"的治理提出来的,属于犯罪学意义上的概念,是在接受国外打击黑恶势力犯罪的惨重教训和治理黑恶势力的困境与经验中总结出来的基本经验。一方面,域外对黑社会往往是待其发展成熟和渗透到主流社会并成为巨大社会毒瘤而不得不打击时才予以打击,这不仅使主流社会已经深受其害,而且打击成本巨大且难以将其根除。意大利警方举全国之力与黑手党进行

---

① 孟娜、颜昊:《中国对黑社会性质组织遏制打击一直没有放松》,新华网,2006年1月19日。
② 程刚:《"零容忍"警务政策与"打早打小"警务政策的比较分析》,《上海公安高等专科学校学报》2007年第1期。
③ 程刚:《"零容忍"警务政策与"打早打小"警务政策的比较分析》,《上海公安高等专科学校学报》2007年第1期。

了100多年斗争而仍无法将其根除的残酷事实就是其中典型例证。为防步域外打击黑社会的后尘,我们必须坚持"打早打小"原则,以减少社会危害和降低打击成本。另一方面,基于"黑恶势力犯罪一般都有一个积小恶为大恶的演变过程"的认识和"发展初期容易打,发展坐大不好打,发展成熟将非常难打"的工作经验,自2006年中央部署打黑除恶专项斗争以来,在政策、法律等不同层面坚持打黑除恶工作的"打早打小"方针。①

在司法实践中,在规范意义上针对涉黑犯罪的"打早打小",最早提出的是2009年12月9日发布的《最高人民法院最高人民检察院公安部北京纪要》(简称《北京纪要》)。《北京纪要》不仅把"打早打小"作为办理黑社会性质组织犯罪案件的"方针"明确地提了出来,指出:"要本着实事求是的态度,正确理解和把握'打早打小'方针",而且还对其做法作了具体要求,即"在准确查明'恶势力'团伙具体违法犯罪事实的基础上,构成什么罪,就按什么罪处理,并充分运用刑法总则关于共同犯罪的规定,依法惩处。对符合犯罪集团特征的,要按照犯罪集团处理,以切实加大对'恶势力'团伙依法惩处的力度"。

其实,就黑社会性质组织犯罪而言,规范意义上的"打早打小"方针早在1997年《刑法》的修订时就已有体现甚至就已确立。虽然这时还没明确提出该方针,但立法机关在《刑法》中设置该罪名时就是以"打早打小"为方针并贯彻到"黑社会犯罪"的立法中。这一点,可从时任全国人民代表大会常务委员会副委员长王汉斌于1997年3月6日在第八届全国人民代表大会第五次会议上所作《关于〈中华人民共和国刑法(修订草案)〉的说明》得以印证,其中在新增"关于黑社会犯罪"中强调:"在我

---

① 参见李恩树:《打早打小谨防黑恶势力坐大》,《法制日报》2011年9月16日。

国,明显的、典型的黑社会犯罪还没有出现,但带有黑社会性质的犯罪集团已经出现,横行乡里、称霸一方,为非作歹,欺压、残害群众的有组织犯罪时有出现。另外也发现有境外黑社会组织成员入境进行违法活动的,可能会对社会造成严重危害。对于黑社会性质的犯罪,必须坚决打击,一定要消灭在萌芽状态,防止蔓延。只要组织、参加黑社会性质的犯罪组织,不管是否有其他具体犯罪行为都要判刑。因此,草案增加了相应的规定,并对境外的黑社会组织的人员到中华人民共和国境内发展组织成员的,规定了刑罚。"①与此相照应,1997年《刑法》第294条规定了未成型黑社会组织的黑社会性质组织犯罪,具体包括组织、领导、参加黑社会性质组织罪和包庇、纵容黑社会性质组织罪。② 如此立法旨意和规定,意味着"我国刑法规定了黑社会性质组织犯罪,而不是黑社会犯罪,从立法上也体现了'打早打小'方针"③。

(二)"打早打小"实际上是黑恶犯罪的综合治理对策

"打早打小"政策实际上是治理黑恶犯罪的宏观规划与系统实施的综合治理对策。对于涉黑组织犯罪在内的涉黑组织犯罪,无论是以前的"打黑除恶"还是当前的"扫黑除恶","打击"式的集中打击,都只是治标不治本的权宜之计。如果说当今中国的涉黑组织犯罪主要是改革开放的

---

① 王汉斌:《关于〈中华人民共和国刑法(修订草案)〉的说明》,第八届全国人民代表大会第五次会议,1997年3月6日。
② 具体规定为:"组织、领导和积极参加以暴力、威胁或者其他手段,有组织地进行违法犯罪活动,称霸一方,为非作恶,欺压、残害群众,严重破坏经济、社会生活秩序的黑社会性质的组织的,处三年以上十年以下有期徒刑;其他参加的,处三年以下有期徒刑、拘役、管制或者剥夺政治权利。""国家机关工作人员包庇黑社会性质的组织,或者纵容黑社会性质的组织进行违法犯罪活动的,处三年以下有期徒刑、拘役或者剥夺政治权利;情节严重的,处三年以上十年以下有期徒刑。"
③ 李恩树:《打早打小谨防黑恶势力坐大》,《法制日报》2011年9月16日。

产物的话,则纵观改革开放后的打黑斗争,除了1983年8月至1986年年底的"严打"斗争、1994年7月至1995年2月的"严打"整治斗争、1996年4月至8月的"严打"斗争、1996年12月至1997年2月的"冬季行动"、2001年4月至2002年12月的全国"严打"整治斗争、2002年3月至2003年4月的继续深化"严打"整治斗争外,已有四次全国性的打黑专项斗争,即2000年12月启动的全国"打黑除恶"专项斗争、2006年2月启动的全国"打黑除恶"专项斗争、2009年7月启动的全国"打黑除恶"专项斗争和2018年3月启动的全国"扫黑除恶"专项斗争。然而,这些"严打"斗争和"打(扫)黑"专项斗争,虽然均取得了阶段性的重大成果,但终究还是没有较好地解决涉黑组织犯罪及社会治安问题。一方面,一些地方的团伙被打掉后迅速出现了替代者,一些黑恶分子刑释后又组成新的团伙,变本加厉违法作恶;另一方面,我国黑社会(性质)组织犯罪往往也会根据经济和社会的发展,出现许多新的趋势。因此,要"治本"性地防控恶黑势力,必须建立打防结合的长效机制。但专项斗争只是"打击"式打黑模式,同样不是防控涉黑组织犯罪的长效对策。要真正铲除涉黑组织犯罪滋生蔓延的土壤和条件,使社会健康正常地发展,使城乡居民安居乐业,就必须寻找和构建防控涉黑组织犯罪的长效对策。

从理论上看,防控涉黑组织犯罪对策,应是"加强社会治安综合治理,打防结合,预防为主"。其中,关键在于"宜早不宜迟,宜小不宜大,宜攻不宜守,宜宽不宜严,露头就打",即坚持"打早打小"的防控对策,以预防、化解社会矛盾和将涉黑组织犯罪解决在萌芽状态。一方面,对涉黑组织犯罪,一经发现,就重拳出击、斩草除根;另一方面,要建立常态化的制度体系,始终形成对涉黑组织犯罪的常态打击,包括完善相关立法制度与治理对策,以及营造积极健康的地方文化氛围。同时,从黑恶犯罪的成长特点与规律来看,防控黑恶犯罪"打早打小"的最有效理念与措施是严格行政执法,让黑恶犯罪没有滋生和坐大成势的空间与环境。

营造积极健康的地方文化氛围,是治理黑恶犯罪需逐步推行的社会环境对策。"建立健全坚持社会主义先进文化前进方向、遵循文化发展规律、有利于激发文化创造活力、保障人民基本文化权益的文化法律制度"①。既然市场经济的多元化价值观冲突,特别是满足需要方式的异化,为黑社会(性质)组织犯罪的孳生蔓延提供了精神动力,以及亚文化的不良影响,为黑社会(性质)组织犯罪的孳生蔓延提供了凝聚力支持,那么要有效防控涉黑组织犯罪,就必须弘扬主流文化和有针对性地进行社会主义利益观、人生观、价值观教育,以在一定程度上防控满足需要方式的异化而为涉黑犯罪孳生蔓延提供精神动力和凝聚力支持。毕竟,防控涉黑组织犯罪,是一项长期而又艰难的工作,没有民众的积极参与,难以实现对涉黑组织的"打早打小"。不可否认,某些亚文化是地方文化长期发展的产物,带有深厚的地域根基,不可主观废弃,何况,它也有很多可进行正确引导而发挥积极作用的方面,如崇尚孝敬父母,不排外,提倡侠义与互助共济,提倡"有饭大家同吃,有难大家同当"等,都是具有积极意义和充分弘扬的方面。但同时,也必须正视其消极方面,如整天休闲娱乐、不求上进、到处以"哥们义气"拉帮结派,在派别内等级森严、形同主仆等,也确实为涉黑组织犯罪的滋生和发展壮大提供了温床。对此,应采取社会管理创新措施,进行正确引导和改造,以营造积极上进的城乡新文化。

(三)"打早打小"实际上是防止黑恶犯罪"坐大成势"

综观"打早打小"的前述发展背景,作为"打(扫)黑除恶"方针的"打

---

① 《中共中央关于全面推进依法治国若干重大问题的决定》(2014年10月23日中国共产党第十八届中央委员会第四次全体会议通过)。

早打小"是一个相对于域外"黑社会组织"而不是我国特有的"黑社会性质组织"的概念。这个概念,并非相对于"黑社会性质组织"而对黑恶违法犯罪采取的"拔高"性打击措施,而是为防治黑恶违法犯罪坐大成势为"黑社会组织"而采取的办案与治理原则。具体表现在如下四个方面:一是对于符合刑法关于黑社会性质组织犯罪规定的,按黑社会性质组织犯罪予以定罪处罚;二是对于不符合刑法关于黑社会性质组织犯罪规定,但符合一般共同犯罪规定的,按一般共同犯罪规定定罪处罚;三是对于只符合单个犯罪规定的,按单个犯罪定罪处罚;四是对于既不符合有组织犯罪规定,也不符合单个犯罪规定的,不予定罪处罚。具体在行政执法上,严格、依法、及时采取有效措施处置行业管理中的各种不良现象,采取严格措施避免和打击各种包庇、纵容、放纵行业管理中的行政渎职行为,防控黑恶势力的滋生与蔓延。在这个意义上,将黑恶犯罪的形成和发展壮大理解为,在很大程度上是行政执法失败的结果和表现,也不为过。据此,行政执法意义上的"打早打小"比刑事司法意义上的"打早打小"更为重要。为此,要建立防控黑恶势力滋生蔓延的长效机制,就需要各行政执法机关积极行动起来,严格依法有效执法,贯彻"零容忍"观念,防止在自己职责范围内的包庇、纵容、放纵等渎职现象的存在以及由此导致黑恶势力的滋生与蔓延。

如上所述,黑社会性质组织与黑社会组织从性质上都是犯罪组织,在形式方面均具有一定的组织性、固定性,均具有经济方面的敛财性、政治方面的腐蚀性、文化方面的"亚文化"性,本质上都具有独立于主流社会的反社会性、对社会的非法控制性,二者存在的差别仅仅是发展程度的差别,是一种量的差别,黑社会性质组织是黑社会组织的低级形态,黑社会组织则是高级形态,或称为典型形态。据此,为识别黑社会性质组织与黑社会组织,有论者把黑社会性质组织特别界定为"由刑法规定的通过实施违法犯罪活动对社会形成非法控制的尚未定型为黑社会组织的犯罪组织"①,应是非常有道理的。在这里,"尚未定型为黑社会组织的犯罪组织"的界定,不仅把黑社会性质组织与黑社会组织界分开来,也把黑社会性质组织之"性质"二字突显出来,即其中的"性质"不是政治概念,而是程度概念。同时,也体现出"打早打小"的对策意旨和防止黑社会性质组织犯罪坐大成势为"黑社会组织"犯罪的战略决策所在,即如果黑社会性质组织犯罪不断发展壮大,则极有可能转化为黑社会犯罪。为此,坚持"打早打小"的方针,首先就是防止黑恶势力坐大成势而发展成为黑社会组织。

同时,既然社会控制乏力,特别是基层行政执法和行业治理不力,为我国社会(性质)组织犯罪的孳生蔓延提供了机遇,既然社会帮扶制度的不完善,为我国社会(性质)组织犯罪的孳生蔓延提供了人员来源,那么要有效防控涉黑组织犯罪,就必须加强城乡基层行政执法和行业监管等方面的社会控制能力,必须构建完善的社会帮扶制度,以净化滋生涉黑组织人员的不良环境。在社会帮扶制度的构建中,刑满释放人员的社会化问题,是其中的重点问题。这种人的一定时期与社会隔绝的监狱生活,使得他们无法重新融入社会。一方面他们自己心理的阴影和自卑使得他们不想或不能同社会成员打成一片,另一方面因他们的罪恶背景而使得社会成员有意或无意地远离他们。如此社会隔离,使得他们无法在社会上正常地工作和生活,而往往是破罐子破摔,进一步跌入更严重犯罪的深渊。

要防止黑恶犯罪的"坐大成势",非常关键的方面是,需坚持打黑与反腐相结合的釜底抽薪对策。既然国家工作人员充当"保护伞",为涉黑

---

① 陈建清、胡学相:《我国黑社会性质组织犯罪立法之检讨》,《法商研究》2013年第6期。

组织犯罪的孳生蔓延提供了权力堡垒,那么要有效防控涉黑组织犯罪,将打黑与反腐有机结合在一起,深挖涉黑组织幕后的"保护伞",是建立防控黑社会(性质)组织犯罪机制的关键所在。这一点,早就为许多国家打击涉黑等有组织犯罪的基本战略。从世界各国及我国各省市的打击黑恶犯罪的经验来看,不反腐的"打黑"是不彻底的。"保护伞"既是腐败的突出表现,也是涉黑组织犯罪发展壮大的重要影响因素。当前全国性"打(扫)黑除恶"专项斗争之所以能够取得重大成效并为世人所瞩目,其重要原因就是将打黑与反腐有机结合在一起,深挖黑社会性质组织幕后的"保护伞"。

(四)"打早打小"的黑恶犯罪治理需坚持"打准打实"

以上"打早打小"对策,作为打击和处理黑恶犯罪的具体刑事政策,其实质就是实行社会治安的综合治理,综合运用政治、法律、经济、社会、文化等方面的手段,正确和有效施行各种行政执法和刑事司法,做到"打准打实"。

所谓打准打实,按《北京纪要》,是指审判中"要严格坚持法定标准,切实贯彻落实宽严相济的刑事政策;既要防止将已构成黑社会性质组织犯罪的案件'降格'处理,也不能因为强调严厉打击而将不构成此类犯罪的共同犯罪案件'拔高'认定"。在以上意义上,"打准打实"在实质上是准确认定黑恶犯罪的刑事审判要求。在法律适用意义上,"打准打实"与"打早打小"是辩证统一的关系,是一个问题的两个方面。在这个意义上,所谓的"打早打小",具体在刑事司法上,严格按刑法的规定,实事求是地处理涉黑案件。具体表现在如下四个方面:一是对于符合刑法关于黑社会性质组织犯罪规定的,按黑社会性质组织犯罪予以定罪处罚;二是对于不符合刑法关于黑社会性质组织犯罪规定,但符合一般共同犯罪规定的,按一般共同犯罪规定定罪处罚;三是对于只符合单个犯罪规定的,按单个犯罪定罪处罚;四是对于既不符合有组织犯罪规定,也不符合单个犯罪规定的,不予定罪处罚。

因此,对于黑恶违法犯罪的治理,一方面,因黑恶势力是经济社会健康发展的毒瘤,我们要坚持"依法严惩、打早打小",提升扫黑除恶工作的主动性和预见性,努力将其消灭在萌芽状态,防止其坐大成势;另一方面,基于黑恶势力的形成与发展一般都会经历一个从小到大、由"恶"到"黑"的渐进过程,我们也要根据其所处的阶段形态依照相应的村规民约、行政法规、刑事法律等予以相应的依法治理,以做到"打早打小"、"依法严惩"与"打准打实"的有机统一。

二、"宽严相济"政策的正确理解与贯彻

这是治理黑恶犯罪的法律处置对策,其实质是通过对不同犯罪分子处理上的区别对待,缩小刑法打击面,把刑罚打击的"好钢"用在真正需要用刑罚打击的犯罪分子的"刀刃"上,从而减少社会对立面,促进社会和谐稳定。

(一)"宽严相济"是我国的基本刑事政策

对于何谓刑事政策,包括其概念、对象、内涵与外延等,还有着基本的争论,[1]甚至自德国学者费尔巴哈于 1803 年提出该概念以来,就一直没

---

[1] 参见黄京平:《宽严相济刑事政策的时代含义及实现方式》,《法学杂志》2006 年第 4 期。

有定论。① 在理论上,刑事政策有广义说、狭义说和最狭义说三种观点。广义说认为,刑事政策是国家为实现预防和压制犯罪所采取的一切方法或手段。这种意义上的刑事政策,实际上就是犯罪综合治理政策。德国刑法学家李斯特所称的"最好的社会政策即最好的刑事政策"②,就是从这个意义上说的。狭义说认为,刑事政策是国家以防控犯罪为目的,以刑事立法或刑事司法为手段,而提出的犯罪防治对策。此种界定,未将社会政策包括在内,仅把刑事政策限制在防止犯罪的国家强制措施中,③其调整对象涉及刑事实体法、刑事程序法和刑事执行法等。最狭义说认为,刑事政策仅指刑法规范体系内的法律政策,其范围限于刑法防止犯罪的功能方面。④

刑事政策的以上三个层面的含义,其实都有其合理性,只是各自相对的背景和试图解决的问题不同,都值得关注。

首先,广义说的刑事政策是社会治理视野下的要求和体现。在这个意义上,刑事政策与社会治理体系和法治体系的要求与目标一致,意味着,刑事政策只是"政策"的一部分,具体属于刑事方面的"法律政策"或"刑事"领域的社会政策。确实,政策,究其本义,是指政党、国家或社会公共组织为管理公共事务而制定的指导方针和行动方案,⑤包括政治、经

---

① 参见林纪东:《刑事政策学》,正中书局1963年版,第4页;储槐植:《刑事一体化与关系刑法论》,北京大学出版社1997年版,第294页;陈兴良:《刑事政策视野中的刑罚结构调整》,《法学研究》1998年第5期;刘东根:《两极化——我国刑事政策的选择》,《中国刑事法杂志》2002年第6期;李健:《和谐社会语境下两极化刑事政策之构建——对我国"轻轻重重"刑事政策的重新解读》,载万鄂相主编:《公正司法与构建和谐社会》,人民法院出版社2006年版,第236—245页。

② [德]李斯特:《论犯罪、刑罚与刑事政策》,徐久生译,北京大学出版社2016年版,第141页。

③ 参见许福生:《刑事法讲义》,法律出版社2001年版,第3页。

④ 参见苏俊雄:《刑法总论Ⅰ》,台大法学院图书部1995年版,第96页。

⑤ 参见梁根林:《刑事政策:立场与范畴》,法律出版社2005年版,第1页。

济、法律、社会、文化等方方面面。将刑事政策及其犯罪治理作为整个社会治理体系和法治体系的有机组成部分予以规制和施行,既使刑事政策有"政策"的全局性特质,也利于从总体上协调和调动各种刑事手段为预防和报应犯罪服务,并防止刑法在社会治理中机能的扩张。理论上所主张的,"犯罪是社会疾病的一种综合表现,犯罪的预防确实需要社会政策的参与,但刑事政策是在既定社会条件下为防止犯罪而专门设置的刑事措施,而社会政策虽然会在无形中对犯罪发生控制作用,但不是专门为防止犯罪而存在"①,在一定程度上也关注到了广义说的刑事政策在犯罪治理中的价值。在这个意义上,德国刑法学家李斯特所主张的"最好的社会政策即最好的刑事政策",是非常有道理的,符合哲学上的系统论原理。

其次,狭义说的刑事政策是刑事一体化视野下的要求和体现。在这个意义上,刑事政策既应区别于总体社会政策,又不限于刑事实体法(狭义刑法)领域,在本质上是国家依据犯罪状况、犯罪原因确定,并通过各种刑事手段以有效惩罚和预防犯罪的基本方略,是刑事一体化视阈下的刑事立法和司法政策。如此理解刑事政策,是试图将犯罪治理放在整个刑事法体系下予以规制和施行。也正是它的如此意义,该说为理论上关于刑事政策主流学说。②

最后,最狭义说的刑事政策是刑事立法和司法等规范的理解和适用的要求和体现。在这个意义上,刑事政策是规制、认定、处罚刑事犯罪的政策依据,其范围限定在刑法立法和司法层面上,虽然不利于有效地防控犯罪,③

---

① 陈兴良:《刑事政策视野中的刑罚结构调整》,《法学研究》1998年第5期。
② 参见刘东根:《两极化——我国刑事政策的选择》,《中国刑事法杂志》2002年第6期。
③ 参见储槐植:《刑事一体化与关系刑法论》,北京大学出版社1997年版,第294页。

但有利于发挥刑事政策在直接指导刑事立法和司法上的特定目的和任务,并非像理论上所认识的那样,其"失去了刑事政策学存在的应有意义"①。

依发生作用的领域不同,刑事政策可分为基本的刑事政策与具体的刑事政策。前者是指国家或执政党针对整个犯罪态势制定并长期坚持的,对全部刑事立法、司法和执法都具有基本指导作用的方针和策略。例如我国历史上的"惩办与宽大相结合"的刑事政策和当今的宽严相济刑事政策。后者是指国家或执政党针对特定犯罪态势制定并在特定时期施行的,只对刑事立法、司法或执法具有指导作用的方针和策略。例如我国自1983年针对特殊犯罪态势适用的"从严"政策。有学者认为,"指导刑法立法的刑事政策是基本刑事政策;影响刑法司法的是具体刑事政策"②。这种观点显然是片面的,虽然具体的刑事政策在刑事立法领域并不突出,但基本的刑事政策的作用领域,并不限于刑事立法领域,在刑事司法和执法领域,都发挥着全局性的指导作用。

所谓宽严相济的刑事政策,就是针对轻重不同的犯罪和犯罪人,分别采取宽松和严厉的处罚措施,其核心在于针对"宽"与"严"区别对待和相"济",表现为具有中国特色的两极化刑事政策。根据当前理论上的观点,所谓"宽",是指宽大、轻缓,主要有如下两个具体表现:一是该轻而轻,即对于轻微犯罪给予较轻刑事处理,包括在刑事司法实践中的非犯罪化、非刑罚化;二是该重而轻,即对于严重犯罪,因有坦白、自首或立功等法定或酌定从宽处罚情节,而在本应判处较重之刑的情况下给予较轻刑事处罚。所谓"严",是指严密而又严厉。其中,所谓"严密"指立法上的法网严密,所立之法能够满足预防犯罪、防卫社会之需要;所谓"严厉"指

---

① 林纪东:《刑事政策学》,正中书局1963年版,第4页。
② 周洪波、单民:《论刑事政策与刑法》,《当代法学》2005年第6期。

司法上在坚持罪刑法定和罪刑均衡等原则下,给予较重的刑罚处罚。

宽严相济刑事政策的核心在于,针对"宽"与"严"区别对待。即"对严重刑事犯罪坚决严厉打击,依法快捕快诉,做到该严则严,对主观恶性较小、犯罪情节轻微的未成年人初犯、偶犯和过失犯,贯彻教育、感化、挽救方针,慎重逮捕和起诉,可捕可不捕的不捕,可诉可不诉的不诉,做到当宽则宽"①。然而,这个"区别对待"并非简单的区别处理,还要追求"宽""严"相辅。② 也就是说,要做到"宽"与"严"的相互协调,"既不宽大无边或严厉过苛,也不时宽时严宽严失当"。正如"两高"报告所指出:"宽不是要法外施恩,严也不是要无限加重,而是要严格依刑法、刑事诉讼法及相关刑事法律,根据具体的案件情况来惩罚犯罪,做到宽严相济、罚当其罪。"③

宽严相济的刑事政策在性质上属于两极化的刑事政策。当今各国,刑事政策存在着"两极化"的发展趋势,④即刑事政策在所谓的"宽松的刑事政策"和"严厉的刑事政策"两条路径上背向发展,表现为所谓的"轻轻重重"。我国的宽严相济的刑事政策,是这种"轻轻重重"两极化刑事政策与中国实际相结合的产物和表现。所谓"轻轻",是指宽松的刑事政策,即对轻微犯等主观恶性不重的犯罪,处罚更轻;所谓"重重",是指严厉的刑事政策,即对严重犯罪更多地、更长地适用监禁刑。⑤ 所谓宽松的刑事政策,是指站在特别预防和刑罚谦抑的角度,秉承教育刑的思想,以初犯、过失犯、偶犯、轻微犯罪为主要适用对象,基本策略为立法上的"非

---

① 2006年最高人民法院和最高人民检察院的工作报告。
② "济",与其解释为"救""救济",不如解释为相辅相成。
③ 2006年最高人民法院和最高人民检察院的工作报告。
④ 参见[日]森下忠:《犯罪者处遇》,白绿铉等译,中国纺织出版社1994年版,第4页。
⑤ 参见陈兴良:《刑事政策视野中的刑罚结构调整》,《法学研究》1998年第5期。

犯罪化"、刑事司法上的"非刑罚化、程序简易化"、刑事执行上的"非机构化、非监禁化";所谓严厉的刑事政策,是指以保护社会秩序为出发点,采取报应刑思想,以累犯、恐怖主义犯罪以及黑社会(性质)组织犯罪等有组织犯罪为主要适用对象,基本策略为刑事立法上的"犯罪化"、刑事司法上的"从重量刑、特别程序和证据规则"和刑事执行上的"隔离与长期监禁"。① 事实上,两极化刑事政策,除了以上表现外,还有一些别的表现,如恢复性司法、保安处分等。我国的宽严相济刑事政策,既与"轻轻重重"刑事政策在两极化上存有共性,又有中国特色的个性,表现在既坚持"严打",也兼顾对主观恶性或人身危险性相对较小者的轻缓处理,并追求二者的辩证统一。研究表明,对我国某区域5年内被判处3年以下有期徒刑的罪犯,分别予以监禁或适用缓刑处理,在改造效果方面有着天壤之别:监禁刑满释放者的再犯率高达两位数;而被适用缓刑、纳入社区矫治者的再犯率则接近于零。② 再犯率的如此巨大差异,客观地表明了量刑应当体现"轻轻重重"的策略。从价值功能上看,"轻轻重重"的策略也确实具有防范重新犯罪的机理。因为,对于能宽而宽者,往往在内心对法院、对国家、对社会怀有感激之心,并珍惜改过自新的机会,特别是,这些被适用缓刑者在客观上没有与社会隔离,不存在重返社会不被社会接受等困难或障碍。这一点,实际上在国外早就被研究证实。③

无论是当前的"宽严相济"刑事政策,还是以前的"惩办与宽大相结合"刑事政策,它们作为两极化的基本刑事政策,在立法和司法上还有一

---

① 参见许福生:《刑事法讲义》,法律出版社2001年版,第29页;郑善印:《两极化的刑事政策》,载《罪与刑——林山田教授六十岁生日祝贺论文集》,五南图书出版有限公司1998年版,第734页。

② 参见黄祥青:《刍议量刑的一般规则》,《政治与法律》2004年第6期。

③ William L. Armstrong and Sam Nunn, "Alternatives to incarceration: the sentencing improvement act", *Crime and Punishment in modern America* by Patrick B. McGuigan and Jon S. Pascale, University Press of America, 1986.

些具体的刑事政策。前述"打早打小"政策,虽然相对于黑恶犯罪治理甚至整个犯罪治理来说,它是一项社会综合治理政策,但具体到刑事司法视角,它也属于具体刑事政策。据资料显示,早在20世纪80年代初期,随着我国深圳等沿海地区出现香港黑社会的渗透问题和国内一些地方出现黑社会性质团伙、集团犯罪问题,我们中央主管政法机关就要求公安部门,"坚决予以打击",要"从开始即狠狠打击","决不允许其有立足之地",将"反黑除恶"工作列入"严打"斗争重要议程,"一旦发现就要坚决把它消灭在萌芽状态","不能任其形成气候"等。"打早打小"刑事政策由此初现端倪。此后的2009年,中央政法委员会专门发布了《关于深入推进打黑除恶专项斗争的工作意见》。《意见》要求各地、各有关部门,"对地方黑恶势力,要始终坚持'打早打小、露头就打、除恶务尽'的原则",要"坚持严打方针不动摇","在依法重判、重罚黑恶势力首要分子和骨干成员的同时,认真贯彻宽严相济的刑事司法政策,对初犯、偶犯以及未成年犯,依法从轻、减轻处罚"。至此,"打早打小"作为一项刑事政策,成为宽严相济基本刑事政策的具体刑事政策(后文详述)。

(二)"宽严相济"刑事政策是公正合法处理黑恶犯罪的关键

宽严相济刑事政策作为我国的基本刑事政策,不仅是我国黑恶犯罪的立法和司法都必须遵循的基本指导思想,而且对黑恶犯罪治理策略的制定和适用也有着重要的指导意义。

1. 宽严相济刑事政策指导着黑恶犯罪的规范制定和适用

虽然在理论上对如何理解宽严相济刑事政策有争议,但在司法上完全可把它理解为,在罪刑法定、罪责刑相适应和刑法面前人人平等等刑法基本原则下,对具体犯罪和犯罪人区别对待、宽严结合,以实现打击犯罪与构建社会和谐的有机统一。据此,对于严厉打击黑恶势力犯罪,并不是一味"严",而是当宽则宽、当严则严、宽严相济,表现在对于那些黑恶势力犯罪的组织者、领导者、骨干成员等在黑社会性质组织中起主要作用、人身危险性较大者,应严厉打击,决不手软;但对那些因好奇、无知、胁迫、诱骗、义气等参加但在组织中不起主要作用、人身危险性相对较小者,应"宽"地予以处理,具体可视情况予以出罪或给予非监禁刑处罚。在这里,对人身危险性较小者尽可能地适用非监禁刑,是防控轻微涉黑者再次走上违法犯罪道路的重要对策。对于这些人,用宽大的政策和刑罚予以处罚,使他们在社会工作和生活中接受教育、改造,因始终没有脱离社会而有利于他们走上正当的工作和生活道路。需要指出的是,在贯彻宽严相济刑事政策与坚持罪刑法定等刑法基本原则的关系上,对于在法定刑之下处以刑罚是否是"法外施恩"问题,需要作正确理解。显然,"法外施恩"确实是违背罪刑法定等刑法基本原则的,但根据案件事实和酌定量刑情节而在法定刑以下处以刑罚,也是根据刑法的规定,特别是刑法分则和刑法总则的相互关系,而作出的合法量刑,也是遵循罪刑法定和罪责刑相适应等刑法基本原则的结果,并不是"法外施恩"。

在刑事政策与罪刑法定也即刑事政策与刑法的关系问题上,理论上一般认为:"刑事政策是刑法的灵魂与核心,刑法是刑事政策的条文化与定型化","刑事政策对于刑法的制定与适用都有着直接的指导意义"[①]。就罪刑法定原则与宽严相济刑事政策而言,有学者认为,"罪刑法定原则应是宽严相济的界限。过去在遵循惩办与宽大相结合的时代,人们都不敢提及罪刑法定这样的刑法原则,只有宽严相济才能作为刑事法律政策

---

① 陈兴良:《刑法的人性基础》,中国方正出版社1996年版,第388页。

得到贯彻";"宽严相济政策是在罪刑法定原则下展开的,无论是从宽还是从严,都只能以现行法律确立的基本原则和具体规定为限,不能脱离法律规范讲宽与严的问题"。① 以上观点有一定的道理,但不全面。他们看到了宽严相济的刑事政策,作为政策,也应受法律约束的一面,体现了法律对政策的关系;但法律与政策的关系,不是单方面,而是双向的,表现在政策也对法律发生作用,具体为政策是法律的灵魂,不仅是法律制定的根据,而且也是法律具体贯彻执行中的具体指导根据,表现在,它为法律的正确理解和贯彻实施提供方向和意旨。具体到宽严相济的刑事政策而言,在罪刑法定原则的框架下,如何把握和适用立法所留下的自由裁量权,立法和司法往往自身难以甚至无法解决,需要宽严相济的刑事政策根据报应和预防的需要而作出具体指导。如对于同一个法定情节,在"严"的刑事政策指导下,就可能是在法定刑范围内从重处罚;相反,在"宽"的刑事政策指导下,就可能是在法定刑基础上从轻、减轻甚至免除处罚。

对于以上观点,有学者提出了质疑,认为,"在法治环境没有完全形成的今日,如倡导刑事政策于刑法的灵魂地位,我们很担心刑事政策会因为具有强烈的应世性和政治性色彩,一旦出现某种严重异己的犯罪态势就异常渴求社会的规则有序,从而丧却理性和平日'温情脉脉'的面孔,爆发出情绪性的甚至是歇斯底里的盲动。此时的刑事政策就往往凌空于刑法之上,刑法的人权保护与公平正义的精神遭到了蔑视和抛弃,最终导致对刑事政策自身的诘难和危机"②。从罪刑法定原则与宽严相济刑事政策的深层关系来说,这种担心是多余的。一方面,主张刑事政策是刑法

---

① 赵衡:《宽严相济:减少对生活的刑事干预》,《检察日报》2006年11月16日。
② 董文蕙:《也论刑事政策与刑法的关系——对"刑事政策是刑法的灵魂"论的质疑》,《云南大学学报(法学版)》2004年第1期。

(不仅仅是刑法,还有其他刑事法)的灵魂,并不意味着刑事政策可以在刑法框架体系之外发挥作用,即使是以刑事政策为依据进行的减轻甚至免除刑事处罚,也必须以罪刑法定原则为指导进行,换言之,刑事政策必须在刑法框架体系之内发挥作用。这一点,即使是倡导目的刑和主张社会防卫的李斯特先生,也不否认,并指出"刑法是刑事政策不可逾越的樊篱"①。另一方面,"法律不可能告诉政法部门在特定时期犯罪的态势及其打击重点以及具体的行动方案,政法部门如何有效地使用其有限的人力、财力、物力等资源打击犯罪、预防犯罪、控制犯罪"②,政法机关的工作人员要能够创造性地"用足""用活"法律,就必须通过国家基本刑事政策或特定时期的具体刑事政策去理解、把握和适用。也就是,"在司法实践中,司法人员应当充分认识到刑事政策与刑事法律之间的互补、互动关系,充分利用刑事政策来理解法律"③。

因此,在刑事政策与刑法的关系上,我们一方面坚持"刑事政策是刑法的灵魂","刑事政策只能在刑法的框架内发挥作用",另一方面也反对"刑事政策高于刑法","刑法高于刑事政策"。那种认为"刑事政策是刑法的灵魂"就意味着"刑事政策高于刑法"的观点,以及认为"刑事政策只能在刑法的框架内发挥作用"就意味着"刑法高于刑事政策"的观点,都是不科学的。刑事政策与刑法的关系,在本质上是一种相互约束、有机结合的关系。这一点,已被有关机关认识和坚持。如在2006年12月28日最高人民检察院《关于在检察工作中贯彻宽严相济刑事政策的若干意见》中就强调,"贯彻宽严相济的刑事司法政策,必须坚持罪刑法定、罪刑相适应、法律面前人人平等原则,实现政策指导与严格执法的有机统一,

---

① 转引自[日]庄子邦雄:《刑罚制度的基础理论》,《国外法学》1979年第4期。
② 曲新久、张国鑫:《如何科学认识刑事政策》,《人民法院报》2003年6月1日。
③ 黄伟明:《刑事政策与刑事立法关系的动态分析》,《法学论坛》2003年第3期。

宽要有节,严要有度,宽和严都必须严格依照法律,在法律范围内进行,做到宽严合法,于法有据。"

不仅如此,宽严相济的刑事政策还是把握和实践罪刑相适应原则的基本依据。所谓罪责刑相适应原则,指刑罚的轻重与犯罪行为的社会危害性程度和犯罪分子应承担的刑事责任的大小相适应。我国《刑法》第5条规定:"刑罚的轻重,应当与犯罪分子所犯的罪行和承担的刑事责任相适应",这是罪责刑相适应原则的法律表述。宽严相济刑事政策要求区别对待不同犯罪人,要求"该宽的宽""该严的严""宽严适度""宽严有据"。

综上,所谓"宽严相济",其实质乃是通过对不同黑恶犯罪分子予以处理上的区别对待,限缩刑法的打击面,把刑罚打击这块"好钢"用在需用刑罚打击之罪犯的"刀刃"上,从而减少社会内部的对立,促进社会和谐稳定。这就要求,我们的刑事司法机关,不要一味机械地死抠刑法的某个规定,要善于和乐于运用宽严相济的刑事政策,慎重抓捕、起诉和判决那些虽然同黑恶势力有一定关系,但可以不以犯罪或涉黑犯罪处理的那些轻微失足人员。同时,根据《刑法》第13条关于"情节显著轻微危害不大"的"但书规定",对这些人不以犯罪或不以涉黑犯罪处理,并不违背罪刑法定原则。

2. 宽严相济刑事政策指导着黑恶犯罪治理对策的制定和适用

综观我国有关黑恶犯罪的法律规制和司法处理,其中的刑事制裁不可谓不严厉,最高可以判死刑,然而黑恶犯罪虽然经历了多次专项斗争的打击,但并没有达到理想的效果。这其中的重要缘由就在于弱视了刑事政策在广义和狭义上的理解和意义,进而孤立、片面、急功近利式地予以处置、打击,这势必使得再严厉的刑罚可能也无济于事。古语言"饥寒生盗心",虽然这不能简单地作为解释黑恶犯罪的滋生成长缘由,但在一定意义上也表明包括黑恶犯罪在内的违法犯罪现象,需要纳入本国(地区)的整个社会治理体系、整个法治体系中并作为所有治理工具的一部分予以考究和规制、适用。

首先,黑恶犯罪需放在刑事一体化视野下和在宽严相济刑事政策指导下予以理解和认定。这意味着,宽严相济刑事政策指导的黑恶犯罪的理解和认定,又不限于刑事实体法(狭义刑法)某个法律条文的孤立规定,还要基于其犯罪状况、犯罪原因、犯罪预防等因素,在整个刑事法体系下进行刑事一体化的理解和适用。

其次,黑恶犯罪需放在整个社会治理视野下和在宽严相济刑事政策指导下予以理解和认定。这意味着,宽严相济刑事政策指导的黑恶犯罪的理解和认定,又不限于刑事实体法(狭义刑法)某个法律条文的孤立规定,还要基于整个社会治理体系和法治体系,仅将"刑法"作为所有治理工具(措施)的有机组成部分予以规制和施行,从总体上协调和调动各种刑事手段为预防和报应犯罪服务,防止刑法在社会治理中机能的扩张。

三、"从严"政策的理性对待与合理适用

(一)"从严"政策的形成过程与基本内涵

"从严"作为一项刑事政策,[①]其出台起源于20世纪80年代也即我国改革开放初期恶劣的社会治安环境。具体是基于1979年《刑法》颁布

---

① 所谓的"严打"政策,其实是一种从严的刑事政策,只是在实践中有的理解和适用脱离了刑法立法规定而颇受争议。基于理性地理解和适用本政策,本著将其称为"从严"政策,以区别于实践中曾受争议的"严打"做法。

后即接连发生的社会影响较大的恶性刑事案件,如 1979 年 9 月 9 日在上海发生的"控江路事件";①1980 年 10 月在北京火车站发生的自杀式爆炸案;②1981 年 4 月发生的北海公园事件;③1983 年 5 月发生卓长仁等 6 名罪犯劫持飞机事件;④1983 年又发生亡命天涯、沿途杀人越货的"二王"案件;⑤等等。这些案件在震动全国的同时,也引起了中央的高度重视。据公安部统计,1980 年全国立案 75 万多起,其中大案 5 万多起;1981 年增加至 89 万多起,大案 6.7 万多起;1982 年 74 万多起,大案 6.4 万多

---

① 1979 年 9 月 9 日下午 3 时左右,在上海市控江路江浦路口,因值勤的交通民警制止一青年抢夺一农民出售的螃蟹时方法不当,引起群众围观,一些不法分子趁机兴风作浪。他们攻击警察、拦截轿车、抢劫行人,一位妇女骑车经过时,被推倒在地,不法分子不仅抢去了手表、皮夹,还撕掉她的衬衫、胸罩、裤子,肆意凌辱。杨浦区公安分局出动了 80 名民警、治安队员冲进去抓了 5 名现行犯罪分子才基本控制了局势。市局又调集 200 名民警赶到现场维持秩序,到半夜 12 时才恢复了正常秩序,后被称为"控江路事件"。因此案被逮捕的不法分子有 31 名,其中判处十年以下有期徒刑的 7 名,劳动教养 11 名,少年管教 1 名。

② 1980 年 10 月 29 日,北京到山西运城插队男子王志刚因失业和失恋的双重打击,为报复社会而自制一枚爆炸物,在北京火车站二楼进站大厅进行自杀式爆炸,造成 9 人死亡,89 人受伤。

③ 1981 年 4 月 2 日,三名女生在北海公园划船时,被清河农场外逃劳教人员马克林和无业人员阎晓翔、魏德勇划船尾随。三名女生上岸后即被劫持,被分别强奸、猥亵。

④ 1983 年 5 月 5 日,中国民航 296 号班机被卓长仁等 6 名罪犯劫持飞往韩国。经交涉,机上乘客除 3 名日本人回日本外,中国乘客和机组人员以及被劫持的飞机均归还了中国。1983 年 6 月 1 日,韩国汉城地方检察院对 6 名劫机嫌疑犯起诉。7 月 18 日,汉城地方刑事法院判处卓长仁、姜洪军有期徒刑 6 年,其他 4 人被判刑 4 年或 2 年。但不久这批罪犯被释放去了台湾。我国台湾地区当局把这些人渣封为"反共义士"并给予每人 300 万美元奖赏。1991 年 8 月 16 日,卓长仁、姜洪军等人又因投资亏损,负债累累,以中介土地买卖为由,诱骗台湾一医院副院长王欲明之子王俊杰到台北县淡水镇并将其杀害弃尸桃园,再向王家勒赎新台币 5000 万元。2000 年 9 月 22 日,我国台湾地区法院终审判决卓长仁、姜洪军两人死刑。

⑤ "二王"是指王宗坊、王宗伟两兄弟。他们在沈阳枪杀 4 人后,携带手枪、手雷等武器、凶器亡命天涯。沿途杀人越货,又在湖北岱山、武汉打死 4 人,在湖南衡阳打死 1 人。公安部向全国发布了通缉令,调动武警、公安民警和民兵等数十万人,在河南、湖北、湖南、安徽、江西等重点省区追踪和堵截,历经 7 个月零 6 天,于 9 月 18 日在江西广昌县南坑山上发现了"二王"并将其击毙。

起。1983年前几个月,案件数量持续上升。① 大案频发,社会治安环境差,老百姓没有安全感。在这个背景下,时任全国人大常委会副委员长兼全国人大常委会法制委员会主任的彭真,针对1979年的"控江路事件",于1979年11月22日主持召开全国城市治安会议,提出对杀人、抢劫、强奸等严重破坏社会秩序的犯罪予以严厉打击,实现社会治安综合治理。1980年1月23日,彭真在听取上海市公检法负责同志的汇报时,首次明确提出了"从重从快"的"严打"方针,强调:"当前,对现行犯罪分子的处理,不能从轻,要从重;不能从慢,要从快"。他并于同年5月主持召开北京、天津、上海、广州和武汉五大城市治安座谈会,强调:"对于凶杀、强奸、抢劫、放火、爆炸和其他严重破坏社会秩序的现行刑事犯,目前应该继续依法从重、从快处理"和"乱世用重典"。② 此后,邓小平综合各方面的意见,作出了严厉打击刑事犯罪和经济犯罪活动的决策。③ 在这样的背景下,1983年8月中共中央作出了《关于严厉打击刑事犯罪活动的决定》,强调了依法"从重从快"惩处严重刑事犯罪分子的方针;9月,全国人大常委会通过了三个重要法律修改的"决定":一是《关于严惩严重危害社会治安的犯罪分子的决定》,其中明确规定对包括流氓犯罪集团的首要分子或者携带凶器进行流氓犯罪活动;故意伤害他人身体,致人重伤或者死亡;拐卖人口集团的首要分子,以及非法制造、买卖、运输或者盗窃、抢夺枪支、弹药、爆炸物等等严重危害社会治安的犯罪分子,可以在《刑法》规定的最高刑以上处刑,直至判处死刑。二是《关于迅速审判严重危

---

① 参见杨津涛:《"严打"政策是如何出台的》,《国家人文历史》2013年第16期。
② 他认为:"各个时期形势不同,治安情况坏时应从重,好时就应从轻",对于那些"血债累累、恶贯满盈的反革命分子",在社会动荡时期,对他们的政策应是"不杀不能平民愤",等后来社会逐渐稳定下来,政策就变为"可捕可不捕的不捕,可杀可不杀的不杀"。在彭真看来,20世纪80年代初就是所谓的"乱世用重典"时刻。
③ 参见杨津涛:《"严打"政策是如何出台的》,《国家人文历史》2013年第16期。

害社会治安的犯罪分子的程序的决定》,其中规定对犯罪事实清楚、证据确凿、民愤极大的,应当迅速及时审判,可以不受当时《刑事诉讼法》第110条规定的,关于起诉书副本送达被告人期限以及各项传票通知书送达期限的限制,并规定在嫌疑人犯有上列罪行时,上诉期限和人民检察院的抗诉期限,可由《刑事诉讼法》规定的10日缩短为3日,从而将"从快"落实到了法律上。三是《关于修改〈中华人民共和国人民法院组织法〉的决定》,其中规定"杀人、强奸、抢劫、爆炸以及其他严重危害公共安全和社会治安判处死刑的案件的核准权,最高人民法院在必要的时候,得授权省、自治区、直辖市的高级人民法院行使",并由此带来"基层法院可以判处死刑"的授权。① 于是,"严打"正式开始,②并在1983年8月至1987年1月间,接连开展了三大战役的"严打"活动。其中,第一战役"严打"从8月上旬开始到12月结束,先后打了三仗,全国共分别收容审查、劳教、拘留、逮捕108.29万人、27.24万人和20.23万人,处决了数万名罪犯,各大城市注销了一批犯罪分子的户口,向青海、新疆等地送去5000多名劳改犯和劳教人员;第二战役"严打"自1984年8月31日全面展开到1985年7月底结束,也先后打了三仗,全国共分别抓获各类人犯12.16万人、4.95万多人和2.85万人;第三战役"严打"自1986年2月至1987年1月,全国共逮捕刑事犯罪分子34万人,劳动教养7.6万人,少年收容教养4458人。1990年和1996年又发动了两次"严

---

① 最高法、最高检和公安部于1983年8月16日发出通知,规定:"在当前严厉打击刑事犯罪活动的这段期间,中级人民法院在必要的时候,可以决定把某些属于严重危害社会治安的,应判处无期徒刑、死刑的第一审普通刑事案件,交由基层人民法院审判。"三个半月后,最高法、最高检和公安部又于12月2日发出通知,规定:"今后对于判处无期徒刑、死刑的第一审普通刑事案件,仍执行刑事诉讼法第15条的规定,由中级人民法院管辖。"

② 参见杨津涛:《"严打"政策是如何出台的》,《国家人文历史》2013年第16期。

打",前后延续了20余年。①

以上形成过程,彰显了"从严"刑事政策的如下几个基本内涵或特点:第一,该政策或方针的提出源自长期得不到有效治理的恶劣社会治安环境;第二,该政策或方针强调的是集中从重从快打击严重的刑事犯罪;第三,该政策或方针不宜体现在定罪上;第四,该政策或方针的适用不能违背罪刑法定原则和法律的所有相关规定;第五,作为一项具体的刑事政策,该政策的贯彻实施不能违背宽严相济刑事政策的基本精神,前者不仅是后者"严"的重要体现,也应当是后者"宽"的载体之一;第六,该政策或方针并非仅是或主要是针对黑社会性质组织犯罪等性质严重犯罪而采取,而是作为治理黑社会性质组织犯罪等性质严重犯罪的重要政策。"严打"的以上理解及其内涵,对科学发挥"从严"政策作用和全面依法治国方略,具有极其重要意义。正如有论者在理性反思"严打"斗争的做法时所强调的,依照《宪法》关于依法治国的根本战略,"严打"整治斗争"也要做到有法必依、执法必严","严打"之"严","绝不是可以无视法律的规定滥施刑罚,扩大打击面",而是指"在法律规定的量刑幅度内从重、在法定期限内从快进行打击","从这个意义上讲,'严打'是实施依法治国战略的现实需要"。②

(二)"从严"政策在涉黑犯罪处理中的既有问题

1."从严"政策适用中的共性问题

综观相关实践和学者们的梳理,以上如此"从严"政策在形成和适用中至少存在如下问题:

---

① 参见崔敏:《反思八十年代"严打"》,《炎黄春秋》2012年第5期。
② 潘洪其:《"严打"是依法治国的现实需要》,《北京青年报》2001年4月12日。

（1）带来了程序适法性损害。主要表现在：一是对判决已生效的案件重审改判死刑。据1983年8月28日，最高法、最高检、公安部、司法部《关于严厉打击劳改犯和劳教人员在改造期间犯罪活动的通知》，将一大批劳教人员逮捕判刑，注销城市户口，发往边远地区改造，并从监狱中拉出一批罪犯，改判死刑处决。如有男青年被控告强奸，本已判刑5年，遇"严打"改判15年。二是对服刑期满者强制不予释放。据1983年8月19日，司法部、公安部、最高检、最高法《关于对犯人刑满和劳教期满的人员暂停放回社会的紧急通知》，把劳教人员等同于服刑的犯人，强制"留场就业"，致使监狱和劳改队、劳教所人满为患，并使国家和司法机关失信于民和对法制造成了严重损害。三是缩短上诉期限而不利于各方权益的维护。报道称，吉林四平有起持刀行凶杀害民警案，其犯罪人田某于1996年5月13日行凶作案，经历案件的侦查、预审、起诉、一审、二审、死刑复核和最后5月19日的死刑执行，总共只用了6天时间，①如此"从快"，显然是对法治正当程序精神的破坏。

（2）刑事犯罪数量并没有真正减少。据有关部门的统计，"严打"前的1982年，全国公安机关刑事案件立案总数为74.8万余起；2005年，公安机关的刑事立案数达到464.8万余起，是1982年的6倍多、1983年的7倍多。② 这表明，"严打"并没有使严重的刑事犯罪减少，甚至反而急剧增长，并发生较"严打"前有过之而无不及的恶性案件和出现"发案多，破案多，抓人多；发案更多，破案更多，抓人更多"的怪圈。③

（3）带来众多冤假错案。实行从重从快方针，不仅会扩大打击面，

---

① 参见《凶犯六天伏法》，《法制日报》1996年6月18日。
② 参见崔敏：《反思八十年代"严打"》，《炎黄春秋》2012年第5期。
③ 参见江普生：《严打整治斗争的回顾与思考》，《公安研究》2004年第7期。

而且产生新的冤假错案。其中,最为典型的是震惊全国的魏清安被冤杀案。该案由郑州市巩县(现巩义市)法院一审,在事实不清、证据严重不足的情况下,将一个毫无过错的 24 岁淳朴农民魏清安判处了死刑。郑州市中院二审、河南省高院终审都草率从事,核准了死刑。魏反复争辩:"这事我冤枉,我希望见见我的证据。"临刑前仍一再喊冤,竟无一人过问,迅即被处决。半年后,真正的罪犯田玉修被抓获,才使冤情大白。

(4)导致大量不理性的重判。《关于严惩严重危害社会治安的犯罪分子的决定》规定,对流氓罪、故意伤害罪、拐卖人口罪等十几种犯罪"可以在刑法规定的最高刑以上处刑,直至判处死刑"。司法实践中,就有故意伤害致 1 人死亡,而判处 3 人死刑立即执行、1 人死刑缓期执行。① 著名的朱某华案和迟某强案等,也都有不理性的重判嫌疑。其中,在朱某华等 6 人被判处死刑案中,据判决书记载,朱某华等 9 名被告人是"以给调动工作相要挟"、是"利用举办家庭舞会,播放黄色歌曲、看裸体画报和黄色录像、请吃饭、搞对象、交朋友、找工作、调动工作、扣压物品、揭露隐私或由同伙拦截等手段",共强奸妇女 15 人、强奸未遂 7 人、玩弄奸污妇女 21 人、猥亵妇女 26 人、拦截妇女 17 人,共计 86 人。本案中并有被告人李某华因先后与多名男性"乱搞两性关系"而被以流氓罪判处无期徒刑。在迟某强案中,1982 年,迟某强到南京拍摄电影《月到中秋》,其间认识了一些高干子弟,一起跳贴面舞,看内部小电影,后被邻居举报,1983 年 10 月,正在河北拍摄电影《金不换》的迟某强被警方拘捕。后因"流氓罪"被判监禁 4 年。

---

① 参见陈兴良:《严打利弊之议》,《河南省政法管理干部学院学报》2004 年第 5 期。

2."从严"政策在涉黑犯罪适用中的个性问题

"从严"政策在涉黑犯罪适用中的问题主要是带来黑恶犯罪定性处罚的重复评价。虽然在2001年开展第一次全国性"打黑除恶"斗争之前,因立法等的变化已有很大改变,但其作为在此之前打击流氓黑恶势力的专项活动,这些危害对打击当时的黑恶违法犯罪来说,也是存在的。除此之外,"从严"政策在惩处黑社会性质组织犯罪中,如前所述,还特别带来实质累加型重复评价问题。也就是,在立法及其司法解释已贯彻对黑社会性质组织犯罪从重处罚精神下,又通过政策性的司法文件,将黑社会性质组织犯罪背景及其组织领导者身份视作酌定从重处罚情节,予以适用而带来的重复评价。

如此"重复评价"源于对黑社会性质组织成员的处罚上实际存在的"三重"处罚依据。第一重是《刑法》第294条第1款和第5款的规定,将组织活动行为评价为组织、领导、参加黑社会性质组织罪;第二重是《刑法》第26条①、最高人民法院《关于审理黑社会性质组织犯罪的案件具体应用法律若干问题的解释》(法释〔2000〕42号,下文简称《解释》)第3条的具体化规定②和《刑法》第294条第4款关于数罪并罚的规定③,要求组织成员对组织的"其他犯罪行为"负责,并认定为相应具体犯罪予以数罪并罚;④第三重是最高人民法院《关于贯彻宽严相济刑事政策的若干意

---

① 《刑法》第26条规定:"对组织、领导犯罪集团的首要分子,按照集团所犯的全部罪行处罚","对于第三款规定(组织、领导犯罪集团的首要分子)以外的主犯,应当按照其所参与的或者组织、指挥的全部犯罪处罚"。

② 《解释》第3条规定:"对于黑社会性质组织的组织者、领导者,应当按照其所组织、领导的黑社会性质组织所犯的全部罪行处罚。"

③ 《刑法》第294条第4款规定:"犯前三款罪又有其他犯罪行为的,依照数罪并罚的规定处罚。"

④ 以上两重处罚依据带来的是前述数罪并罚型重复评价。

见》(法发〔2010〕9号,下文简称《意见》)和最高人民法院刑三庭《在审理故意杀人、伤害及黑社会性质组织犯罪案件中切实贯彻宽严相济刑事政策》(2010年4月14日发布,下文简称《阐释》),①要求对黑社会性质组织犯罪从重处罚。②

在以上"三重"层级处罚依据中,第三重层级关于对黑社会性质组织犯罪从重处罚的《意见》和《阐释》的要求,并不是对前两重层级相关立法及其《解释》关于从重处罚的"重申"或具体化,而实际上是将黑社会性质组织犯罪背景及其组织领导者身份视作酌定从重处罚情节予以适用。因为《意见》和《阐释》要求从重处罚的对象与相关立法及其解释是不同的:相关立法及其解释的从重处罚评价对象是黑社会性质组织成员(组织领导者、积极参加者、一般参加者)的具体行为责任,是在区别对待精神和罪责刑相适应原则下的具体"从重处罚",而《意见》和《阐释》的评价对象是黑社会性质组织犯罪的整体及其组织领导者的身份("黑老大"),是笼统要求在司法上对黑社会性质组织犯罪"作为严惩的重点""依法从重处罚"、对组织领导行为"依法从严惩处"和对组织领导者等的从宽处罚

---

① 《意见》第7条要求:"对于……黑社会性质组织犯罪……要作为严惩的重点,依法从重处罚";《阐释》要求:"对于组织者、领导者应依法从严惩处,其承担责任的犯罪不限于自己组织、策划、指挥和实施的犯罪,而应当对组织所犯的全部罪行承担责任",且"对于组织者、领导者检举、揭发与该黑社会性质组织及其违法犯罪活动有关联的其他犯罪线索,即使依法构成立功或者重大立功,在考虑是否从轻量刑时也应当从严予以掌握","对于积极参加者,应根据其在具体犯罪中的地位、作用,确定其应承担的刑事责任。确属黑社会性质组织骨干成员的,应依法从严处罚"。

② 2015年9月17日最高人民法院印发的《全国部分法院审理黑社会性质组织犯罪案件工作座谈会纪要》(文中简称《北海纪要》)其中强调"毫不动摇地贯彻依法严惩方针",要求"进一步提高思想认识,充分发挥审判职能作用,继续深入推进打黑除恶专项斗争,在严格把握黑社会性质组织认定标准的基础上始终保持对于此类犯罪的严惩高压态势","对于黑社会性质组织犯罪分子要依法加大资格刑、财产刑的适用力度,有效运用刑法中关于禁止令的规定,严格把握减刑、假释适用条件,全方位、全过程地体现从严惩处的精神"。如此要求表明,新的纪要已注意到如此问题。

情节"依法从严予以掌握"。① 以上评价对象的不同决定了,《意见》和《阐释》对黑社会性质组织犯罪的从重处罚要求,具有独立于相关立法及其解释的司法意义,②并使得黑社会性质组织成员在立法和司法解释的区别从重处罚的基础上,又要整体上酌情从重处罚。这种将黑社会性质组织犯罪背景及其组织领导者身份作为酌定从重处罚情节予以适用的重复评价,必然带来罪责刑不相适应的重刑。

(三)"从严"政策在涉黑犯罪中的理性适用

1."从严"政策的理性理解是其理性适用的基础和前提

对于"从严"政策,应给予理性理解。从时间维度来看,"严打"虽是针对特别严峻的社会治安形势而特别采用的具体刑事政策,但它并非因基本刑事政策的存在而退出历史舞台。③ 我国同犯罪作斗争的实践表明,虽然"严打"对遏制整个犯罪态势起不了作用,但对扭转特别严峻社会治安功不可没。从1983年至2001年,我国先后发动了3次全国性的"严打",我们都清楚地看到,每一次"严打"对扭转严峻社会治安和稳定社会秩序的作用都非常明显。"严打"确实不能遏制整个犯罪态势,但这不是"严打"的错,而是整个社会综合治理失效,特别是行政执法不力;④

---

① 这其中虽然都冠以"依法",但这些"依法"因在立法上缺乏相应的具体规定而在司法上是一个虚化的概念。
② 这由刑事政策和刑法的内在关系所决定:一方面刑事政策指导着立法并贯彻在相应立法中;另一方面在司法上刑事政策又需在立法框架下指导着如何正确准确地定罪量刑,包括发现和启用酌定量刑情节的提取和适用。刑事政策如此司法适用功能,不仅没有超越立法,而且还是其立法指导功能的要求和体现。
③ "严打"其实蕴含了及时性处罚的原理。
④ "严打"在很大程度上是行政执法失败的结果;在这个意义上说,废止"严打"的根本性做法,是加强社会治安综合治理,特别是强化行政执法,防微杜渐,防止那些严重危害社会的犯罪现象滋长。

相反,在社会综合治理失效特别是行政执法失灵的情况下,若没有"严打"则社会治安情况定会更糟。根据法律经济学中的"威慑假说",刑罚可以理解为犯罪分子购买犯罪的支付价格,预期刑罚的强化将制止更多的犯罪。① 虽然我们不能简单地将刑罚量的增加与犯罪率的下降绝对对应起来,但它们在一定范围内还是存在着一定的对应关系的,即一定时期内某一种(类)犯罪的猖獗,在一定意义上表明了刑罚的缺位或量的不足。也因为此,"从重"才有了存在的价值基础。② 因此,要解决整个犯罪态势问题,不是要不要废止"从严"政策,而是要加强社会综合治理,包括严格行政执法,使需"从严惩处"的犯罪问题消除在"萌芽"状态。但即便如此,作为具体刑事政策,"从严"政策仍需坚持。这正如人体健康状况那样,虽然我们平时特别注重锻炼身体以保持健康,但还是难免生病。在已经生病,特别是患上严重甚至恶性疾病情况下,还是要住院治疗的,否则就可能愈发恶化甚至一发而不可收。具体就社会治安而言,"从严惩处"作为社会治安的特别"治疗"措施,一方面只能是对"病"施治、"对症"施治,特别是对那些久治不愈的"病"(犯罪现象)施治,不能病大病小都用同样的方式方法施治;另一方面在"从严惩处"对象得到"痊愈"时,就要建立长效的社会综合治理机制,防止再出现类似严重犯罪态势。因此,面对"从严惩处"存在的问题,其上策不是不理智地"因噎废食",而是把它放在宽严相济这个基本刑事政策的框架内,③对它进行完善性改造,主要是使它同国家基本刑事政策相协调。④

---

① 即犯罪率取决于犯罪风险和犯罪受益。其中关键含义是假设犯罪的数量唯一取决于预期刑罚的高低。参见[美]罗伯特·考特、托马斯·尤伦:《法与经济学》,张军等译,上海三联书店1994年版,第772页。
② 参见单民、周洪波:《论"严打"中的若干问题》,《法制与社会发展》2002年第5期。
③ 也需在刑法的框架下。后文详述。
④ 又与罪刑法定原则及现代刑法精神不相违背。后文详述。

虽然"从严"政策在实践中确有这样或那样的不足,但自从1983年创立时起,它就是基本刑事政策下的一个具体刑事政策。具体而言,在惩办与宽大相结合的基本刑事政策年代,严打是惩办与宽大相结合下的具体刑事政策,它所追求的依法从重从快,"同惩办与宽大相结合的基本刑事政策的精神是一致的,而不是对立相悖的"[1]。因为,具体刑事政策本就可以是体现基本刑事政策的某一方面的内容,这也恰恰是其"具体"性的体现。因此,如果说"严打刑事政策在其内容上和惩办与宽大相结合刑事政策是存在抵触的,采用严打刑事政策意味着在一定时期内惩办与宽大相结合刑事政策的搁置"[2]的话,则这只表明实践中对"从严"刑事政策和惩办与宽大相结合刑事政策的关系并没有理顺,而不能成为否定严打是惩办与宽大相结合下的具体刑事政策的理由。也有学者以"在严打刑事政策下,那些体现惩办与宽大相结合刑事政策内容的具体政策,如可捕可不捕的不捕,可杀可不杀的不杀,都没有得到很好的贯彻,甚至不再适用"为由,来否定"从严"是惩办与宽大相结合下的具体刑事政策。[3]这个"否定"理由同样是不充分的。从"从严"刑事政策和惩办与宽大相结合刑事政策的内在关系来看,实践中的如此做法实际上只是"从严"刑事政策的一种异化,并不是真正的"从严"刑事政策;这个异化表明,当前实践中的"严打"确实有应当批判和需改进的不足之处,[4]但这个在社会治安的特殊时期使用与社会治安良好时期更重的刑罚也即"从严"政策,正是时代性两极化刑事政策的具体体现。从背景上考察,实践中"从严"

---

[1] 杨春洗主编:《刑事政策论》,北京大学出版社1994年版,第245页以下。
[2] 陈兴良主编:《宽严相济刑事政策研究》,中国人民大学出版社2007年版,第3页。
[3] 参见刘仁文:《宽严相济的刑事政策研究》,《当代法学》2008年第1期。
[4] 实践中,由于对"严打"存在认识上的偏差,导致在实际执行过程中出现了一些不正常的现象:如程序简略、办案粗糙、刑讯逼供、盲目重判、滥施刑罚、随意执法等问题。

政策所存在的问题,实际上主要源于当时基本刑事政策即"惩办与宽大相结合"把"惩办"放在首要位置的政策背景,从而在一定程度上导致"从严"政策的极端化表现。然而,在基本刑事政策从"惩办与宽大相结合"发展到"宽严相济"时代背景下,因"宽严相济"和"惩办与宽大相结合"对"宽"与"严"、"惩办"与"宽大"排列顺序的改变,使得"是在多年来实行严打的环境下,政策制定者欲回归惩办与宽大相结合的刑事政策,特别是在'宽大'方面做文章的政策用意"①,从而一方面既需"从严"为"宽严相济"基本刑事政策的"严"的一面,另一方面也意味着它在新的基本刑事政策中处于次要的、补充的地位。因此,无论是"从严"或"惩办与宽大相结合"多么不合理,②还是"宽严相济"多么合理,从发展的观点来看,从前者发展到后者,本就是我国基本刑事政策进步的一个阶段和一个表现。这个进步的"阶段"与"表现",不仅是"宽严相济"对"惩办与宽大相结合"的承继和发展,而且是对"从严"的约束和改造。

综上,"从严"只是在特定时期、针对特定严重危害社会秩序的犯罪,集中力量从严从快严厉打击的临时性、非常性与应急性的,且包含在宽严相济刑事政策之"严"方面的具体政策。但只要我国的社会综合治理特别是行政执法没有跟上,只要在特定时期还有某个(些)猖獗犯罪现象存在,其作为基本刑事政策的具体刑事政策,就不应被废止。只是在对它与宽严相济刑事政策关系的处理上,一方面需坚持必要情况下进行适时"从严"政策,另一方面又需将其纳入"宽严相济"框架之下。③ 唯其如

---

① 刘仁文:《宽严相济的刑事政策研究》,《当代法学》2008年第1期。
② "严打"的不合理性与"严打"作为基本刑事政策的一个具体政策,不是一回事。
③ 其实,据全国社会治安工作会议精神,"严打"本来也是界定为在法律规定的量刑幅度内从重、在法定期限内从快打击严重刑事犯罪的活动。据此,如此"严打"方针实际上是两极化刑事政策或宽严相济刑事政策的"严"的要求和体现;"严打"实践中出现的诸多问题,并不是"严打"方针本身的错,而是实践理解和执行出现了激进和偏差。

此,"从严"所存在的问题才能得到规范和改造,宽严相济的刑事政策效用也可得到更有效的发挥。在这个意义上,理论上关于因"从严""不是长久的策略"而应当废止的观点,其实是没有正确定位"从严"具体政策与"宽严相济"基本刑事政策关系的体现。

基于"从严"的以上理解,在社会治理体系出现较为猖獗的黑社会性质组织等犯罪问题时,采取及时的"从严"即"专项斗争"政策,也是必要和合乎法治规律的。虽然在理论上对"打(扫)黑除恶",存在到底是"依法常规打击"还是"开展专项斗争"的争议,但从法治规律上看,"依法常规打击"与"开展专项斗争"在理论上并不冲突,在实践中两者需要结合运用。具体而言,"依法常规打击"当然是治理黑社会性质组织违法犯罪的常态性措施,但就像人怎么注意锻炼身体还是会生大病而需要住院集中治疗一样,黑社会性质组织违法犯罪作为一种危害社会的现象,怎样的社会治理都难免会形成痼疾而需集中专项打击,更何况我们当前的社会综合治理体系还非常不完善。因此,笔者认为,在社会综合治理体系还未做到非常完善的情况下,特别是在国家治理体系和治理能力还没有现代化的背景下,在黑恶犯罪现象被称为严重扰乱民众日常生活秩序以及破坏经济社会发展的极端违法犯罪现象时,就需要启动"从严"政策,以"开展专项斗争"作为"依法常规打击"的必要补充措施,清除经济社会治理中的"毒瘤",治愈经济社会治理中的"病变"。

2."从严"政策在涉黑犯罪定性处罚中需"依法"适用

这是由政策与法律的内在关系决定的。政策与法律的内在关系,在立法与司法上有不同表现。在立法层面上,政策凌驾于法律之上,即所有立法都应是在一定政策的指导下作出;在司法层面上,政策需在法律的框架内发挥作用,即所有的法律适用都需要相应政策予以指导,否则其立法目的和功能就难以有效发挥,但这时政策的指导作用只能在既定法的框架内得以发挥。刑法的立法和司法与刑事政策的关系也是这样,即在刑法立法层面上,所有刑法立法都应是在一定的刑事政策指导下作出,在刑法司法层面上,所有定性处罚的法律适用都需相应刑事政策的指导,否则刑罚乃至刑法立法的目的和功能就难以有效发挥。但刑事政策的指导作用只能是在既定法的框架内发挥,否则,就背离了罪刑法定原则。

显然,"从严"政策的施行必须在刑法的框架内进行,特别是不能与罪刑法定原则及现代刑法精神相违背。既然"从严"政策在特定条件下,其存在和适用也是必要和重要的,则在理论和实践中也应理性对待"从严"政策。犯罪作为一种特殊的社会现象,往往受社会环境、个体差异及法律规定等方面因素的影响,并呈现出复杂多变的态势。刑事政策的制定主要立足于特定的治安形势,以调整刑法打击的重点。社会治安形势严峻时,主张适当加大打击力度以防控犯罪。"从严"正是基于犯罪状况的总体变化,以专项斗争为楔子,通过有针对性地确定打击重点,组织不同规模的专项整治,实现"从重""从快"地集中打击这些犯罪活动。同时,即使是对同种犯罪处以刑罚也应当随客观形势的发展变化而变化,以期与一定时期的政治、经济和社会形势相适应,而非任何时候、任何情况下,同样的犯罪行为都必须处以同样的刑罚。[①] 因此,虽然"从严"政策是集中"从重""从快"地打击某些特别严重犯罪及遏制这些犯罪态势,但因"从重"本就是在法定刑幅度内,"从快"也本就是在法定期限内,而没有(也不应当)超出法律的框架;司法实践中将"从重"等同于"重刑"、越格判刑、一律顶格判刑、不适当地扩大"从重"对象、数罪并罚时提高刑罚幅度等,将"从快"等同于缩短法律赋予犯罪嫌疑人、被告人的上诉时间,异化为不保证案件质量的"从快"等做法,本就是一些违法行为,本就不是

[①] 参见周晖国:《"严打"是罪刑相适应原则的内在要求》,《人民法院报》2001年5月21日。

理性的"从严"政策行为。理性的"从严"政策行为,应是在刑法框架内进行。

同时,"从严"政策的适用必须符合罪刑相适应原则。作为"从严"对象,本就是因为具有更大的社会危害性而被确定的。这样,某一种犯罪行为,在社会治安极其严峻并需"从严惩处"的时期,自然应比在平常时期的社会危害性大。既然社会危害性相对平常时期更大,则对其"从重处罚",也就是罪责刑相适应原则的要求和表现。这一点,即使是主张绝对罪刑法定的贝卡里亚也强调,"刑罚的规模应该同本国的状况相适应","为了打倒一头狂暴地扑向枪弹的狮子,必须使用闪击"。① 因此,理性地适用"从严"政策,不仅不违背罪刑法定原则,而且也不违背罪刑相适应原则。

具体就黑恶犯罪而言,理性的"从严"也需根据宽严相济刑事政策在"严"上的体现和要求,在刑法立法框架下的,符合刑法总则和分则的所有相关规定。具体是,严格按《刑法》第 294 条、《刑法》第 26 条关于首要分子、主犯的处罚原则,以及《刑法》第 5 条关于罪责刑相适应原则的规定予以定罪量刑,去体现和实现"依法严惩"。其中,所谓贯彻落实宽严相济刑事政策中关于"严"的要求,其实就是严格按照立法关于从严惩处的相关规定和罪责刑相适应的要求,依法惩处。

在 2015 年《北海纪要》②的论证中,对于如何理解和适用"从严",存在不同意见。包括在《北海纪要》的专家咨询稿中,蕴含着较为浓厚的非

---

① [意]贝卡里亚:《论犯罪与刑罚》,黄风译,中国大百科全书出版社 1993 年版,第 44 页。

② 为深入贯彻"全面推进依法治国"的党政国策和进一步依法、准确惩治黑社会性质组织犯罪,最高人民法院在深入总结研究 2009 年印发的《北京纪要》基础上,于 2015 年印发了《全国部分法院审理黑社会性质组织犯罪案件工作座谈会纪要》,以在"毫不动摇地贯彻依法严惩方针"下,"认真贯彻落实宽严相济刑事政策"和"正确把握'打早打小'与'打准打实'的关系"。

理性"从严"色彩。如,强调"毫不动摇地贯彻依法严惩方针"和"各级人民法院和全体刑事审判人员应当始终保持清醒的认识,……并始终保持对于此类犯罪的严惩高压态势";强调"对于黑社会性质组织的组织者、领导者、骨干成员及其'保护伞',要依法从严惩处","要在判处主刑和附加刑以及决定刑罚和执行刑罚时,全方位、全过程地体现从严惩处的精神";强调"依法加大惩处'保护伞'的力度";要求对黑社会性质组织的组织者领导者的立功情节"从严掌握";要求对黑社会性质组织的组织者领导者的具体犯罪被害人及其亲属谅解情节"从严掌握"。按传统打黑除恶的"从严"观念,以上理念及其具体表现,可能是必要和重要的。但这些并非严格依法适用的非理性"从严"要求,其实是与2014年党的十八届三中全会以来关于全面推进依法治国和全面刑事法治的政策精神相冲突的。具体表现在,随着全面依法治国方略的进一步推进和刑事法治要求的提高,为了适应国家治理体系和治理能力现代化建设的需要,新制定的规范性文件应当充分建立在以上党政国策和时代需求的基础上,理性地处理好对黑恶犯罪治理的"从严"与宽严相济刑事政策和刑法的关系,做到一方面将"从严"纳入宽严相济刑事政策体系内作为"严"的一面予以理解和适用,另一方面将"从严"纳入刑法框架内并依刑法的基本原则和精神予以理解和适用。在这样的讨论背景下,《北海纪要》充分吸收了如此"依法从严"理念,不仅整个《纪要》几乎找不到2009年《纪要》广泛蕴含的"严厉打击""从严掌握""酌定从重处罚"等规定或要求,而且较好地处理了新一轮"打(扫)黑除恶"中对黑恶犯罪的理性定性处罚。

第五章

黑恶犯罪认定的难点释读

这主要是基于哲学上的系统论等科学理论,对黑社会性质组织本质特征、各具体特征及其时间、人数与数额要求、成员身份、"软暴力"、"保护伞"及涉黑恶财产等认定与处置难点问题,进行理论上的阐释。

一、黑社会性质组织本质特征的理解与认定

本质是与现象相对的范畴。"本质特征"作为揭示"本质"的现象,应具有揭示"本质"即将 A 与 B 界分开来的功能。就何为黑社会性质组织的本质特征而言,司法中或理论上认为组织特征或非法控制特征为其本质特征,以求据此准确、正确地认识和认定黑社会性质组织。可显然,黑社会性质组织四个特征中的任何一个或几个特征都不可能具有本质特征的功能。基于黑社会性质组织四个特征的系统性内在关系,作为认识和

认定黑社会性质组织并据以与其他相关犯罪组织界分的本质特征,只能是共同揭示黑社会性质组织本体的四个特征的有机联系整体。具体在司法上,不能将黑社会性质组织四个特征割裂开来予以孤立评价,而应放在一个有机整体中作相关性评价。

(一) 黑社会性质组织本质特征之认识纷争

1. 黑社会性质组织本质特征之理论争议

本质特征,是指反映该事物内在根本属性(本质)的外在具体表征,具有"决定事物性质并使一事物区别于其他事物的特性"[①]。申言之,事物的本质特征是将该事物与其他事物相区别的关键,具有界分事物的基本功能。例如,若可以将"戏剧小品"这一戏剧艺术样式的本质特征界定为"新兴的、具有形式结构短小精巧,内容情节简洁概括,矛盾冲突较为集中和戏剧化"的话[②],则据此就可以将戏剧小品与相近的短剧、小话剧、独幕剧等戏剧样式界分开来。同理,界定黑社会性质组织的本质特征,也在于赋予其准确判断和正确认定黑社会性质组织的功能。

对于何为黑社会性质组织的本质特征,理论上存在较大的争议。概括起来,主要有以下几种认识观点:

一是组织特征说。认为组织性是黑社会性质组织的本质特征,具有严密的组织结构是黑社会性质组织区别于其他犯罪组织的根本标志。[③]

二是有组织的暴力特征说。认为有组织的暴力是黑社会性质组织的本质特征,这是因为如果没有有组织暴力的支持和保护,黑社会性质组织

[①] 杨安华、童星、王冠群:《跨边界传播:现代危机的本质特征》,《浙江大学学报(人文社会科学版)》2012年第6期。

[②] 参见王文成:《戏剧小品的本质特征初探》,《剧作家》2006年第1期。

[③] 参见李文燕、田宏杰:《黑社会性质组织特征辨析》,《中国人民公安大学学报》2001年第3期。

便不能存在。①

三是组织行为特征说。认为组织特征和行为特征是黑社会性质组织的本质特征。其中,"组织性特征是黑社会性质组织最本质、最鲜明的特征",而行为特征亦是黑社会性质组织的本质特征之一,二者相结合能够从本质上说明黑社会性质组织的社会危害性。②

四是非法控制说(危害性说)。认为"非法控制是黑社会性质组织的本质特征和根本属性"③。这是因为黑社会是与合法社会相对抗的非法社会,没有对社会的非法控制就没有黑社会,正如没有对社会的合法有效的控制就没有合法社会;④"非法控制特征集中体现了黑社会性质组织与政府公然对抗的能力和属性,在一定行业或者地域内严重削弱了政府的公共管理权能,其释放的巨大犯罪能量极大地破坏了社会经济以及普通公民的正常社会生活秩序"⑤。

事实上,以上关于黑社会性质组织本质特征的观点,从黑社会性质组织认定的司法实践来看,均不真正具有黑社会性质组织本质特征所应具有的界分功能。就组织特征而言,即使"组织性是有组织犯罪的本质特性"⑥,但由于犯罪的有组织性是刑法立法上的所有以犯罪集团(犯罪组织)形式实施的任意共同犯罪(如走私集团犯罪、盗窃集团犯罪等)和必

---

① 参见何秉松:《中国有组织犯罪研究·中国大陆黑社会(性质)犯罪研究》(第一卷),群众出版社 2009 年版,第 230—231 页。
② 参见黄京平、石磊:《论黑社会性质组织的法律性质和特征》,《法学家》2001 年第 6 期。
③ 张卫兵:《论黑社会性质组织的构成要素》,《中国审判》2010 年第 12 期。
④ 参见徐跃飞:《黑社会性质组织本质特征探析》,《山东科技大学学报(社会科学版)》2003 年第 3 期。
⑤ 陈世伟:《黑社会性质组织基本特征的实践展开》,《河南大学学报(社会科学版)》2012 年第 1 期。
⑥ 李洁:《打击有组织犯罪:"打小"的立法期待》,《河南省政法管理干部学院学报》2011 年第 5—6 期。

要共同犯罪形态(如恐怖组织犯罪、邪教组织犯罪等)的共同特征,因而组织性已然失去界分黑社会性质组织与其他犯罪组织的功能。就有组织的暴力特征说和组织行为特征说而言,也都因诸如组织严密的抢劫犯罪集团、策划有组织暴力事件的恐怖组织等也具有"有组织的暴力特征""组织特征""行为特征"等如此外在表征而无法担当本质特征所应有之界分功能。就非法控制说(危害性说)而言,虽然它是当前理论上的主流观点,且非法控制性也确是黑社会性质组织的一个显著特点,但因"任何违法犯罪行为,都是在一定区域内实施的;凡是涉及经济、财产等方面的犯罪,都可谓在一定行业范围内实施的;许多犯罪都采取暴力、威胁手段;经济犯罪、财产犯罪乃至部分渎职犯罪,都破坏了经济秩序;一切犯罪都破坏了社会生活秩序"[1]等,而也不具有界分黑社会性质组织与其他犯罪组织的功能。

2. 界定黑社会性质组织本质特征之实践困境

如前所述,黑社会性质组织是我国刑法上的特有情形,其概念在立法上最早见于1997年《刑法》(第294条)。立法时,尚没有黑社会性质组织这一概念的具体使用。在此情况下,立法设置这种犯罪且对其构成特征采取了"模糊特征描述"的界定模式,即所谓的"黑社会性质组织"是指"以暴力、威胁或者其他手段,有组织地进行违法犯罪活动,称霸一方,为非作恶,欺压、残害群众,严重破坏经济、社会生活秩序的黑社会性质的组织"[2]。如此缺乏具体认识而给出的带有"文学描述"性的模糊界定,给"黑社会性质组织"的司法认定带来重重困难。为此,最高人民法院于2000年发布了《关于审理黑社会性质组织犯罪的案件具体应用法律若

---

[1] 张明楷:《黑社会性质组织的本质特征》,《检察日报》2002年3月29日。
[2] 1997年《刑法》第294条第1款。如此规定,为2011年通过的《刑法修正案(八)》所规定(吸收立法解释规定)的四个特征所取代(具体为《刑法》第294条第5款)。

干问题的解释》,其中,对何为黑社会性质组织,采取通常的特征识别方式,对"黑社会性质的组织""一般应具备"的四个特征即"组织特征"、"经济特征"、"行为特征"和"危害性特征"作出了具体规定。然而,对于以上规定,公安、检察、法院乃至理论上均有不同认识。特别是对以上四个特征是否必须同时具备、是否必须有较为严格的组织纪律和是否必须具有"保护伞",争议很大。针对以上争议,我国立法机关于2002年以立法解释的形式即《关于〈刑法〉第294条第1款的解释》,规定了黑社会性质组织认定所"应当同时具备"的四个特征,并在2011年吸收到现行《刑法》中作为其第294条第5款。①

然而,以上立法解释和立法规定,还是没能很好地解决司法上对黑社会性质组织的认定问题。于是,先是最高人民法院联合最高人民检察院和公安部于2009年发布了《北京纪要》。其中,既强调"黑社会性质组织必须同时具备《立法解释》中规定的'组织特征'、'经济特征'、'行为特征'和'危害性特征'",又强调危害性特征(非法控制特征)是"黑社会性质组织的本质特征",是"黑社会性质组织区别于一般犯罪集团的关键所在"。

显然,以上《北京纪要》关于黑社会性质组织本质特征的强调,并没有实现其强调的"目的"和真正解决如何准确判断和正确认定黑社会性质组织的问题。基于前述理由,非法控制说(危害性说)并不具有界分黑社会性质组织与其他犯罪组织的功能。它不仅没能很好地把黑社会性质组织与其他犯罪组织区分开来,特别是没能很好地把其与那些同样具有"反社会性"的犯罪组织(如恐怖组织、邪教组织、"恶势力"团伙等)区分开来,而且还会导致出现将某些尚不具备犯罪集团条件的团伙错误地作

---

① 具体为第十一届全国人民代表大会常务委员会第十九次会议于2011年2月25日通过的《刑法修正案(八)》吸收为《刑法》第294条第5款。

为黑社会性质组织进行处理的情况,或是将一些企业的组织特征错误地认定为黑社会性质组织特征的情况。① 也正是因为如此,2015 年的《北海纪要》又继续用接近一半的内容篇幅阐述"关于黑社会性质组织认定"的问题。其中,特别值得一提的是,其在黑社会性质组织的认定问题上,没有强调《北京纪要》关于"非法控制性特征(危害性特征)""是黑社会性质组织的本质特征"这一点,而只是强调"'四个特征'中其他构成要素均已具备,仅在成员人数、经济实力规模方面未达到本纪要提出的一般性要求,但已较为接近,且在非法控制特征(危害性特征)方面同时具有 2009 年《北京纪要》相关规定中的多种情形,其中至少有一种情形已明显超出认定标准的,也可以认定为黑社会性质组织"。这其中的缘由我们不得而知,但或许是大家已经意识到,"非法控制性特征(危害性特征)"并不真正具有界分黑社会性质组织与其他犯罪组织的功能。

(二) 黑社会性质组织本质特征之系统论原理剖析

以上界定黑社会性质组织本质特征之理论争议与实践困境表明,将单个特征视为黑社会性质组织本质特征是存在问题的。或者说,以单个特征为黑社会性质组织本质特征的观点和做法是一个伪命题。之所以如此,是因为如此本质特征认识忽视了黑社会性质组织四个特征呈系统性存在的客观事实,进而违背了系统论的基本原理。基于系统论的基本原理,黑社会性质组织四个特征实为一个有机结合的整体;作为揭示黑社会性质组织本质以界分黑社会性质组织与其他犯罪组织的本质特征,实际上是共同揭示黑社会性质组织本质的四个特征的有机结合整体。

---

① 参见左坚卫、庞晰月:《黑社会性质组织认定中的两个误区》,《山东警察学院学报》2011 年第 1 期。

1. 黑社会性质组织四个特征实为一个有机结合的整体

系统论的基本原理告诉我们,世界上任何事物都是一个有机系统,整个世界就是系统的集合。"系统"一词源于古希腊语,是由部分构成整体的意思。在当代,它通常被理解为,由若干要素以一定结构形式联结构成的具有某种功能的有机整体。据此,"系统"实际上强调的是要素之间的相互关联及其有机整体性,即要素只有存在于整体中才具有要素的意义,若将要素从系统整体中分离出去,则将失去要素的地位和性质。这意味着,系统中各要素是不可能脱离系统而单独存在,它们在系统中都占据一定的地位,并发挥着各自的作用;同时,系统也不是各部分的简单相加或机械组合,系统中各要素的功能并非其整体功能,要素性能好并非整体性能就好,系统的整体功能是各要素在孤立状态下所没有的,局部并不能说明整体。系统论的如此原理决定了,在认识和处理事物的时候,不能再采取那种遵循单项因果决定论的着眼于局部或要素思维方法,而应是系统论的有机整体性思维方法。显然,黑社会性质组织及其四个特征也是呈系统性存在的。这一点在2009年的《北京纪要》和2015年的《北海纪要》中都有所体现和要求。

在《北京纪要》中,虽然其强调危害性特征(非法控制特征)是"黑社会性质组织的本质特征"和认为这是"黑社会性质组织区别于一般犯罪集团的关键所在",但这并非意味着其忽视或弱视四个特征之间的内在联系。而恰恰相反,其中在强调危害性特征(非法控制特征)为"黑社会性质组织的本质特征"及其司法认定中的地位之前,就强调了重视四个特征之间的内在联系的重要性,认为和要求"由于实践中许多黑社会性质组织并非这'四个特征'都很明显,因此,在具体认定时,应根据立法本意,认真审查、分析黑社会性质组织'四个特征'相互间的内在联系,准确评价涉案犯罪组织所造成的社会危害,确保不枉不纵"。

在《北海纪要》中,其在黑社会性质组织的认定问题上,不仅没有强调《北京纪要》关于"非法控制特征(危害性特征)""是黑社会性质组织的本质特征"这一点,而且强调"四个特征"的"同时具备"以及要求"其他构成要素均已具备,仅在成员人数、经济实力规模方面未达到本纪要提出的一般性要求,但已较为接近,且在非法控制特征(危害性特征)方面同时具有2009年《北京纪要》相关规定中的多种情形,其中至少有一种情形已明显超出认定标准的,也可以认定为黑社会性质组织",实际上是在一定程度上关注和重视黑社会性质组织四个特征间的内在联系。

基于系统论的基本原理,将黑社会性质组织四个特征作为有机联系的整体予以认识和认定是重要的。也就是,黑社会性质组织及其四个特征作为一个有机联系和整体存在的系统。黑社会性质组织的认定不是将其各要件要素、各特征分开而单独、孤立评价后简单相加与拼凑,而是进行一个相互联系、有机结合的整体性、综合性的系统评价。在刑法理论上和司法实践中,之所以对黑社会性质组织的存在发展时间、人数规模、经济实力最低数额标准、违法犯罪个数等存在极为严重且至今没有(也不可能有)共识的纠结和争论,在很大程度上就是因为忽视和割裂黑社会性质组织四个特征的以上内在关系,进而陷入盲人摸象式"只见树木不见森林"的分析、判断、纠结中所致。或者说,理论上和实践中的黑社会性质组织存续发展时间到底是要求6个月还是12个月的纠结与争论,黑社会性质组织人数规模到底是要求3人、5人还是10人的纠结与争论,黑社会性质组织经济实力最低数额标准到底是要求10万元、30万元还是50万元的纠结与争论,黑社会性质组织违法犯罪个数最低到底是要求3个违法行为是犯罪行为还是3个违法犯罪行为中至少有1个犯罪行为的纠结与争论,黑社会性质组织形成非法控制的区域范围或行业损失等的纠结与争论,实际上都是没有把黑社会性质组织的四个特征作为一个有机联系整体,没有基于系统论的基本原理和没有把黑社会性质组织及其四个特征作为一个系统,而出现认识上的偏差和实践上的困境。

2.黑社会性质组织的本质特征实为四个特征的有机整体

上述论述表明,黑社会性质组织四个特征中的任何一个或几个特征之所以不是(也不可能是)黑社会性质组织的本质特征,是因为那个(些)特征都只是黑社会性质组织系统的一部分;作为黑社会性质组织本质特征的黑社会性质组织特征,不是(也不可能是)其中的某个(些)特征,而只能是共同揭示黑社会性质组织本体(本质)的所有四个特征的有机联系整体。

从哲学上看,"本质"与"本质特征"是两个不同概念。所谓本质,又称"本体",与"现象"相对,是事物的根本性质(内在根本属性);任何事物都是本质和现象的统一,其中现象是事物的外部联系和表面特征,是经验所提供的并借助于感觉获得的东西,是本质的外在表现。① 至于何为本质特征,综观各大中文词(辞)典等工具书,尚没有收录词条和界定。但在其属性上,肯定不能归属于"本质",而只能归属于"特征"。而"特征",作为"一事物区别于他事物的特别显著的征象、标志"②,应属于"经验所提供的并借助于感觉获得的东西",是事物的外部联系和表面特征,是本质的外在表现,应归属于与"本质"相对的"现象"。据此,所谓本质特征,作为"特征"的一种,具体为"特征"中反映该事物内在根本属性(本质)的那个"特别显著的征象、标志",也应归属于与"本质"相对的"现象",可以定义为"反映该事物内在根本属性(本质)的外在具体表征"。这样说来,"本质"与"本质特征"的关系,一方面,"本质"是看不见、摸不着的,只能通过"本质特征"外化和表现出来;另一方面二者互为表里,共

---

① 参见辞海编辑委员会:《辞海》,上海辞书出版社2000年版,第1458、1506页。
② 辞海编辑委员会:《辞海》,上海辞书出版社2000年版,第1571页。

同从实质和形式上决定着事物的存在。这既意味着,"本质"与"本质特征"虽然不同但二者具有内在与外在、实质与形式的关系,也意味着,事物的内在"本质"(根本属性)需要通过作为事物外在表征的"本质特征"予以揭示。

显然,黑社会性质组织作为一个在现实中及法律上客观存在的"事物",一方面其"本质"与"本质特征"是不同的;另一方面其"本质"作为看不见、摸不着的黑社会性质组织内在根本属性,需要通过作为其外在表征的"本质特征"予以揭示。

至于何为黑社会性质组织内在根本属性(本质),从现实来看,黑社会性质组织作为我国刑法上的特有情形,应与国际社会的"黑社会组织"的本质是大体一致的。虽然"黑社会组织"与"黑社会性质的组织"是两个概念,但既然"黑社会性质的组织"具有了黑社会性质,那么"就与黑社会没有性质区别"。[①] 这也意味着,在本质问题上,黑社会性质组织与黑社会组织既有"质"的共性又有"量"的差别性。在"质"的共性上,表现为它们都具有"黑社会"的质的规定性(根本属性),主要表现为"企图在以刑罚等国家强制力为后盾的法律秩序中建立以暴力等犯罪手段为后盾的反社会秩序"[②];在"量"的差别性即个性上,黑社会性质组织是没有坐大成势成具有成型、成熟形态黑社会组织基本特征的低级形态。[③] 黑社会性质组织与黑社会组织的以上如此共性与个性也即质量统一性决定了,黑社会性质组织在本质上与黑社会组织是相同的,都是"黑社会",只

[①] 参见张明楷:《黑社会性质组织的本质特征》,《检察日报》2002年3月29日。
[②] 康树华:《犯罪学——历史·现状·未来》,群众出版社1998年版,第841页。
[③] 如此"个性"的存在,一方面是由于在我们这样"大政府"社会治理模式下,明显的、典型的黑社会组织难以成型;另一方面是为防止其坐大成势成型的黑社会组织而在立法和司法上采取"打早打小"对策,对具有不明显的、不典型的黑社会组织基本特征的黑社会性质组织予以打击遏制。

不过它是不成熟、不成型的"黑社会"而已。黑社会性质组织与黑社会组织的如此"质"上的相同和"量"上的差异,就是它们本质和本质特征的表现,并在司法上成为共同揭示黑社会性质组织与黑社会组织"本质"与认定它们"本质特征"的表现和根据。

在理论上,有论者认为黑社会(性质)组织至少具有三个方面的本质特征,即它是一个"社会",表现为不仅其存在具有长期性、庞大性、严密性、组织性,而且其组织者、领导者、成员依赖该组织而生存;它"黑",表现为依靠非法手段尤其是暴力手段实施的违法犯罪行为甚至合法行为,实际控制或影响某(几)个行业或者一定地域;具有与主流社会长期并存并逃避主流社会控制与法律制裁的防护体系与措施,表现为以公司、企业形式出现的合法经济实体作掩护,对其成员规定极为严格的、防止组织被发现的纪律等。① 显然,这种认识很好地概括了黑社会(性质)组织的本质特征及其所揭示的黑社会(性质)组织"本质",并事实上成为(或应当成为)立法机关作出《关于〈刑法〉第294条第1款的解释》和《刑法》第294条第5款规定的"应当同时具备"的"组织特征"、"经济特征"、"行为特征"和"危害性特征"的理论认识基础。

然而,以上认识将黑社会(性质)组织的以上三个方面分割为"三个本质特征",值得商榷。如前所述,本质特征作为揭示事物本质的外化(外在表征),不可能是孤立存在和发挥其揭示功能的,而只能是基于系统论和作为一个有机联系的整体发挥其本质揭示功能,也就是,无论是以上认识所言黑社会(性质)组织的三个方面特征,还是立法上的黑社会性质组织四个特征,它们要发挥揭示黑社会(性质)组织的本质功能,只能是组成一个有机联系的整体(系统),共同揭示黑社会性质组织的"不成

---

① 参见张明楷:《黑社会性质组织的本质特征》,《检察日报》2002年3月29日。

熟、不成型'黑社会'"这个本质。

二、黑社会性质组织具体特征的理解与认定

这里的"具体特征",指刑法关于黑社会性质组织犯罪的"四个特征"。本部分的讨论,具体涉及刑法关于四个特征规定中的难点问题的理解与适用问题。既然作为认识和认定黑社会性质组织并据以与其他相关犯罪组织界分的黑社会性质组织本质特征,只能是共同揭示黑社会性质组织本体(本质)的四个特征的有机联系整体,那么在司法上,就不能将黑社会性质组织四个特征割裂开来予以孤立评价,而应放在一个有机整体中分别作相关性评价。一方面要看到黑社会性质组织四个特征间相互交叉、有机结合的特点,不能孤立地、片面地对每个特征进行分析评价;另一方面要认清黑社会性质组织四个特征结合为一个有机整体,应将每个特征纳入黑社会性质组织这个组织系统中进行综合评价。

(一)黑社会性质组织之组织特征的理解与认定

在立法上,根据《刑法》第294条第5款的规定,黑社会性质组织的组织特征似乎仅仅是"形成较稳定的犯罪组织,人数较多,有明确的组织者、领导者,骨干成员基本固定"。但事实上,因它与黑社会性质组织其他特征存在着紧密的相互交叉、彼此结合关系,而在司法上需放在一个有机整体中作相关性评价。

首先,它与经济特征存在结合和约束关系。主要表现在,从组织目的来看,当今的黑社会性质组织仍以获取巨额经济利益为终极目标,是否具有如此目的,是黑社会性质组织区别于其他有组织犯罪的关键所在。虽

然以获取经济利益为目标不一定就是黑社会性质组织,但没有如此组织目的,就一定不是黑社会性质组织。① 也因为此,立法要求黑社会性质组织的认定须具有经济特征。同时,作为组织特征的"形成较稳定的犯罪组织",也需要以经济特征的"具有一定的经济实力"和"以支持该组织的活动"为表征。

其次,它与行为特征存在结合和约束关系。主要表现在,作为组织特征的"形成较稳定的犯罪组织"和骨干成员"基本固定"要求,需要以行为特征的"有组织地多次进行违法犯罪活动,为非作恶,欺压、残害群众"为表征。也正是因为如此,才有以上"有组织地多次进行违法犯罪活动"要求以及《北京纪要》关于"多次"违法犯罪活动在性质和严重程度上需"足以形成非法控制或者重大影响"的要求。② 这意味着,黑社会性质组织的组织特征离开包括行为特征在内的其他特征,是无法认识和认定的。

最后,它与非法控制(社会危害)特征存在结合和约束关系。主要表现在,作为黑社会性质组织的组织特征在人数规模上到底为多少等的认定,需结合包括非法控制(社会危害)特征关于"称霸一方,在一定区域或者行业内,形成非法控制或者重大影响,严重破坏经济、社会生活秩序"的要求。2015 年《北海纪要》要求"组织成员一般在 10 人以上",但基于组织特征与其他特征的相关性关系,在实践中,对于那些符合《刑法》第 26 条关于"犯罪集团"人数要求(3 人以上)和《刑法》第 294 条关于黑社会性质组织及其四个特征规定(包括"人数众多")的犯罪,如 3—9 个刑满释放犯和在逃犯在某个地区长期稳定地实施组织卖淫、开设赌场、贩卖毒品、欺行霸市(猪霸、肉霸、路霸、沙霸等)、打架斗殴、故意伤害、非法经营等违

---

① 参见石经海:《当前涉黑犯罪的特点与成因调查》,《现代法学》2011 年第 3 期。
② 参见 2009 年《最高人民法院、最高人民检察院、公安部办理黑社会性质组织犯罪案件座谈会纪要》关于"行为特征"的要求。

犯罪活动的犯罪组织,应当可以认定为黑社会性质组织。这一点,也受到了《北海纪要》所确认,即"'四个特征'中其他构成要素均已具备,仅在成员人数、经济实力规模方面未达到本纪要提出的一般性要求,但已较为接近,且在非法控制特征(危害性特征)方面同时具有2009年《北京纪要》相关规定中的多种情形,其中至少有一种情形已明显超出认定标准的,也可以认定为黑社会性质组织"。

因此,在司法认定上,必须基于组织特征与黑社会性质组织其他特征的相互交叉、彼此结合关系,重视组织特征在所有特征分析和整个黑社会性质组织认定中的作用。不符合四个特征的犯罪组织或犯罪就不是黑社会性质组织及犯罪,同时符合了如此四个特征的犯罪组织或犯罪就是黑社会性质组织及犯罪。既然只有"组织"组织、领导下的黑社会性质组织的存在发展时间、人数规模、经济实力最低数额标准、违法犯罪个数等,才是黑社会性质组织的存在发展时间、人数规模、经济实力最低数额标准、违法犯罪个数等,那么在符合其他三个特征的"组织"组织、领导下的黑社会性质组织的存在发展时间,就不是黑社会性质组织的构成要件要素,而只是影响"情节显著轻微"的出罪评价要素或量刑轻重评价因素。

基于以上认识,在黑社会性质组织存在时间问题上,2015年《北海纪要》的要求是不合适的。具体表现在,其将黑社会性质组织存续时间作为认定组织特征和黑社会性质组织的必要内容,并将"涉案犯罪组织举行成立仪式或者进行类似活动的时间"或"足以反映其初步形成核心利益或强势地位的重大事件发生时间"或"涉案犯罪组织为维护、扩大组织势力、实力、影响、经济基础或按照组织惯例、纪律、活动规约而首次实施有组织的犯罪活动的时间"作为认定时间起点的根据,实际上是一种割裂组织特征内外因素间有机整体性的认识和做法,是不合适的。显然,虽然黑社会性质组织的形成是一个渐进的过程,但在"形成"前就不是"黑社会性质组织",而综合符合四个特征要求时就是其"形成"为"黑社会性质组织"时,就已经是组织、领导、参加黑社会性质组织罪的既遂,"其存续时间"就是只影响量刑的量刑情节而不是决定"黑社会性质组织"形成与否的定罪要件问题。在这一问题上,2009年《北京纪要》的要求反而是正确的,因为其要求的"对于那些已存在一定时间,且成员人数较多的犯罪组织"的定性,"要根据其是否已具备一定的经济实力,是否已在一定区域或行业内形成非法控制或重大影响等情况"进行"综合分析判断",符合系统论原理和组织特征与其他特征的相关性特点。

(二)黑社会性质组织之经济特征的理解与认定

同理,在立法上,根据《刑法》第294条第5款的规定,黑社会性质组织的经济特征似乎仅仅是"有组织地通过违法犯罪活动或者其他手段获取经济利益,具有一定的经济实力,以支持该组织的活动"。但事实上,因它与黑社会性质组织其他特征存在着紧密的相互交叉、彼此结合关系,而在司法上需放在一个有机整体中作相关性评价。

首先,它与组织特征存在结合和约束关系。这不仅是作为黑社会性质组织赖以生存和发展的经济利益和经济实力,是通过"组织""有组织地""通过违法犯罪活动或者其他手段获取"的,而且其获取经济利益的目的还是"以支持该组织的活动"。这意味着,作为黑社会性质组织经济特征的"经济利益"及"经济实力",是"组织""有组织地""通过违法犯罪活动或者其他手段获取"的,组织成立前和成员个人通过违法犯罪活动获取的"经济利益"及其"经济实力",不能作为黑社会性质组织的经济特征,而只能按组织犯罪外的违法犯罪或其他法律予以处理。

其次,它与行为特征存在结合和约束关系。主要表现在,其获取经济利益及经济实力的手段是"组织"的"有组织"的"违法犯罪活动或者其他手段"。这意味着,作为黑社会性质组织经济特征的"经济利益"及"经济实力",是"组织""有组织地""通过违法犯罪活动或者其他手段获取"的,那些相关公司、企业、个人等通过合法手段取得的"经济利益"及"经济实力",不能认定为黑社会性质组织的经济特征。

最后,它与非法控制(社会危害)特征存在结合和约束关系。主要表现在,黑社会性质组织的"称霸一方,在一定区域或者行业内,形成非法控制或者重大影响,严重破坏经济、社会生活秩序",是黑社会性质组织取得"经济利益"及"经济实力"的表现、后果或要求之一。这意味着,作为黑社会性质组织经济特征的"经济利益"及"经济实力"的最低数额标准,到底是多少,并不是黑社会性质组织的构成要件要素,而只是影响"情节显著轻微"的出罪评价要素或量刑轻重评价因素。由此,《北海纪要》要求对黑社会性质组织应当具有的"经济实力","应在20万—50万元的幅度内由各高级人民法院自行划定一般掌握的最低数额标准",在认定黑社会性质组织上并没有多大现实意义。

(三) 黑社会性质组织之行为特征的理解与认定

黑社会性质组织的行为特征在立法上,根据《刑法》第294条第5款的规定,也似乎仅仅是"以暴力、威胁或者其他手段,有组织地多次进行违法犯罪活动,为非作恶,欺压、残害群众"。但事实上,因它与黑社会性质组织其他特征存在着紧密的相互交叉、彼此结合关系,而在司法上需放在一个有机整体中作相关性评价。

首先,它与组织特征存在结合和约束关系。主要表现在,黑社会性质组织的"暴力、威胁或其他手段"和"多次进行违法犯罪活动"的"行为"要求和表现是"有组织地"实施的。这意味着,作为黑社会性质组织行为特征的"行为"要求和表现,若不是"组织""有组织地"实施的,则应认定为成员的个人违法犯罪行为,应由成员自己而不是"组织"及其相应组织者、领导者等承担其法律责任。

其次,它与经济特征存在结合和约束关系。主要表现在,"以暴力、威胁或者其他手段,有组织地多次进行违法犯罪活动,为非作恶,欺压、残害群众"的行为特征是直接或间接为了"获取经济利益""具有一定的经济实力",以"支持该组织的活动"的。这意味着,若"以暴力、威胁或者其他手段,有组织地多次进行违法犯罪活动"不是直接或间接为了"获取经济利益""具有一定的经济实力",以"支持该组织的活动"的,而是为了某个政治目标或邪教活动等,就不能认定为黑社会性质组织,而只能认定为恐怖活动组织或邪教组织等。

最后,它与非法控制(社会危害)特征存在结合和约束关系。主要表现在,黑社会性质组织的"暴力、威胁或其他手段"和"多次进行违法犯罪活动"的"行为"要求和表现是需带来"为非作恶,欺压、残害群众"的程度或后果,才能认定为黑社会性质组织的行为特征。这意味着,"以暴力、威胁或者其他手段",有组织地多次进行的"违法犯罪活动",若不能认定为"为非作恶,欺压、残害群众",则就不能认定为黑社会性质组织,而可能是一般的尚未发展到黑社会性质组织的黑恶团伙甚至流氓恶势力或普通的犯罪组织如抢劫犯罪集团等。

综上,《北海纪要》关于"属于2009年《北京纪要》规定的五种情形之一的,一般应当认定为黑社会性质组织实施的违法犯罪活动,但确与维护和扩大组织势力、实力、影响、经济基础无任何关联,亦不是按照组织惯例、纪律、活动规约而实施,则应作为组织成员个人的违法犯罪活动处理",实际上是在强调黑社会性质组织行为特征与其他特征的内在关系,是合理的。

（四）黑社会性质组织之非法控制特征的理解与认定

黑社会性质组织的非法控制（社会危害）特征在立法上，根据《刑法》第294条第5款的规定，也似乎仅仅是"通过实施违法犯罪活动，或者利用国家工作人员的包庇或者纵容，称霸一方，在一定区域或者行业内，形成非法控制或者重大影响，严重破坏经济、社会生活秩序"。但事实上，因它与黑社会性质组织其他特征存在着紧密的相互交叉、彼此结合关系，而在司法上需放在一个有机整体中作相关性评价。

首先，它与组织特征存在结合和约束关系。主要表现在，黑社会性质组织能够"称霸一方"，并"在一定区域或者行业内，形成非法控制或者重大影响，严重破坏经济、社会生活秩序"，需是"组织""有组织地""通过实施违法犯罪活动，或者利用国家工作人员的包庇或者纵容"形成的。这意味着，若"称霸一方"，并"在一定区域或者行业内，形成非法控制或者重大影响，严重破坏经济、社会生活秩序"，不是"组织""有组织地""通过实施违法犯罪活动，或者利用国家工作人员的包庇或者纵容"形成的，而是组织成员或一定区域或行业内的人员自发或自己的违法犯罪活动造成的，就不能认定为黑社会性质组织，而应认定为尚未发展到黑社会性质组织的黑恶团伙甚至流氓恶势力等。

其次，它与经济特征存在结合和约束关系。主要表现在，如前所述，黑社会性质组织的"称霸一方，在一定区域或者行业内，形成非法控制或者重大影响，严重破坏经济、社会生活秩序"，是黑社会性质组织取得"经济利益"及"经济实力"的表现、后果或要求之一。这意味着，黑社会性质组织形成非法控制或重大影响只是"获取巨额经济利益"的需要。[①] 这意

---

① 参见石经海：《当前涉黑犯罪的特点与成因调查》，《现代法学》2011年第3期。

味着,若取得"经济利益"及"经济实力"不是为了或不是表现为"称霸一方,在一定区域或者行业内,形成非法控制或者重大影响,严重破坏经济、社会生活秩序",而是为追求意识形态、政治方面的目的,或为发泄对社会的不满而制造政局不稳与社会动荡,其犯罪活动的目的是非经济性的,或者是一种纯粹的获取巨额的经济利益目的,可能就不是黑社会性质组织,而是恐怖组织、有组织的普通犯罪集团等。

最后,它与行为特征存在结合和约束关系。主要表现在,其"称霸一方,在一定区域或者行业内,形成非法控制或者重大影响,严重破坏经济、社会生活秩序",是"通过实施违法犯罪活动,或者利用国家工作人员的包庇或者纵容"形成的。这意味着,若"在一定区域或者行业内,形成非法控制或者重大影响"的"恐怖""危害"等不是"通过实施违法犯罪活动,或者利用国家工作人员的包庇或者纵容"形成的,而是通过宗族势力、邪教力量、愚昧力量、洗钱活动、毒品危害等造成的,就不能认定为黑社会性质组织,而只能认定为相应的邪教组织、洗钱组织、贩毒组织等。

因此,基于非法控制(社会危害)特征与其他特征的彼此结合与相互约束关系,《北海纪要》要求"'四个特征'中其他构成要素均已具备,仅在成员人数、经济实力规模方面未达到本纪要提出的一般性要求,但已较为接近,且在非法控制特征(危害性特征)方面同时具有2009年《北京纪要》相关规定中的多种情形,其中至少有一种情形已明显超出认定标准的,也可以认定为黑社会性质组织"是相对较为合理的。

三、黑恶犯罪的时间、人数和数额要素要求

(一)黑社会性质组织特征要素之内在关系与认定机理

黑社会性质组织认定规则如何设计,是关于黑社会性质组织犯罪的

规则设计中最难的一个问题,也是理论和实践中至今困惑的问题。《北海纪要》专家论证稿(简称《北海纪要稿》)①相对于以前指导性文件的规则设计来说,有突破和进步,但仍存在难以担当指导司法的困惑,如《北海纪要稿》中关于黑社会性质组织的存在发展时间问题(一般在 12 个月以上)、黑社会性质组织成员的人数规模问题(一般在 10 人以上)、黑社会性质组织"经济实力"的最低数额标准问题(在 30 万—50 万元幅度内)、作为黑社会性质组织行为特征的犯罪个数问题(多种性质不同的犯罪)等。

为何存在以上困惑,这应是理论上和实践中对立法关于黑社会性质组织的四个特征间的内在关系以及由此决定的何为黑社会性质组织缺乏深入认识所致。根据《刑法》第 294 条规定,黑社会性质组织的认定"应当同时具备"四个特征。这是一个极其重要的要求,它意味着黑社会性质组织的认定不是四个特征的简单相加或分开各自评价的拼凑品,而是一个相互联系、有机结合、不可分割的需综合评价的价值物,是系统论的体现和要求的结果。这就决定了,任何脱离黑社会性质组织为何物的总体价值评价的黑社会性质组织的存在发展时间问题评价、人数规模问题评价、"经济实力"的最低数额标准问题评价、作为黑社会性质组织行为特征的犯罪个数问题评价,都是黑社会性质组织认定的盲人摸象式的肢体评价,而不是真正意义上的黑社会性质组织认定评价。

既然黑社会性质组织的认定是一个综合的价值评价(判断),不是哪一个特征单独所能评价的,那么黑社会性质组织各特征作为该评价体系(系统)的一个有机部分,必须放在该体系(系统)中评价才能使这些特征具有"特征"的评价功能。否则,怎么都会出现"四不像"的问题。具体而

---

① 笔者作为特邀专家参加了本意见稿的咨询论证。

言,对于黑社会性质组织认定的综合价值评价(判断),首先,法官一定要自己明白黑社会性质组织在综合价值评价(判断)上是一个什么样的东西。法官自己都不知道"黑社会性质组织"长的是什么样子,就不可能判断出真正的黑社会性质组织。任何事物的存在都是形式与实质的有机统一,必须具备的两面:只有"形式"没有"实质"就是没有灵魂,不成为事物;只有"实质"没有"形式"充其量只是一个幽灵,不是真正的事物。就黑社会性质组织而言,黑社会性质组织在综合价值评价(判断)上是一个什么样的东西,就是把握其实质,把握其灵魂,而这些"实质"需要特征等形式化的东西体现出来,但这些东西必须纳入并统一到"实质"中才能对其进行正确和准确的把握。其次,将立法规定的"四个特征"的所有相关信息放在一起,围绕黑社会性质组织的"实质"进行综合的价值评价。这一方面是这些特征只有纳入黑社会性质组织系统中才能发挥评价功能,另一方面是这些特征本就是相互交织、有机结合在一起的,只有这样,才能评价出是不是、什么是真正的黑社会性质组织。有很多涉黑案件法官作了认定,但普通民众都感到不像、都认为不是,就是机械、孤立地拿这些特征进行评价的结果。没有对黑社会性质组织进行综合价值评价(判断)能力的法官,无论设置多么细密的认定标准,他永远不会准确认定黑社会性质组织。

以上问题,是黑社会性质组织认定规则设计的顶层要求所在。如此顶层设计对黑社会性质组织在微观问题认定上意义重大。

(二)黑社会性质组织"时间"之要求与认定

这个问题不能一概而论,很难作出一个明确、明晰的时间要求。关键是看在综合价值评价(判断)上何时能被认定为黑社会性质组织,也就是将立法规定的"四个特征"的所有相关信息放在一起围绕黑社会性质组织的"实质"进行综合价值评价后,何时能够认定为黑社会性质组织,该时间就是黑社会性质组织形成时间。《北海纪要稿》认为"黑社会性质组织的存在、发展时间一般在12个月以上",是不是合适,需进一步论证:一方面按"打早打小"政策,只要黑社会性质组织形成了就应按黑社会性质组织犯罪予以打击,不能非要等到存在和发展了12个月(组织一旦形成并以组织名义实施违法犯罪活动且形成非法社会控制即可以黑社会性质组织犯罪予以打击);另一方面不能将黑社会性质组织形成前的违法犯罪时间作为黑社会性质组织的存在、发展时间。实际上,这是当前"打(扫)黑除恶"中的一个极大误区。实践中认定黑社会性质组织时,较为普遍地将黑社会性质组织形成前的违法犯罪作为黑社会性质组织的违法犯罪,继而将黑社会性质组织的存在、发展时间提前到组织形成前的个别成员单独实施的违法犯罪时间。这是当前涉黑案件处理中的一个较为普遍性问题,与"打准打实"的目标要求很不吻合。黑社会性质组织下的违法犯罪,应是组织形成后以组织名义实施的犯罪。也只有这样的违法犯罪,才能要求组织领导者按《刑法》第26条规定承担相应法律责任。黑社会性质组织形成前的违法犯罪,只能作为单个违法犯罪处理。组织成员在非组织的组织领导下实施的违法犯罪,也只应作为单个违法犯罪处理,不应要求组织领导者对此承担法律责任。

(三)黑社会性质组织"人数"之要求与认定

根据刑法的规定,黑社会性质组织应当"人数较多"。按照一般的理解,黑社会性质组织的成员人数理应比普通的犯罪集团更多,但由于缺少明文规定,一些案件在成员人数的把握上明显偏松。在已审结生效的案件中,组织成员不足5人的案件并不鲜见,一定程度上降低了认定门槛。在《北海纪要》征求意见的讨论中,多数意见都赞成将组织成员人数予以量化,只是有"10人说"和"7人说"之争。《纪要》最终采纳了目前理论界、实务界相对更为认可的"10人说",并专门说明"10人"之中"既包括已有充分证据证明但尚未归案的组织成员,也包括虽有参加黑社会性质组织的行为但因尚未达到刑事责任年龄或因其他法定情形而未被起诉,或者根据具体情节不作为犯罪处理的组织成员",以解决对于未到案、未起诉、未定罪处罚的人员可否在认定黑社会性质组织时算作组织成员和防止对黑社会性质组织予以"拔高"认定的问题。①

笔者认为,对于黑社会性质组织的人数,也是一个不能一概而论的问题。理由也很简单,就是包括人数在内的黑社会性质组织的任何一个特征,都只是认定黑社会性质组织的一个要件要素,作为要件要素是不能脱离黑社会性质组织这个系统而独立存在和发挥评价功能的。只要这些人员能够被评价为实施黑社会性质组织违法犯罪活动的"人数众多"且犯罪者达到刑法关于犯罪组织的"3人以上"即可。也就是黑社会性质组织成员并不要求都是达到刑事责任年龄、具有刑事责任能力者。据此,《北海纪要》虽然可以较好控制黑社会性质组织的"拔高"认定问题,但难免出现脱离黑社会性质组织本质的机械化、片面化认定问题。

(四) 黑社会性质组织经济实力"数额"之要求与认定

《北海纪要》确定了一个认定"经济实力"的参考性数额标准(20万—50万元幅度内),并授权各地高院在这个幅度内"自行划定一般掌握的最低数额标准"。如此要求,可以很好地兼顾各地的经济差异。但有如下几个问题:一是这里的"经济实力"及其20万—50万元具体指什么?是银行账户额还是流动资金或是财产?二是有的涉黑团伙账面财产不到

---

① 参见戴长林、朱和庆、刘广三、周川、张向东:《〈全国部分法院审理黑社会性质组织犯罪案件工作座谈会纪要〉的理解与适用》,载《刑事审判参考》107集,法律出版社2017年版,第136—150页。

20万—50万元,但通过违法犯罪活动,很快就会达到这个数额,应如何处理?三是在数额上作出指导性要求,会不会带来认定时的机械化与片面化?如对于某个案件,综合全案应当认定为黑社会性质组织,可因其数额没有达到20万—50万元而不认定为黑社会性质组织?或者数额达到20万—50万元甚至更多,但综合全案不合适认定为黑社会性质组织,可仅因为数额达到了《纪要》的要求,而片面地认定为黑社会性质组织?

为更加科学合理地认定黑社会性质组织,笔者还是建议将这个数额要求去掉,在司法上,根据黑社会性质所具有的本质,综合全案考察各特征间的内在关系后予以认定。

四、黑恶犯罪组织之成员身份的鉴别与认定

刑法规范中的黑社会性质组织成员身份的理解与认定问题,是"扫黑除恶"中的一个很是复杂的问题。如,出资资助黑社会性质组织者到底是认定为组织领导者还是其他成员?黑社会性质组织"骨干成员"作为黑社会性质组织的"骨干",到底是积极参加者中的部分成员,还是包括所有的组织者、领导者和积极参加者?涉黑公司企业员工是否为黑社会性质组织成员?其他组织成员参加本组织违法犯罪活动时的"身份"应如何认定以及如何定性处罚?刑法上的认识错误下黑社会性质组织成员的身份应如何认定?如此等等的问题,刑法规范本身都没有明确界定,需要在司法上进一步结合相关规范予以理解和认定。

(一)出资资助黑社会性质组织者的"组织成员"身份认定问题

在实践中,较为广泛存在为使自己经营的赌博场所、不法娱乐场所、

放收不法高利贷等能够经营下去,而出资资助社会闲散分子发展壮大为黑恶势力,以给自己的不法经营提供保护的情况。对如此资助和提供保护者是否应当认定为黑社会性质组织的组织者和领导者("黑老大"),是新暴露出来的需要解决的问题。

所谓出资资助黑恶势力者,是指为黑恶势力提供现金、实物、住所等财力支持,以交换黑恶势力为其提供暴力支持的单位或者个人。[①] 从实践来看,出资资助黑恶势力者能否认定为"组织成员",取决于出资资助行为能否被认定为黑社会性质组织的组织、领导、参加行为即黑社会性质组织的共同犯罪行为。对此,在实践中和理论上存在不同认识。其中,实践中的否定者认为,出资资助涉黑组织者的行为是出于哥们义气而给的相互支持,至多是一种各取所需的利益关系,即使这种相互利用的"合意"关系成立犯罪,且被利用者已构成黑社会性质组织,但这种出资资助行为不能作为组织行为加以认定,出资资助黑恶势力者不能认定为黑社会性质组织的组织者、领导者("黑老大")。在理论上,有观点认为,出资资助黑恶势力的行为并不能明确地归纳到组织行为或领导行为中,而只能看作一种组织领导行为以外的资助行为,不可以纳入组织行为、领导行为,因为资助者对团伙的部分犯罪可能既不知情也不直接指挥,且通常是用财力支持交换暴力支持。[②]

然而,从立法上看,出资资助黑恶势力者的出资资助行为应被认定为黑社会性质组织的组织、领导、参加行为,出资资助黑恶势力者应被认定为"组织成员"。在我国刑法上,共同犯罪行为有组织、领导、实行、帮助、

[①] 参见周小雯:《出资豢养黑恶势力者的司法认定》,《江西警察学院学报》2014年第2期。

[②] 参见陈明华、王政勋:《组织、领导、参加黑社会性质组织罪研究》,《中国刑事法杂志》2000年第4期。

教唆等之分,并依据行为人在共同犯罪中的作用和分工不同,将实施这些行为的行为人分为主犯、从犯、胁从犯和教唆犯四类。其中,这些行为人的行为之所以成立共同犯罪行为和共同犯罪,取决于这些行为间具有共同的"意思联络"即共同犯罪的故意。同时,共同犯罪有任意的共同犯罪和必要的共同犯罪之分。所谓任意的共同犯罪,是指既能由2人以上实施成立共同犯罪也能由一人单独实施成立单独犯罪的罪名,在由2人以上实施时所成立的共同犯罪形式。所谓必要的共同犯罪,是指只能由2人以上实施、不能由一人单独实施的罪名所成立的共同犯罪形式;如此共同犯罪形式,是直接由刑法分则明文规定在了具体罪名条文中,并在法定刑配置上已经体现了以上"在共同犯罪中所起作用不同"的立法和罪刑相适应原则要求,不再属于和不能适用以上作为任意共同犯罪人的主犯、从犯、胁从犯和教唆犯及其刑事责任要求规定,①否则就会带来背离罪刑相适应原则的重复评价。② 具体就"组织、领导、参加黑社会性质组织罪"而言,根据《刑法》第294条的规定,显然是根据分工不同而设立的必要共同犯罪形式,其共同犯罪人不是刑法总则规定的主犯、从犯、胁从犯和教唆犯,而是《刑法》第294条直接规定的组织者、领导者、积极参加者和一般参加者。据此,出资资助黑恶势力者的出资资助行为,按其在共同犯罪中的作用或分工不同,应分别属于黑社会性质组织的组织、领导、参加行为,出资资助黑恶势力者应被认定为"组织成员"。

出资资助涉黑组织者如此"组织成员"之身份,在司法上,应视他们的"资助"在黑社会性质组织生成、发展壮大和行为活动中的作用,并结合犯罪组织理论、共同犯罪立法规定和宽严相济的刑事政策而认定。其

---

① 参见石经海:《首要分子与主犯关系新论》,《现代法学》2000年第6期。
② 参见石经海:《黑社会性质组织犯罪重复评价问题研究》,《现代法学》2014年第6期。

中,对于那些被动缴纳"保护费"者以换取不法保护的出资者,虽然因其行为符合刑法关于"参加黑社会性质组织罪"的立法规定而属于本罪的共同犯罪,但按照宽严相济的刑事政策,显然应按《刑法》第13条关于"情节显著轻微危害不大而不认为是犯罪"出罪,这时的出资者因不构成犯罪而不能认定为黑社会性质组织的"参加者"或"积极参加者";对于那些仅为主动换取不法保护而出资者,如主动缴纳"保护费"者,因其行为符合刑法关于"参加黑社会性质组织罪"的立法规定而属于本罪的共同犯罪,除了那些按照宽严相济的刑事政策,对于其中属于"情节显著轻微危害不大"情形者而按《刑法》第13条规定出罪外,这时的出资者应认定其为黑社会性质组织的"参加者"甚至"积极参加者";对于为了保护自己而出资资助黑恶势力并助黑社会性质组织成长壮大的,应认定其为组织者;对于那些虽不是黑社会性质组织的组建者,但在其所资助的黑社会性质组织中行使领导权或享有号召力的,可以认定其为领导者;对于那些既不是黑社会性质组织的组建者,也在其所资助的黑社会性质组织中不行使领导权或不享有号召力,甚至对该组织所组织实施的具体违法犯罪活动既不干预也不知晓的,则只能认定其为积极参加者或一般参加者。

(二) 黑社会性质组织"骨干成员"与其他组织成员的关系问题

对于什么是骨干成员以及他们与积极参加者和主犯是何种关系,立法上没有明确规定,司法上较为混乱。有的视为等同,而另有把部分积极参加者排除在骨干分子之外。对这个问题的认识不同,必定带来适用法定刑上的差别(积极参加者与一般参加者适用不同的法定刑幅度)。因此,他们与积极参加者到底是交叉还是包含或等同关系,需要明晰。从《北海纪要稿》来看,这种人包括:在黑社会性质组织中以组织名义实施具体违法犯罪活动的组织指挥者;积极参与实施有组织违法犯罪活动者;在黑社会性质组织中起重要作用者。若以上几种人就是"积极参加者"的全部,则《北海纪要稿》对"骨干成员"的界定就有问题,主要是把"积极参加者"作为界定"骨干成员"的属概念就存在逻辑问题。这样,就应该是"骨干成员"即"积极参加者",包括在黑社会性质组织中以组织名义实施具体违法犯罪活动的组织指挥者、积极参与实施有组织违法犯罪活动者和在黑社会性质组织中起重要作用者几种人。若是这样,就既与《刑法》第294条关于组织领导者、积极参加者和其他参加者的立法规定及其刑罚配置相对接,也避免司法实践中的认定混乱问题。否则,"骨干成员"在刑法中的地位是什么,没有相应规定与之相对应,也无法从刑法规范视角确定其在犯罪组织中的地位、作用并由此基于什么身份影响量刑。

在专家们的意见下,最高人民法院完善了以上认识,在2015年正式的《北海纪要》中,对其作出了统一性的认识,认为所谓骨干成员,是指"直接听命于组织者、领导者,并多次指挥或积极参与实施有组织的违法犯罪活动或者其他长时间在犯罪组织中起重要作用的犯罪分子,属于积极参加者的一部分"。据此,在作为准规范性文件的最高人民法院统一认识下,黑社会性质组织的"骨干成员"不包括黑社会性质组织者、领导者和一般参加者,他们仅是其"积极参加者的一部分"。

事实上,以上认识因存在立法划分根据上的错位而不符合立法意涵和"骨干成员"本义。据《北海纪要》的以上界定,即把"黑社会性质组织应有明确的组织者、领导者,骨干成员基本固定",理解为"并有比较明确的层级和职责分工"和"一般有三种类型的组织成员,即组织者、领导者与积极参加者、一般参加者(也即'其他参加者')",是将"骨干成员"纳入黑社会性质组织的"组织、领导、积极参加和一般参加"分工以及并列于由此确定的"组织者、领导者、积极参加者和一般参加者"中。显然,这是划分根据的错位。前述对《刑法》关于对涉黑组织者"组织成员"身份划分根据的梳理表明,《刑法》第294条关于黑社会性质组织"组织成员"身份的划分根据是他们在黑社会性质组织中的分工不同,具体根据组织、领导、积极参加和一般参加而划分为组织者、领导者、积极参加者和一般参加者。而对于骨干成员,并不是立法对黑社会性质组织"组织成员"身份的划分,而只是《刑法》对黑社会性质组织的特征认定中的规定和作用要求。易言之,《刑法》第294条关于黑社会性质组织"骨干成员"的规定是根据黑社会性质组织"组织成员"在黑社会性质组织中所起的"作用"为标准划分的。具体根据《刑法》第294条第5款的规定,黑社会性质的组织应当具备"形成较稳定的犯罪组织,人数较多,有明确的组织者、领导者,骨干成员基本固定"的特征。基于"骨干"的基本含义,即"在总体中起重要作用或基本作用的人或事物"①,"骨干成员"显然是基于黑社会性质组织"组织成员"在黑社会性质组织这个"整体"中所起的"作用"所作的要求和规定。由此,所谓"骨干成员"应是指在黑社会性质组织这个"整体"中起"骨干作用"(重要作用或基本作用)的人。

因此,在黑社会性质组织这个"整体"中起"骨干作用"(重要作用或基本作用)的骨干成员,不是"直接听命于组织者、领导者,并多次指挥或积极参与实施有组织的违法犯罪活动或者其他长时间在犯罪组织中起重要作用的犯罪分子,属于积极参加者的一部分",而是所有在黑社会性质组织这个"整体"中起"骨干作用"(重要作用或基本作用)的成员,包括黑社会性质组织者、领导者和积极参加者。至于"一般参加者(其他参加者)",因在黑社会性质组织这个"整体"中一般不起重要作用或基本作用而通常不认定其为骨干成员。

---

① 辞海编辑委员会:《辞海》,上海辞书出版社1999年版,第2441页。

（三）涉黑公司企业员工与黑社会性质组织成员的界分认定问题

对于以合法公司企业为依托的涉黑案件,在处理中如何界分涉黑成员与一般职工,既是一个为民众所广泛关注的焦点问题,也是一个能否"打得准"的合法公正性问题。从我国第3次全国性"打黑除恶"专项斗争来看,有些地方的"打黑"之所以被"质疑",实际上是被怀疑其有扩大化的嫌疑,主要是怀疑其对涉黑财产和涉黑成员"打得不准",把相关公司企业的合法财产和一般职工也作为涉黑财产和涉黑成员予以打击。"打得准"是黑社会性质组织犯罪定性处罚需要既合法又合理的基本要求之一。实证考察表明,我国第3次全国性"打黑除恶"专项斗争在绝大多数案件中是做到了如此要求。这一点,可从涉黑人员的被举报数、立案数、公诉数和判决数呈递减的事实得以表明,也在一定意义上就是为求"打得准"而层层把关的结果。例如对于以从事公路运输为主业的某涉黑组织,在其几万名职工中,只有21人被指控涉黑和13人最终被认定为涉黑,其他职工仍是可以正常工作的一般职工。

因此,在如何界分涉黑公司企业员工与黑社会性质组织成员问题上,应是以职工参与涉黑违法犯罪活动的情况(如3次违法活动,1次犯罪活动)来界分涉黑公司企业的涉黑成员与一般职工。其中,若公司企业的职工全部参与了涉黑违法犯罪活动,则整个公司企业的全部职工都为涉黑成员;若职工部分参与了涉黑违法犯罪活动,则参与的那些职工为涉黑成员。

（四）其他组织成员参加本组织违法犯罪活动时的身份认定问题

实践中，在其他黑社会性质组织成员参加本黑社会性质组织的活动而被抓的情况下，对该其他黑社会性质组织成员如何定性处罚，也是一个需要深入研究的问题。否则，既无法按其在本组织中的地位和作用认定其为骨干分子还是一般参加者，又无法认定其在其他黑社会性质组织中的地位和作用。而如此情形，在司法实践中，特别是在具有黑社会性质的违法犯罪形势比较严峻、比较猖獗时，还是比较多见的。对此，应如何定性处罚，是一个比较棘手的问题。

基于组织、领导、参加黑社会性质组织罪是一个必要的共同犯罪，也是一个有着严密组织结构的组织犯罪，其需基于其所组织、领导、参加黑社会性质组织予以认定。也就是，对于此类某个犯罪人，若他是多次积极参与实施违法犯罪活动且起主要作用，或是积极参与故意杀人、故意伤害、绑架等严重暴力犯罪或造成重大财产损失或者恶劣社会影响等较严重黑社会性质组织的犯罪活动且作用突出的，则应当认定其为本组织的积极参加者；若他有加入本组织的主观意图并接受黑社会性质组织的领导和管理的，则应当认定其为本组织的一般参加者；若他没有加入本组织的主观意图，而是因被纠集、雇佣、收买、威逼或者受蒙蔽而客观上为黑社会性质组织实施了违法犯罪活动或者提供了帮助、支持、服务的，则只能按其所涉嫌的具体犯罪定性处罚，不能认定其为涉黑组织成员和参加黑社会性质组织罪；对于其在原涉黑组织的地位及其所实施的违法犯罪，按本涉黑犯罪系列合并和分案进行定性处罚。

（五）刑法上的认识错误下黑社会性质组织成员的身份认定问题

在涉黑案处理中，有一个较为普遍的现象是，对于某个涉黑案，公诉机关做组织、领导、参加黑社会性质组织罪的有罪指控，而被告人及其辩护人往往都做无罪辩护，认为他们是在合法公司企业从事本职工作，不是实施违法犯罪活动，更不是从事组织、领导、参加黑社会性质组织违法犯罪，可这些案件最终往往又被法院以组织、领导、参加黑社会性质组织罪作有罪判决。如此困境与问题，既不利于案件合法合理的处理，也不利于指控与判决为当事人乃至社会所接受，继而陷入"黑打"的诟病。据我们对2009—2010年已审结的12起涉黑案件的辩护情况进行的统计，在被法院判刑的221名"涉黑"者中，被告人及其辩护人对组织、领导、参加黑社会性质组织罪选择做无罪辩护的就有160名，占被判"涉黑"人员总数的72.40%。如此现象，到底是法院的认定有误还是辩护方的判断偏差，需要研究。

有人认为这是"黑社会性质组织犯罪"的罪名不当（应改为"有组织犯罪"）所致（因为"涉黑"会给子子孙孙带来不良影响而被告方拒不认罪）。不可否认，这种说法有一定道理，但不是关键原因。实证研究表明，虽然不排除有些情况下确有法院认定不当的情况，但在更多情况下是因为辩护方的刑法认识错误，如用成熟黑社会组织的特征来作为是否"涉黑"的判断标准（如质疑"筹备组织行为在这个案子里表现在哪里？"）、把涉黑组织与其依托的公司企业混为一谈（如辩解"我不知道……公司就是涉黑组织"）等。这些"认识错误"，必然导致拔高"涉黑"组织犯罪的认定标准或否定"涉黑"行为在主观上已达到刑法上的"明知"要件。

事实上,我国的涉黑犯罪发展历程表明,没有任何一个"黑社会性质组织"是"组织"筹备出来的(而是由黑恶势力逐渐发展形成的,这一点已为很多人所认识),且在现实运行中,既没有公然立足于主流社会的"名号",也没有成文帮规及立帮和入帮仪式等(这些是成熟黑社会组织所具有的),其所依托的合法公司企业也只是它们从事涉黑违法犯罪活动的一个平台(并不是涉黑组织本身)。同时,在刑法上,"涉黑"犯罪构成上的主观"明知",并不是明知刑法上的"涉黑"评价,而是明知自己从事了哪些违法犯罪活动(明知"事实"而不知刑法上的"评价"属于刑法理论上的"法律上的认识错误",如此认识错误并不影响对其行为的定性处理)。实证考究表明,那些辩方选择做无罪辩护而为法院认定为有罪的黑社会性质组织罪,基本上还是符合刑法立法及其解释的规定的。

五、黑恶犯罪"软暴力"手段的问题与出路

(一) 关于"软暴力"理论争议与实践困境

1. 关于"软暴力"相关问题的理论争议

一是"软暴力"法律性质定位不清。主要表现在,理解法律规范意义的软暴力,应以刑法意义的软暴力作为评价基点,明确软暴力的性质与刑法地位,这是对软暴力违法犯罪进行准确司法判断的基础。然而综观相关理论和实践,关于软暴力性质的认知仍然存在较大分歧:其一,认为"软暴力"属于违法犯罪手段。《关于办理实施"软暴力"的刑事案件若干问题的意见》(以下简称《软暴力意见》)第一条规定,认为"'软暴力'是指行为人为谋取不法利益或形成非法影响……影响正常生活、工作、生产、经营的违法犯罪手段"。其二,认为其属于犯罪构成的客观行为或手

段行为。提出刑法规定的软暴力,是依据具体分则条文规定、符合具体罪名构成要件的客观行为或手段行为。① 其三,认为"软暴力"属于类型化的概括性称谓。认为软暴力并非简单的暴力或非暴力,而是在办案实践中形成的类型化违法犯罪的概括性称谓,其如同"恶势力""套路贷"等概念一样,既不是一个法律概念也不是一个政策概念。② 其四,认为"软暴力"属于暴力形式之一。有的学者认为软暴力与硬暴力本质上均属暴力③,有的则认为其仅属于黑恶势力犯罪中一种比较新型的暴力形式。④ 其五,认为其属于司法实践中的一种形象称谓,与直接针对被害人人身的物理性强制的硬暴力相对。⑤

二是"软暴力"与暴力、胁迫、威胁关系界定不明。"软暴力"与暴力、胁迫、威胁之间的界定模糊,在学界也引起广泛争议,严重影响现阶段依法有效惩治"软暴力"犯罪。主要争议包括:其一,"软暴力"是否一概排斥暴力,可否包括对物的暴力?学界上分为"暴力说"与"非暴力说"。"暴力说"主张软暴力本质上是暴力,认为软暴力与硬暴力本质上均属暴力,⑥主张软暴力这个概念只有在对其以暴力论处的情况下,才具有实质意义。⑦ 认为软暴力是软性的、无形物理力形式的暴力,其实际心理强制

---

① 参见黄京平:《软暴力的刑事法律意涵和刑事政策调控——以滋扰性软暴力为基点的分析》,《新疆师范大学学报(哲学社会科学版)》2019年第6期。
② 参见陈毅坚:《软暴力刑法性质的教义学展开》,《中国刑事法杂志》2020年第4期。
③ 参见林毓敏:《黑社会性质组织犯罪中的暴力手段及软性升级》,《国家检察官学院学报》2018年第6期。
④ 参见卢建平:《软暴力犯罪的现象、特征与惩治对策》,《中国刑事法杂志》2018年第3期。
⑤ 参见何荣功:《专家点评 软暴力可以构成非法拘禁罪》,《检察调研与指导》2018年第5辑。
⑥ 参见林毓敏:《黑社会性质组织犯罪中的暴力手段及软性升级》,《国家检察官学院学报》2018年第6期。
⑦ 参见陈兴良:《恶势力犯罪研究》,《中国刑事法杂志》2019年第4期。

效果建立在有形物理力实施的可能性基础上。① 在此基础上,也引发"暴力"与"软暴力"本质区别的争议,关于暴力与"软暴力"的区分标准,有观点认为是所造成伤害的性质主要是物理伤害还是精神伤害;②也有观点认为核心区分点是隐秘性等。"非暴力说"则主张软暴力本质上属于非暴力,认为软性暴力属于不具有暴力性成分的恶害。其二,在非暴力说的基础上,又引发"软暴力"与胁迫、威胁之间是交叉竞合关系还是包含关系,或者其他关系的问题。"并列说"认为《软暴力意见》实际上将软暴力界定为与暴力、威胁手段相并列的违法犯罪手段③,认为"软暴力"是暴力、威胁手段之外,与黑恶势力犯罪中传统有形物理力所实施的暴力相对应的新型暴力形式。④ "包含说"则认为软暴力是无形的、精神上的强制力,不属于强奸罪的暴力,而属于胁迫的内容;⑤同时,也有学者认为违法犯罪手段划分为暴力、次暴力、软暴力三种程度,根据不同暴力程度分别处理。⑥

三是"软暴力"与黑恶势力的界限模糊。在司法实践中,"软暴力"与

---

① 参见卢建平:《软暴力犯罪的现象、特征与惩治对策》,《中国刑事法杂志》2018年第3期。又如认为"软暴力手段仍然是以暴力手段为基础,从而实现心理上的强制"。李高伦、康珈鸣:《软暴力犯罪的认定与定位问题研究》,《武汉公安干部学院学报》2018年第4期。

② 参见林毓敏:《黑社会性质组织犯罪中的暴力手段及软性升级》,《国家检察官学院学报》2018年第6期;郭振纲:《依法锁定"软暴力",精准打击黑恶势力》,《工人日报》2019年4月12日。

③ 参见童碧山、刘宁宁、刘晋:《〈关于办理实施"软暴力"的刑事案件若干问题的意见〉的阐释》,《人民检察》2019年第11期。

④ 参见卢建平:《软暴力犯罪的现象、特征与惩治对策》,《中国刑事法杂志》2018年第3期;石魏、魏炜:《对黑恶势力中"软暴力"的行为梳理及辨析》,《人民法院报》2020年11月5日。

⑤ 参见《刑法学》编写组:《刑法学》(下册·分论),高等教育出版社2019年版,第124页。

⑥ 参见黄京平:《恶势力及其软暴力犯罪探微》,《中国刑事法杂志》2018年第3期。

黑恶势力界限存在较大争议,即"软暴力"与恶势力之间存在何种联系和区别,其也是影响黑恶势力犯罪中"软暴力"司法认定的重要实践难题。有观点认为,软暴力的认定需以黑恶势力为前置主体要求,认为"抢劫罪中的以暴力相威胁、敲诈勒索中的敲诈行为、寻衅滋事罪中的恐吓等,凡以黑恶势力为后盾、具有'非暴力'性质的行为都是软暴力"①。另一种观点认为,认定软暴力本身并不需要将黑恶势力作为前置主体。认为软暴力并非黑恶势力独有的、特定的违法犯罪手段,不以黑恶势力犯罪为前置条件,而是具有普适性,适用于所有符合特定罪名构成要件的行为主体。② 提出软暴力可以分为黑社会性质组织的软暴力、恶势力的软暴力与普通刑事犯罪的软暴力三类,但三者各有其特征,应分类判断,不可混淆。③

2.关于"软暴力"司法认定的实践困境

一是"软暴力"认定标准模糊,存在不当扩张现象。虽然《软暴力意见》界定了"软暴力"的定义及常见犯罪手法,但较为原则和概括,使得实践中"软暴力"的认定存在较大弹性空间,在司法实践中不当扩张现象突出。"扫黑除恶"专项斗争中要贯彻从严惩治的方针,部分司法机关对一些涉"软暴力"黑恶势力犯罪的处理把握不准、办案不规范,在没有确实、充分证据的情况下,为贯彻宽严相济刑事政策从严的一面而人为降低了"软暴力"的认定标准,加之对"软暴力"容易与"精神暴

---

① 卢建平:《软暴力犯罪的现象、特征与惩治对策》,《中国刑事法杂志》2018年第3期。
② 参见陈毅坚:《软暴力刑法性质的教义学展开》,《中国刑事法杂志》2020年第4期。
③ 参见黄京平:《黑恶势力利用"软暴力"犯罪的若干问题》,《北京联合大学学报(人文社会科学版)》2018年第16期。

力"等概念相混淆,将"软暴力"视为兜底处罚方式,①将一般性或者轻微的"软暴力"行为纳入了刑事制裁范围,不适当地扩大了刑罚打击范围。

二是各地司法机关对"软暴力"的规范评价尺度不一。在司法实践中,各地经济发展水平、社情民意情况、政策法律把握、司法规范化程度等不尽相同,导致对于采取"软暴力"手法实施的犯罪活动,不同地方司法机关在规范评价上存在较大差异。② 例如,有的裁判文书将"软暴力"作为定罪情节加以认定;有的裁判文书将"软暴力"作为量刑情节予以从重处罚;有的裁判文书仅将"软暴力"作为行政处罚情节;有的裁判文书对黑恶势力采取暴力、"软暴力"兼施的犯罪活动,仅对其中的暴力行为进行规范评价;还有的裁判文书对"软暴力"采取回避态度,对控辩双方关于"软暴力"的诉争不予回应和评析。

三是"软暴力"危害后果量化难。在司法实践中,在"软暴力"危害后果衡量等方面,亦存在不少难点。"软暴力"具有相对"温和"的特点,主要表现为对被害人形成心理强制,造成严重的精神伤害。那么,如何准确衡量"软暴力"对被害人造成的精神伤害等危害后果,如被害人有无受到心理强制、受到心理强制的程度、"软暴力"与精神伤害之间有无刑法上的因果关系等,因缺乏可操作性的具体量化标准,难免就会影响对"软暴力"的准确司法认定。③

---

① 参见杨智宇:《论黑社会性质组织犯罪中"软暴力"行为的限缩认定》,《太原理工大学学报(社会科学版)》2019年第6期。
② 参见彭新林、石魏:《黑恶势力犯罪中"软暴力"司法认定难点及其对策——以966份涉"软暴力"黑恶势力犯罪案件裁判文书为样本》,《法律适用》2020年第18期。
③ 参见彭新林、石魏:《黑恶势力犯罪中"软暴力"司法认定难点及其对策——以966份涉"软暴力"黑恶势力犯罪案件裁判文书为样本》,《法律适用》2020年第18期。

（二）"暴力"的实质与"软暴力"的认定

"软暴力"，不是一个规范的法律概念，而是用以区分传统"暴力"和表现新型"暴力"特点的类型化司法用语。在2018年1月最高人民法院、最高人民检察院、公安部、司法部《关于办理黑恶势力犯罪案件若干问题的指导意见》（法发〔2018〕1号）和2019年4月最高人民法院、最高人民检察院、公安部、司法部联合印发的《关于办理实施"软暴力"的刑事案件若干问题的意见》中，都对"软暴力"的基本概念、表现形式、客观认定标准有不同程度的界定与列举。然而，在司法实践中，仍然产生或存在"软暴力"的法律性质定位不清、与"暴力""胁迫""威胁"关系界定不明、与黑恶势力的界限模糊、各地对其规范评价尺度不一等诸多问题与困境。其实，如此等等的问题，在很大程度上是对"软暴力"的认知与认定，忽视了其作为汉语语境概念（表述）的"暴力"属性与内涵，以及刑法关于以上两个《意见》所界定"软暴力"的事实规定。有鉴于此，对"软暴力"的实质认知与认定，应首先从对"暴力"实质的认知入手。

1."暴力"的实质及其刑法意义

暴力，既是一个日常概念也是一个规范概念。在中文语境的通常意义上，是指"强制的力量""武力"，意指通过武力等强制手段侵害他人人身、财产、精神的行为。在规范意义上，不仅我国许多法律都有包含对"暴力"相关内容的规定，如刑法中关于故意杀人罪、故意伤害罪、强奸罪、抢劫罪、强制猥亵、侮辱罪、虐待罪等都包含了"暴力"的行为手段，而且还有法律对何为"暴力"作出了明确规定，如2016年反家庭暴力法第二条规定："本法所称家庭暴力，是指家庭成员之间以殴打、捆绑、残害、限制人身自由以及经常性谩骂、恐吓等方式实施的身体、精神等侵害行为。"

在刑法上,"暴力"及犯罪并非仅指有明确"暴力"表述的手段与犯罪,还包括客观具有"暴力"属性的手段与犯罪。如刑法第二十条第三款规定:"对正在进行行凶、杀人、抢劫、强奸、绑架以及其他严重危及人身安全的暴力犯罪,采取防卫行为,造成不法侵害人伤亡的,不属于防卫过当,不负刑事责任",可以针对实施特殊防卫的"暴力犯罪",并非仅是立法中明确了"暴力"手段的抢劫罪和强奸罪,而且还包括其他严重危及人身安全的暴力犯罪,如故意杀人罪、故意伤害罪、绑架罪等。又如《刑法》第五十条规定:"对被判处死刑缓期执行的累犯以及因故意杀人、强奸、抢劫、绑架、放火、爆炸、投放危险物质或者有组织的暴力性犯罪被判处死刑缓期执行的犯罪分子,人民法院根据犯罪情节等情况可以同时决定对其限制减刑。"以及《刑法》第八十一条规定:"对累犯以及因故意杀人、强奸、抢劫、绑架、放火、爆炸、投放危险物质或者有组织的暴力性犯罪被判处 10 年以上有期徒刑、无期徒刑的犯罪分子,不得假释",其中的"暴力性犯罪",同样包括立法中未明确"暴力"表述的故意杀人、绑架、放火、爆炸、投放危险物质犯罪甚至涉黑、涉恐等有组织犯罪。

洞察以上刑法意义上的"暴力"界定,我们可以发现,作为违法犯罪手段的"暴力",在实质上具有三个基本点:一是在客观上一定对人身安全或人身自由采取了强制性手段。无强制性手段,就无"暴力"可言。二是在主观上是为了达到某种不正当或不合法目的。也就是这里的强制性手段,要认定为"暴力",需要与相应的行为目标相联系,是"为达到某种目的,而采取的具

有攻击性的强烈行动",所谓暴力犯罪,是指"行为人故意以强暴手段,侵害他人的人身和公私财产,应受到刑罚惩罚的行为",是"为获取某种利益或满足某种欲求而对他人人身采取的暴力

侵害行为"。据此,具有合法或正当目的的"刑事抓捕""扭送""控

制""羁押""防卫""审讯"等,不能成为违法犯罪手段的"暴力"。三是在效果或后果上要对行为对象(被害人)产生或可能产生不能、不敢或不知反抗的状态。既然"暴力"是作为实现某种非法目的的违法犯罪手段的,那么就一定要产生或试图产生不能、不敢或不知反抗的"三不"效果或状态,否则,这个"暴力"就不可能成为实施相应犯罪的违法犯罪方法或手段。

2."软暴力"的实质认知与认定

以上关于"暴力"的实质考查表明,一方面,"软暴力"只不过是作为黑恶犯罪违法犯罪手段的一种"暴力"表现形式,另一方面,它在实质上只不过是为实现某个黑恶犯罪目的而产生或

可能产生不能、不敢或不知反抗状态的"胁迫"等暴力性强制手段而已。

其一,"软暴力"在实质上就是为实现某个黑恶犯罪目的实施而产生或意图产生不能、不敢或不知反抗状态的"胁迫"等暴力性强制手段。具体表现在:一是"软暴力"在客观上一定对人身安全或人身自由采取了强制性手段。无强制性手段,不仅无"暴力"可言,而且也同样无"软暴力"可言。前述《意见》中罗列的"侵犯人身权利、民主权利、财产权利""扰乱正常生活、工作、生产、经营秩序""扰乱社会秩序""其他符合本意见第一条规定的"等四个方面"软暴力"表现形式,其实都是"软暴力"的"客观方面"表现形式。二是"软暴力"在主观上也是为了达到某种不正当或不合法目的。以上客观方面形式的强制性手段,要认定为"软暴力",也需与相应的行为目标相联系,需是基于某种不正当或不合法目的,而可能采取具有攻击性或其他强制性的行动。那些具有合法或正当目的而使行为对象产生身体或心理强制效果的行动,不是作为违法犯罪手段的"软暴力"。三是"软暴力"在效果或后果上能够对行为对象(被害人)产生或可

能产生不能、不敢或不知反抗的状态。既然"软暴力"是为实现某种非法或不正当目的的违法犯罪方法或手段的,那就一定要产生或试图产生不能、不敢或不知反抗的效果或状态,否则,这个"软暴力"就不可能成为实施相应犯罪的违法犯罪方法或手段。也正因为此,公安部在解读何谓"软暴力"时强调:"软暴力"应当足以使他人产生恐惧、恐慌进而形成心理强制,或者足以影响、限制人身自由、危及人身财产安全,影响正常生活、工作、生产、经营,才能构成违法犯罪的手段;在具体的执法实践中,政法各部门会坚持依法办案、坚持法定标准,既不扩大、不拔高,也不降格,加强法律监督,强化程序意识和证据意识,确保罚当其罪。"软暴力"的以上三个表现或特征,意味着所谓的"软暴力",无非就是传统暴力(硬暴力)外且与传统"硬暴力"相对应并具有一定程度上"暴力"特质的强制性行为手段,包括那些一定要产生或可能产生不能、不敢或不知反抗的效果或状态的"胁迫"或"威胁"。

其二,刑法立法事实上已将那些具有一定程度上的不能、不敢或不知反抗效果或状态的"胁迫"或"威胁"视为"暴力"的一种表现形式。在我国刑法立法上,《刑法》第二十条第三款关于特殊防卫的"暴力犯罪"规定中的所谓"暴力",是指"对正在进行行凶、杀人、抢劫、强奸、绑架以及其他严重危及人身安全的暴力犯罪"中的"暴力";《刑法》第五十条关于死缓限制减刑的"暴力犯罪"规定中的所谓"暴力",是指"对被判处死刑缓期执行的累犯以及因故意杀人、强奸、抢劫、绑架、放火、爆炸、投放危险物质或者有组织的暴力性犯罪"中的"暴力";《刑法》第八十一条关于限制假释的"暴力犯罪"规定中的所谓"暴力",是指"对累犯以及因故意杀人、强奸、抢劫、绑架、放火、爆炸、投放危险物质或者有组织的暴力性犯罪"中的"暴力"。再从《刑法》关于强奸罪、抢劫罪等立法关于"暴力、胁迫或者其他手段""暴力、胁迫或者其他方法"的规定来看,这里的"暴力"显然包括了那些一定要产生或试图产生不能、不敢或不知反抗的效果或状态的"胁迫"或"威胁"。换言之,在我国刑法立法上,实际上是将具有一定程度上的不能、不敢或不知反抗效果或状态的"胁迫"或"威胁"视为与"硬暴力"并列的一种"暴力"表现形式,即所谓的"软暴力"。

其三,"软暴力"并非只是作为黑恶犯罪的违法犯罪手段。"软暴力"作为主要作用于心理上和对他人内心造成伤害的"暴力",并非只存在于黑恶违法犯罪中。在现代社会中,家庭、网络、职场和校园等场合也是"软暴力"的高发地。如,家庭中,家长拿自己孩子的缺点与其他孩子的优点进行对比,从而对孩子产生伤害性话语,使孩子产生负面情绪和行为,从而产生所谓的"家庭暴力";网络上,键盘侠常会用所谓的正义伤害普通人;职场上,软暴力通常来自同事的冷嘲热讽,从而产生所谓的"网络暴力";校园里,通过给同学起外号、孤立同学、传播闲言碎语和造谣摧残未成年人的身心健康,从而产生所谓的"校园暴力"。在理论上与实践中,可以根据不同标准,将包括"软暴力"在内的"暴力"分为不同种类。如,按暴力发生地点,分为校园暴力和家庭暴力;按暴力的表现形式,分为身体暴力、情感暴力和性暴力;按受害者类型,分为儿童暴力和性别暴力。如此关于"暴力"的等等分类意味着,作为黑恶犯罪的违法犯罪手段的"软暴力",只是"暴力"与"硬暴力"相对应、相并列和强制性程度稍低或强制性方式不同的一种表现形式。

六、黑恶犯罪组织"保护伞"的争议与认定

(一)关于"保护伞"相关问题的理论与实践争议

1.关于"保护伞"的理论争议

一是"保护伞"主体范围争议。对于"保护伞"主体范围学界存在较

大分歧:观点一:"保护伞"的主体范围仅指"国家机关工作人员"。① 观点二:将"保护伞"的主体范围认定为"国家工作人员",而非"国家机关工作人员",更加具有合理性。② 观点三:"保护伞"主体范围是国家公职人员。这种观点主要来自实务部门,此观点认为黑恶势力"保护伞",主要是指国家公职人员利用手中权力,参与涉黑涉恶违法犯罪,或包庇、纵容黑恶犯罪,有案不立、立案不查、查案不力,为黑恶势力违法犯罪提供便利条件,帮助黑恶势力逃避惩处等行为。③

二是"保护伞"权力构成要件争议。对此,学界存在以下分歧:观点一,认定"保护伞"不要求行为人利用职务便利或直接利用职权。此种观点的依据主要是2018年两高两部《关于办理黑恶势力犯罪案件若干问题的指导意见》,《意见》第22条规定:"《刑法》第二百九十四条第三款中规定的'包庇'行为,不要求相关国家工作人员利用职务上的便利。利用职务上的便利包庇纵容黑社会性质组织的,酌情从重处罚。"观点二,脱离权力属性来认定国家工作人员"保护伞"的方式不可取。一方面,缺乏了权力属性的国家工作人员的身份,就是一个空壳,也就丧失了国家工作人员的特殊身份与一般主体的划分意义;另一方面,即使在"以国家工作人员身份"的范围内认定,没有权力属性的限制,也极有可能导致对黑恶势力"保护伞"认定的无限扩大化。④

三是"保护伞"与一般帮助行为、保护行为界限不明晰。从性质上来

---

① 参见莫洪宪:《黑社会性质组织认定相关问题探讨》,《湖北法律科学》2011年第1期。

② 参见莫洪宪、吴智慧:《"保护伞"的司法认定》,《河南警察学院学报》2020年第1期。

③ 陕西省高级人民法院官方澎湃号:黑恶势力保护伞的15种类型,网址:https://www.thepaper.cn/newsDetail_forward_3882808,2021年2月7日。

④ 参见莫洪宪、吴智慧:《保护伞的司法认定》,《河南警察学院学报》2020年第1期。

看,"保护伞"提供的是帮助行为。有一种观点认为,在涉黑涉恶犯罪中,只要保护对象被认定为黑社会性质组织、恶势力团伙或恶势力集团,不论行为人提供了何种程度的帮助,都应当被认定为"保护伞"。但也有观点认为,一般性帮助、保护与"保护伞"在帮助行为的力度、广度和深度上是递进关系。成立"保护伞",对帮助、保护行为的力度、广度和深度应有一定的限制和要求。对于国家工作人员是否应被认定为黑恶犯罪的"保护伞",办案人员要重视考察国家工作人员在黑恶犯罪存续、发展和犯罪实施中的具体行为及其作用。对于国家工作人员的行为是否属于黑社会性质组织的"保护伞",应注意行为是否针对黑社会性质组织构成要件事实实施帮助与保护。对于恶势力"保护伞"的认定,也必须重视国家工作人员的行为是否针对构成恶势力的核心违法犯罪事实提供帮助与保护。只是针对黑恶违法犯罪的边缘性人员和行为提供帮助、保护的,应谨慎地认定为"保护伞"。①

四是"保护伞"具备双重身份时的罪数认定问题。当"保护伞"也具备黑社会性质组织成员身份,即"保护伞"具备双重身份时,罪数认定有争议。观点一:应当以包庇、纵容黑社会性质组织罪与组织、领导、参加黑社会性质组织罪数罪并罚。保护伞是否具有黑社会性质组织成员的身份并不影响其构成包庇、纵容黑社会性质组织罪,当其具有该组织成员的身份时,则应和组织、领导、参加黑社会性质组织罪实行数罪并罚。② 观点二:并不当然构成数罪并罚,只有当这种具有双重身份的人员在这两个身

---

① 参见何荣功:《准确认定黑恶犯罪的方法论思考》,《武汉大学学报(哲学社会科学版)》2020年第2期。
② 参见赵秉志:《扰乱公共秩序罪》,中国人民公安大学出版社2003年版,第344—345页。转引自王秀梅、司伟攀:《"扫黑打伞"刑法适用问题研究》,《上海对外经贸大学学报》2020年第1期。

份中扮演了不同的角色,利用不同的身份实施不同的行为时,才可数罪并罚。①

五是行为人主观上是否必须明知包庇、纵容的对象是黑恶势力犯罪组织?对此,存在以下争议:观点一,认为行为人必须明知包庇、纵容的对象是黑恶势力犯罪组织。2009年《最高人民法院、最高人民检察院、公安部关于印发〈办理黑社会性质组织犯罪案件座谈会纪要〉的通知》对公职人员包庇、纵容黑社会性质组织的主观认识就作了这样的规定,这样可以防止行为人借"不知道是黑恶势力组织"而逃避追责,更有利于打击和深挖彻查黑恶势力"保护伞"犯罪。② 观点二,认为只要行为人明知包庇纵容的对象是从事违法犯罪组织即可。首先,黑恶势力的法律特征较为复杂,普通人难以理解掌握认定黑恶势力的相关知识,不可能进行准确判断。其次,黑恶势力的法律认定只能是法院的依法判决,而充当"保护伞"的行为必然是发生在判决之前,这样一来犯罪嫌疑人会有充分理由辩解自己并不知道所包庇纵容的组织是黑恶势力。③

2.关于"保护伞"司法认定的实践分歧

一是非国家机关工作人员型"保护伞"定罪难。当前对非国家机关

---

① 原因在于:第一,就保护伞本人来讲,兼具黑社会性质组织成员的身份从本质上衡量是一种"自我保护"状态,不存在"谁保护谁"这种情形,且自我保护是人之本性,情理逻辑上可以实现自洽。当保护伞具有双重身份时,不应认定其作为保护伞对其自己所实施的黑社会性质犯罪构成包庇、纵容。参见王秀梅、戴小强:《"打伞"式扫黑的法理分析》,《河南警察学院学报》2018年第6期。第二,包庇行为分为包庇黑社会性质组织和该组织的组织、领导、参加者两种情形,当保护伞通过自己的职务便利保护其他黑社会性质组织的成员时,可以成立包庇、纵容黑社会性组织罪,此时应当数罪并罚。参见王秀梅、司伟攀:《"扫黑打伞"刑法适用问题研究》,《上海对外经贸大学学报》2020年第1期。

② 参见李桂华、杨春艳、李华文:《黑恶势力"保护伞"之司法认定——以公职人员韦某黑恶势力"保护伞"案为例》,《广西政法管理干部学院学报》2020年第5期。

③ 参见杨宇枫、陈雪晴:《浅析黑恶势力"保护伞"的调查认定》,《中国刑事警察》2019年第4期。

工作人员型"保护伞"的刑法适用面临着现实的难题。首先,刑法中专门用于惩治黑恶犯罪"保护伞"的罪名包庇、纵容黑社会性质组织罪属于真正的身份犯,犯罪主体限于国家机关工作人员,无法用于对非国家机关工作人员型"保护伞"的惩治。其次,若仅是以"窝藏、包庇"等一般罪名加以评价,则难以突出其利用特殊身份为黑社会性质组织提供、谋求"保护"的不法内容。解决这一问题最根本的方法是通过立法将包庇、纵容黑社会性质组织罪的主体修改为"国家工作人员"。①

二是国家工作人员包庇、纵容黑社会性质组织的"萌芽"状态(成立过程中的黑社会性质组织)能否认定为"保护伞"?对此学界存在争议:观点一,国家工作人员提供的便利条件或者非法保护对黑社会性质组织的成立的作用也是十分重要的。并且,立法解释将"或者利用国家工作人员的包庇或者纵容"作为黑社会性质组织成立的选择性要件。因此,国家工作人员对成立过程中的黑社会性质组织提供便利条件或者非法保护,在该犯罪集团并且发展成黑社会性质组织时,国家工作人员就可称为"保护伞"。② 观点二,这时要看行为人的主观方面,如果行为人认识到被包庇、纵容对象的涉黑倾向,并且容忍甚至欣然于这种发展变化的结果,则可以认定为"保护伞",从而按照包庇、纵容黑社会性质组织罪等罪名处理;如果行为人根本没有认识到包庇、纵容对象的这种演变,则不能认定为"保护伞",而只能按照其他相关罪名处理。③ 观点三,萌芽形态的黑社会性质组织必然是发展不成熟、不完备的,"打早"的对象必须具备黑

---

① 参见陈小彪、刘锋:《论非国家工作人员型"保护伞"的刑法适用》,《法律适用》2020年第19期;王秀梅、司伟攀:《"扫黑打伞"刑法适用问题研究》,《上海对外经贸大学学报》2020年第1期。

② 参见李高峰:《"保护伞"的认定探析》,《河南科技大学学报(社会科学版)》2010年第4期。

③ 参见骆多:《黑社会性质组织犯罪"保护伞"定罪疑难问题实证研究——以全国46起涉黑案件为样本》,《重庆理工大学学报(社会科学)》2015年第2期。

社会性质组织的全部要件。所以,当国家工作人员包庇、纵容的只是黑社会性质组织的"萌芽"时,不能认定为黑恶势力的"保护伞",而应以包庇罪或者其他渎职犯罪进行认定更具合理性。①

三是国家机关工作人员组织、参加、领导黑社会性质组织又实施包庇、纵容黑社会性质组织行为的,如何定性?对此,学界存在以下争议:观点一,国家机关工作人员组织、参加、领导黑社会性质组织又实施包庇、纵容黑社会性质组织行为的,应属于"事后不可罚",以组织、领导、参加黑社会性质组织罪定罪处罚。如果按照组织、领导、参加黑社会性质组织罪和包庇、纵容黑社会性质组织罪数罪并罚,则违背了禁止重复性评价原则。② 观点二,要视情况而定,当国家机关工作人员与黑社会性质组织构成共同犯罪时,如果只是共同犯罪中的从犯或起主要作用的犯罪分子,对其包庇行为应按包庇、纵容黑社会组织罪定罪量刑,并与其在黑社会性质组织中共同实施的其他犯罪数罪并罚;当国家机关工作人员为黑社会性质组织的组织者时,其对黑社会性质组织按照组织意志所犯的全部罪行承担刑事责任,对其包庇、放纵黑社会性质组织犯罪的行为因不具有期待可能性,所以不应将其视为"保护伞",也不能以包庇、纵容黑社会性质组织罪定罪量刑。③

(二) 关于"保护伞"的司法认定

"保护伞"并不是规范意义上的法律术语,也不是刑法规定上的罪

---

① 参见莫洪宪、吴智慧:《"保护伞"的司法认定》,《河南警察学院学报》2020年第1期。

② 参见莫洪宪、吴智慧:《"保护伞"的司法认定》,《河南警察学院学报》2020年第1期。

③ 参见魏瀚申、丁友勤:《在政策与规范之间:论黑恶势力犯罪"保护伞"的惩治路径》,《运城学院学报》2020年第4期。

名,而只是一个形象意义上的说法,即比喻保护某些人或某一势力范围,使其利益不受损害或不受干涉的力量。在刑事司法和扫黑除恶活动中,它是特指官员包庇纵容黑社会性质组织的犯罪行为。具体是指国家公职人员利用手中权力,参与涉黑涉恶违法犯罪,或包庇、纵容黑恶犯罪,有案不立、立案不查、查案不力,为黑恶势力违法犯罪提供便利条件,帮助黑恶势力逃避惩处等行为。

综观相关理论和实践,我国的黑社会性质组织"保护伞",具有如下特征:通过贿赂、威胁等手段,引诱、逼迫国家工作人员参加黑社会性质组织活动,或者为其提供非法保护。据此,黑社会性质组织"保护伞"的认定,需要具备相应的主客观条件。

首先,在主体条件上,被认定为黑恶势力、黑社会性质组织"保护伞"的人,只能是履行国家机关工作人员职务(职权职责)者,也就是具有依法依规行使国家机关工作人员公权力的职务(职权职责)的人员。这种人并不限于具有国家机关工作人员的"编制身份",而是因其实质上在履行国家机关工作人员公权力的职务(职权职责),并可以利用其履行的这个职务(职权职责)为黑恶势力违法犯罪提供便利条件,帮助黑恶势力逃避惩处,参与涉黑涉恶违法犯罪活动,或包庇、纵容黑恶犯罪,有案不立、立案不查、查案不力等。这一点,与贪污贿赂罪的主体为国家工作人员、渎职罪的主体为国家机关工作人员,并不是要求这些"编制身份",而是这些罪所要求的国家工作人员或国家机关工作人员所履行的职务(职权职责)的道理是一样的。因此,黑恶势力、黑社会性质组织"保护伞"的主体,与其说是国家机关工作人员,不如说是履行国家机关工作人员公权力的职务(职权职责),并可以利用其履行的这个职务(职权职责)为黑恶势力违法犯罪提供"保护"的人。从打黑除恶的实践看,包庇、纵容黑社会性质组织的以公、检、法、司居多。资料显示,在2001年"打黑除恶"行动中,全国共查获"保护伞"581人,警察有226人,占44%,其中县级以上公安机关领导干部48人。

其次,在客观行为上,以上行为主体利用国家机关工作人员公权力的职务(职权职责),实施了为黑恶势力违法犯罪提供"保护"的行为。这个行为,包括但不限于2019年6月全国扫黑办所明确的十五种类型:一是"出资分红型"即在黑恶势力设立的公司、企业入股分红、合伙经营,或与黑恶势力犯罪分子相互勾结、共同犯罪的。二是"纵容包庇型"即利用职务便利,为黑恶势力提供犯罪时间、条件,纵容、包庇犯罪的。三是"阻挠查处型"即利用自己的权力和便利,使黑社会性质组织的犯罪分子避免公安司法机关侦查、查禁、指控、起诉、审判和怀疑,为其通风报信,隐匿、毁灭、伪造证据;阻止他人作证、检举揭发,甚至指使他人作伪证;帮助黑社会性质组织的犯罪分子逃匿;或者阻挠、干扰其他国家机关工作人员依法查禁;以阻挠、拖延、不履行职责等方法,干扰对黑社会性质组织的犯罪分子的查处,为其获取非法利益的。四是"站台撑腰型"即为黑恶势力排除异己、谋取利益撑腰出头而违规立案、越权执法、违法办案的。五是"打击报复型"即对涉黑涉恶犯罪举报人打击报复的。六是"有案不查型"即对黑恶势力违法犯罪有警不接、有案不立、立而不侦、有证不取、该捕不捕、该诉不诉,以及随意变更强制措施、撤销案件的。七是"通风报信型"即在办案中跑风漏气、泄露案情,或向黑恶势力犯罪分子通风报信,帮助其逃避处罚的。八是"开脱罪责型"即以普通个案处理代替涉黑组织犯罪结案,企图为黑恶势力开脱罪责的。九是"枉法裁判型"即捏造事实、毁灭证据、伪造自首立功等材料、不依法履职、审查核实证据,使涉黑涉恶犯罪分子漏捕、漏诉、漏判或重罪轻判的。十是"追赃不力型"即故意或重大过失导致黑恶势力违法所得、赃款赃物不能追缴而放纵犯罪的。十一是"串通案情型"即在羁押监管过程中失职渎职,为涉黑涉恶犯罪嫌疑人或罪犯里勾外联、串通案情、遥控指挥提供便利条件或放任不管的。十二是"违规吃请型"即在教育改造涉黑涉恶罪犯过程中收受罪犯及家属财物或接受吃请,违规给予表扬、记功等考核成绩的。十三是"违规减刑型"即违规违法呈报并办理涉黑涉恶犯罪分子减刑、假释、保外就医、监外执行的。十四是"帮人说情型"即违规违法打探案情、说情打招呼、干预涉黑涉恶案件依法办理的。十五是"打击不力型"即其他充当黑恶势力"保护伞",致使对涉黑涉恶犯罪打击不力的腐败行为。

最后,成为"保护伞"的人在主观上为故意,即明知黑恶势力从事的是黑恶等违法犯罪活动而予以包庇或者纵容。也就是,只有明知被"保护"者已是或可能是黑恶势力的,才能被认定为黑恶势力的"保护伞",否则只能按一般的玩忽职守、滥用职权等职务犯罪论处。其中,对于那些"保护"的行为主观恶性不大或在黑恶势力坐大成势中发挥的作用不大的,可以不认定为犯罪,只按相应的政纪处理;对于包庇黑恶势力的,行为人主观方面应当是直接故意;对于纵容黑恶势力违法犯罪的,行为人在客观上实施的是放纵行为,可能采取听之任之的态度,其主观方面可以是直接故意,也可以是间接故意。

七、涉黑涉恶财产的理解、认定与处置限定

关于黑恶犯罪涉案财产的处置问题,起草 2015 年《北海纪要》的最高人民法院有关法官认为,作为"老、大、难"问题,其根本和关键在于取证难度极大,并据《北海纪要》要求审判时"应当全面审查证明财产来源、性质、用途、权属及价值大小的有关证据",并依照刑法和有关司法解释的规定明确来涉案财产追缴、没收的范围,特别是将追缴、没收"合法获

取的财产"的范围限定为"实际用于支持该组织存在、发展和实施违法犯罪活动的部分",以防止出现侵害合法财产权利的情况。①

笔者认为,关于黑恶犯罪涉案财产处置的"老、大、难"问题,除了取证难度大外,还在于是否正确认识如何界分黑社会性质组织与涉黑性质组织所依托的公司企业,以及涉黑涉恶财产与涉黑涉恶公司企业的财产。

近年来,随着黑社会性质组织犯罪的发展,涉黑公司、企业越来越多。在打击涉黑犯罪过程中,在铲除黑社会性质组织的同时彻底摧毁其经济基础也愈发重要,但涉黑公司、企业的资产构成往往较为复杂,有合法财产投入其中、有合法经营所得,也有犯罪所得投入其中,还有非法经营所得,如何准确区分涉黑公司、企业中的合法财产与非法财产,也就成了一个司法实践中复杂而又必须解决的问题。

当前的黑社会性质组织获取经济利益的方式较传统的"打砸抢"有较大不同,多是通过合法注册的公司企业从事非法经营、强迫交易、开设赌场等非法经营活动进行敛财。故而,有人把涉黑性质组织所依托的公司企业与黑社会性质组织混为一谈,并据此将涉黑涉恶财产与涉黑涉恶公司企业的财产混为一谈,进而把后者的合法财产予以没收。

事实上,无论是涉黑性质组织所依托的公司企业与黑社会性质组织,还是涉黑涉恶财产与涉黑涉恶公司企业的财产,在本质上存在根本不同。其中,前者是一个人数较多,有明确的组织者、领导者,骨干成员基本固定,具有一定的经济实力以支持该组织的活动,并在一定区域或者行业内形成非法控制或者重大影响的犯罪组织;后者是一个以获取经济利益为目的的经济实体,是涉黑组织借以进行非法经营活动和获取经济

---

① 参见戴长林、朱和庆、刘广三、周川、张向东:《〈全国部分法院审理黑社会性质组织犯罪案件工作座谈会纪要〉的理解与适用》,载《刑事审判参考》总第107集,法律出版社2017年版,第136—150页。

利益的平台,是涉黑组织壮大经济实力的手段。据此,对于以合法公司企业为依托的涉黑案件,在处理中如何界分非法财产与合法财产,既是一个为民众所广泛关注的焦点问题,也是一个能否"打得准"的合法公正性问题。在"打黑除恶"专项斗争中,有的案件处理被"质疑",实际上是怀疑案件的涉黑资产处理有扩大化的嫌疑,怀疑对涉黑财产"打得不准",把相关公司企业的合法财产和一般职工也作为涉黑财产和涉黑成员予以打击。

如前所述,"打准打实"是"扫(打)黑除恶"及其涉黑组织犯罪处理的基本要求。在涉黑资产的处理上,就要求严格区分非法财产和合法财产。在实践中,其具体做法应当是,以资产(资金)参与涉黑违法犯罪活动的情况(如3次违法活动,1次犯罪活动)来界分涉黑公司企业的非法财产与合法财产。其中,若公司企业的资产(资金)全部参与了涉黑违法犯罪活动,则整个公司企业的财产都被认定为非法财产;若资产(资金)部分参与了涉黑违法犯罪活动,则参与的那部分所涉财产被认定为非法财产。

据此,依2015年《北海纪要》"依法应当予以追缴、没收"的具体情形,包括:一是属于黑社会性质组织形成、发展过程中,该组织及其组织成员通过违法犯罪活动或其他不正当手段聚敛的财产及其孳息、收益,以及合法获取的财产中实际用于支持该组织存在、发展和实施违法犯罪活动的部分;二是属于其他单位、个人为支持黑社会性质组织存在、发展以及实施违法犯罪活动而资助或提供的财产;三是属于组织成员通过个人实施的违法犯罪活动所聚敛的财产及其孳息、收益,以及供个人犯罪所用的本人财物;四是属于黑社会性质组织及其组织成员个人非法持有的违禁品;五是属于参与涉黑违法犯罪活动的其他财物。

八、"套路贷"办理的刑法适用困境与出路

"套路贷"作为披着"民间借贷"外衣的新型违法犯罪现象,因其行为目的的犯罪性(以非法占有为目的)、行为方式的迷惑性("民事合法行为"与"违法犯罪行为"的似是而非)、行为手段的多样性与多变性(诱人的"诱饵"、防不胜防的"套路"、冠冕堂皇的敲诈勒索、流氓黑恶势力的胁迫、纠缠、滋扰、拘禁、虚假诉讼等,这些手段变化莫测)、行为性质的交叉性(刑民交叉、刑行交叉、与涉黑涉恶交集、与共同犯罪和罪数形态连体等),而给案件办理与追诉打击带来很大困扰。虽然自2018年以来,最高人民法院、最高人民检察院、公安部、司法部陆续发布了《关于办理黑恶势力犯罪案件若干问题的指导意见》(以下简称《黑恶势力意见》)、《关于办理"套路贷"刑事案件若干问题的意见》(以下简称《"套路贷"意见》),以提升"套路贷"案件的办案质量和办案效率,但从"套路贷"案件的当前特点与办理困境来看,这些司法规范性文件的规制并未达到预期,特别是在"套路贷"的现象本质与刑法意义、刑民界分、与黑恶势力关系认定、罪数和犯罪数额认定等方面,还存在理解和适用上的争议甚至误区。

(一)"套路贷"的性质争议与刑法意义

1."套路贷"的性质争议

对于何为"套路贷",《"套路贷"意见》作了明确界定,即"以非法占有为目的,假借民间借贷之名,诱使或迫使被害人签订'借贷'或变相'借贷''抵押''担保'等相关协议,通过虚增借贷金额、恶意制造违约、肆意认定违约、毁匿还款证据等方式形成虚假债权债务,并借助诉讼、仲裁、公

证或者采用暴力、威胁以及其他手段非法占有被害人财物的相关违法犯罪活动的概括性称谓"①。据此界定,所谓"套路贷",既不是刑法上的罪名,也不是犯罪的法律构成要件,而是一个披着"民间借贷"外衣的新型违法犯罪现象。

显然,对如此犯罪现象的深入理论研究与规范界定,旨在通过揭示现象的本质,找准其在刑法上的对接点和消解在相关案件上的定性处罚分歧,以便在刑法上的准确定位和正确地适用刑法、准确地定罪量刑。然而,从相关司法实践来看,上述界定,并没有达到以上预期且仍存在较大分歧。

综观相关理论和实践,关于"套路贷"性质的认知"分歧",大体可以概括为如下四种情况:一是为"刑法中的类罪名"。即"套路贷"相当于刑法中的类罪名,构成"套路贷"即构成犯罪。认为"从刑法的角度来看,'套路贷',就是一种犯罪行为,如果将某种行为认定为'套路贷',则意味着其已然构成犯罪"②。二是为"类型化犯罪行为的集合"。即"套路贷"是一类、一系列犯罪行为的统称。③ 认为"套路贷"本质上是一系列以借贷为名,骗人钱财的违法犯罪活动的集合,④是"扫黑除恶专项斗争重点打击的犯罪类型"之一。⑤ 三是为"非刑法概念"。即"套路贷"本质属于

---

① 最高人民法院、最高人民检察院、公安部、司法部于2019年4月9日印发的《关于办理"套路贷"刑事案件若干问题的意见》第1条。
② 叶良芳:《"套路贷"司法犯罪化:政策背景、适用难题与治理对策》,《理论探索》2020年第5期。
③ 参见孙丽娟、孟庆华:《套路贷相关罪名及法律适用解析》,《犯罪研究》2018年第1期;陈晖、谢红军:《"套路贷"虚假诉讼案件的审查与识别——以民事检察监督为视角》,《天津法学》2020年第2期;陈斌:《"套路贷"案件定性评析》,《中国检察官》2020年第16期。
④ 参见孙丽娟、孟庆华:《套路贷相关罪名及法律适用解析》,《犯罪研究》2018年第1期。
⑤ 参见陈晖、谢红军:《"套路贷"虚假诉讼案件的审查与识别——以民事检察监督为视角》,《天津法学》2020年第2期。

非刑法概念,无任何的刑法意义。认为"'套路贷'并不是一个刑法概念,也不是一个犯罪构成或者某个犯罪的构成要件,更不是一个独立的罪名……从刑法角度定义'套路贷'对认定犯罪并没有任何意义;'套路贷'的概念与定义不能成为判断某种行为是否构成犯罪的法律标准"①。四是为"犯罪学意义上类型化行为的概称"。即"套路贷"不是严格的刑法学概念,而是基于犯罪学意义上对犯罪现象的描述与归纳。认为"套路贷"概念"包括民事欺诈、行政违法和刑事犯罪等三个层次的行为样态……包含民事欺诈因素的高利贷就是'套路贷',再逐步升级为行政违法和刑事犯罪,呈阶梯式、多层次的演进形态……"②。

以上分歧表明,纵然有规范性司法解释对"套路贷"作出了明确的界定,但对其"为何物"和在刑法上的意义是什么,并未形成共识性认识或清晰认知。显然,从刑法学视角来看,"套路贷"不可能是"刑法中的类罪名"和"类型化犯罪行为的集合"。毕竟,刑法上的"类罪名"和"类型化犯罪行为",都是罪刑法定意义上的规范概念,必须有刑法规范的明文规定,如"侵犯财产罪""诈骗公私财物"等,才有此资格和身份。在这个意义上,说"套路贷"为"非刑法概念",并不能作为"判断某种行为是否构成犯罪的法律标准",是有法有据的。但我们也并不能由此就否定其对定罪量刑的刑法意义。因为以上规范性司法解释对其作明确界定,并不是替代刑法上的概念作为"判断某种行为是否构成犯罪的法律标准",而是为了"准确甄别和依法严厉惩处'套路贷'违法犯罪分子"。③ 具体而言,其是为了在现象实质上认知与"平等主体之间基于意思自治而形成的民

---

① 张明楷:《不能以"套路贷"概念取代犯罪构成》,《人民法院报》2019年10月10日。
② 涂龙科:《"套路贷"犯罪的刑法规制研究》,《政治与法律》2019年第12期。
③ 最高人民法院、最高人民检察院、公安部、司法部于2019年4月9日印发的《关于办理"套路贷"刑事案件若干问题的意见》"序言"部分。

事借贷""非法讨债引发的案件"①等的不同,并由此正确认识"套路贷"现象的本质特征和准确对接刑法上的相应罪名等。这正如"高利贷""民间借贷""商业贿赂""职务犯罪"等,虽然也都不是刑法上的概念,但对它们进行理论上的研究和认知,可以利于认识它们的现象实质和更好地对接刑法上的规定。同时,在这个意义上,认为"套路贷"是"犯罪学意义上类型化行为的概称",是一个完全"犯罪学意义上对犯罪现象的描述与归纳",也是不符合规范性司法解释对其作明确界定的"甄别"等目的。

2."套路贷"的规范界定揭示了相关犯罪的现象本质

其实,深究"套路贷"的规范性司法解释的界定,虽然确实没有很好地达到预期的界定目标,但也在一定程度上揭示了相关犯罪的现象本质特点,包括行为目的、行为方式、行为手段、行为性质等方面。

第一,行为目的的犯罪性。主要表现在,在"套路贷"案件中,不同于"高利贷"的逐利目的、追求高息心理,"套路贷"案件的行为人以非法占有为目的,假借民间借贷之名,以较小的资金投入意图非法侵占被害人的财产利益,主观上具有明显的侵财性。

第二,行为方式具有迷惑性。主要表现在,"套路贷"往往假借合法的民事外观,掩盖刑事违法行为。行为人常以小额贷款公司、车贷担保贷款公司、网络借贷平台为载体,以手抄贷、招工美容贷、捆绑搭售保险、车辆担保贷款等各类合法的民事行为为由,引诱被害人进行借款。行为伊始,难以鉴别是合法的借贷行为、民事违法行为还是违法侵财性行为。

---

① 最高人民法院、最高人民检察院、公安部、司法部于2019年4月9日印发的《关于办理"套路贷"刑事案件若干问题的意见》第2条。

第三,行为手段具有多样性与多变性。主要表现在:一是引诱手段多样化、翻新快、变种多。包括校园贷、现金贷、美容贷、手抄贷、招工美容贷、车贷等各式套路行为,且行为手段不断更新与升级。二是设置套路行为的多样化。通过砍头息、高息、制造虚假给付事实、故意制造或肆意认定违约、第三方重新放款"平账"、强制捆绑、搭售保险等行为设置各式"套路"。三是索债手段软硬兼施。既包括冠冕堂皇方式的敲诈勒索,或以流氓黑恶势力进行胁迫、纠缠、滋扰、拘禁等暴力手段,也会采取虚假诉讼、软暴力等较为温和的手段。

第四,行为性质具有交叉性。主要表现在:一是违法行为与犯罪行为的交叉性。"套路贷"案件都披着民间借贷、金融借贷的外衣,属于典型的刑民交叉、刑行交叉案件,既有"套路贷"违法行为,也有"套路贷"犯罪行为,"套路贷"衍生的犯罪行为,因此在行为性质定性上存有较大的模糊地带,易引发将犯罪行为非刑事化,非罪行为入罪化等问题。二是与黑恶势力犯罪的交叉性,"套路贷"犯罪与黑恶势力犯罪在行为特征上呈现高度的相似性,均具有一定的组织性、较强的暴力性与经济性。三是罪数形态的粘连性。"套路贷"由签订协议和索债行为两个阶段构成,存在多个违法行为,因此常常触犯多个罪名,引发数罪并罚、牵连犯、想象竞合、界定模糊等问题。四是通过违法行为获得的财产属性的交叉性,由于"套路贷"行为方式的迷惑性与行为手段的多样性,其假借合法的民事外观实施刑事违法行为,导致行为人的收益往往既包含合法之债,也存在民事不法获利与违法所得。

综合以上特点,我们可以将"套路贷"的现象本质概括为,是基于非法占有目的支配所实施的、以套路性过程实施的"骗取"或"敲诈"他人财物的行为。如此现象本质意味着,"套路贷"中的"民间借贷",只是行为人实施"骗取"或"敲诈"他人财物的违法犯罪行为的"外衣",是完整犯罪行为中的一个环节或部分,与不以"非法占有为目的"为行为实施的"主观支配"的民事合法行为甚至民事欺诈行为,有着本质的不同。如此不同,是界分"套路贷"的相关犯罪行为与相关违法甚至合法行为的关键。

(二)"套路贷"案件刑民界分的误区与匡正

1."套路贷"案件刑民界分的误区

尽管《"套路贷"意见》明确了"套路贷"犯罪与民间借贷的区别在于是否具有"非法占有为目的",但鉴于"套路贷"违法行为与犯罪行为的交叉性,与天然地具有刑民边界模糊的特点,仍然导致实务中犯罪行为非刑事化,非罪行为入罪化等问题层出不穷。究其原因,存在以下误区。

罪与非罪唯客观行为论,以行为是否符合"套路贷"行为特征代替犯罪构成的判断。即不以具体罪名的构成要件为裁判依据,以行为是否符合"套路贷"行为特征作为定罪依据,只要相关案件具备"职业放贷人""砍头息""高息""非法讨债""放贷公司""叠高债务"等多种套路行为,就一律以"套路贷"犯罪定罪处罚。例如,对于张某、聂某、周某、刘某诈骗案,①法院判决书中忽略对诈骗罪、敲诈勒索罪的具体罪名构成要件的考察,只对行为是否存在《"套路贷"意见》中的相关行为特征进行判断,存在即构罪。由此引发"套路贷"案件的认定全盘犯罪化,刑民界限从"民事泛化"逐步转向"刑事泛化"的问题,致使"套路贷"沦为债务人逃避债务的避风港,成为"老赖"欠债不还的正当理由。

是否构成诈骗罪唯被告人主观目的论,以"非法占有为目的"代替被害人的"错误认识"判断。实务中,对于套路贷行为是否构成诈骗罪,出

---

① 芜湖市中级人民法院,案号:(2019)皖02刑终77号。

现忽略被害人是否产生"错误认识"的判断,以行为人非法占有的目的判断取代被害人的主观认识的现象。① 例如,在崔某、罗某某诈骗、寻衅滋事、聚众斗殴、敲诈勒索案中,法院认定"在被害人认识方面,只要被告人实施了收取名目繁多的费用,虚增贷款金额、故意设置不平等条款等明显不符合民间借贷习惯,无论被害人是否具有明知,均不影响非法占有目的的认定……被告人崔某等人的行为符合诈骗罪的构成要件,构成诈骗罪"②。如此界定架空了诈骗罪的构成要件,与诈骗罪成立要求不相符合,存在诈骗罪适用不当扩大之嫌。

综上,"套路贷"作为披着"民间借贷"外衣的新型违法犯罪现象,天然地具有刑民边界模糊的特点,其看似合法的民事外观与刻意准备的民事证据,极具迷惑性、伪装性,给案件的办理与追诉打击带来很大困扰。虽然"两高两部"明确了"套路贷"犯罪与民间借贷、非法讨债的根本区别,但从当下司法实践中的办理困境来看,"套路贷"的刑民界分认定,仍存在理解和适用上的争议,甚至具有要么"民事泛化"要么"刑事泛化"的极端倾向,致使"套路贷"沦为债务人逃避债务("老赖"欠债不还)的避风港,有碍人民群众从这些案件中感受到公平正义。

2."套路贷"案件刑民界分应以犯罪概念为基本标准

"套路贷"认定中的以上误区,在很大程度上源于其有些实务认定,为盲人摸象式的机械性刑法适用。主要表现在,对"套路贷"所涉罪名的定性认定,要么片面地以行为人是否具有"非法占有为目的"的唯主观目的论,要么片面地以行为是否符合"套路贷"行为特征的唯客观行为论,没有基于《刑法》第13条关于犯罪的三个成立条件(基本特征)作有机整

---

① 参见张平寿:《"套路贷"诈骗"错误认识"的实践偏离及其矫正》,《政治与法律》2020年第10期。

② 蚌埠市中级人民法院,案号:(2019)皖03刑终499号。

体判断,从而没能找到"套路贷"刑民界分认定的"区分点(界分标准)"。由此,对于"套路贷"案件的刑民界分,应回归到犯罪概念本身,以犯罪概念作为其刑民界分的基本标准。

其实,《刑法》第13条关于犯罪的三个成立条件(基本特征)规定,是包括"套路贷"在内的所有刑民界分、刑行界分的"区分点(界分标准)"。据《刑法》第13条规定,一切危害社会的行为,"依照法律应当受刑罚处罚的,都是犯罪,但是情节显著轻微危害不大的,不认为是犯罪",即犯罪行为必须同时具备社会危害性、刑事违法性和应受刑罚处罚性三个基本条件(基本特征)。正如机器设备动力系统的零部件,只有在同一个系统中形成有机体系并只有整体协作才能发挥"零部件"应有功能一样,犯罪的三个成立条件(基本特征)也需形成有机体系并整体协作(你中有我、我中有你)才具有罪与非罪等的定性评价功能。由此,"套路贷"的刑民界分,也应以刑法关于犯罪概念规定及其三个成立条件(基本特征)为基本标准,并坚持它们的有机统一与整体评价。具体表现在:

一是以"刑事违法性"判断为前提,严格适用刑法规定的相应犯罪构成要件,勿以"套路贷"的行为特征代替犯罪构成。刑事违法性是行为定罪与否的直接前提与犯罪构成要件的"符合性"要件,其在实践适用中的体现,不是理论上的学术观点或域外的犯罪论理论,而是我国刑法立法对接的某个罪"构成要件"。按我国现行刑事立法,这个"构成要件",是现行刑法分则和刑法总则关于犯罪客体(现行刑法以犯罪客体为类罪和个罪设立和排序主线)、犯罪客观方面(主要是分则规定)、犯罪主体(总分则规定)和犯罪主观方面(总分则规定)的叙明罪状或简单罪状、引证罪状、空白罪状等规定。这些总分则规定,是《刑法》第13条关于"刑事违法性"的个罪对应性规定,是包括"套路贷"案在内的所有刑事案件在定性上都必须考虑和适用的。这既是刑法总分则关系和罪刑法定原则的体现与要求,也是《刑法》第 13 条关于犯罪概念规定的地位和意义所在。否则,必会带来错判、误判。例如,某敲诈勒索案的一审仅因行为人有"软暴力催收""虚高借款本金""收取逾期费及高额利息"等"套路"行为,就认定其构成"套路贷"型敲诈勒索罪。如此片面适用敲诈勒索罪犯罪构成(未作有机整体性评价)的裁判,为二审所纠正,认定行为人的如此"套路"行为属于民事违法行为,不以犯罪论处。

因此,在"套路贷"案件的刑民界分认定实务中,需摒弃"有'套路'就构成犯罪"的片面思维,坚持"刑事违法性"的犯罪构成有机整体评价,防范仅以"套路贷"这个客观行为特征为其构罪裁判依据。其一,在"套路贷"型诈骗罪的定性认定中,需基于《刑法》第 266 条关于诈骗罪及刑法总分则其他关于构成要件的规定,既需考察行为人是否有采取"砍头息""高息""虚设债权债务"等欺诈手段,也需考察被害人是否陷入认识错误,是否基于认识错误给付财物,是否明知存在"虚高债权债务"等套路行为,是否在不存在认识错误的情况下自愿签订借款合同。若被害人属于对"虚增债权"或"高息"等财产法益的主动放弃,是对行为人"套路行为"的默认与同意,则即使行为人存在多种套路行为,也因"套路行为"不具有欺骗性,未违背被害人主观意愿,不符合诈骗罪的客观要件,而不构成诈骗罪。其二,在"套路贷"型敲诈勒索罪定性中,也应基于《刑法》第 274 条敲诈勒索罪及刑法总分则其他关于构成要件的规定,考察行为人是否有"迫使"被害人签订虚高借贷协议、软硬兼施的"索债"等胁迫行为,考察被害人是否因此产生了恐惧心理和据此处分了财物。否则,即使行为形式外观符合《意见》中"套路贷"的概念与特征,也不能以敲诈勒索罪定罪处罚。

二是以"应受刑罚处罚性"的"社会危害性"判断为标尺,坚持违法行为"质"与"量"的综合考量,勿将一般违法行为等同于刑事犯罪。当违法行为符合犯罪构成要件时,其仅是符合犯罪概念中"刑事违法性"这一形式特征,此时还需从"应受刑罚处罚性"的"社会危害性"上对犯罪成立条件作实质性判断。只有当行为的社会危害性达到值得科处刑罚的程度,它才在形式上和实质上都符合刑法规定的犯罪构成要件;若行为危害不大,即便它在形式上完全符合具体犯罪的构成要件,也不能被认为是犯罪。而在刑事立法中,进行实质性判断的基础和依据就是《刑法》第13条"但书"规定。

这意味着,在对"套路贷"案件的认定中需从法秩序统一的角度出发,重点考量违法行为"质"与"量"的不法程度,判断行为是否属于《刑法》13条但书中的"情节显著轻微危害不大"。一方面,需考量"套路行为"的"质"的不法程度。重点在于辨清签订借贷协议期间,民事欺诈行为与刑事诈骗、民事"乘人之危"行为与刑事"胁迫"的区分。当违法行为存在欺骗因素时,要以非法占有目的的审查为中心,从欺骗内容、欺骗程度等多个角度鉴别行为属于民事欺诈还是刑事诈骗,不能简单地认为只要存在欺骗手段就构成刑事诈骗。若所谓的"无担保""无抵押""快速放贷"等欺骗手段只是为了诱使对方与自己签订借贷协议,以实现获取高额利息等目的,并非为了直接骗取、侵夺被害人财产,则行为人仅是通过欺诈行为进行民事上的"不法获利",不属于刑事诈骗。同样,当违法行为存在胁迫因素时,若行为人只是利用对方急于摆脱客观原因造成的两难困境的心理,违背对方意愿与其签订明显不公平的借款协议,且此客观原因并非行为人造成的,则此时违法行为的本质是"乘人之危"而非刑事"胁迫"。另一方面,也需考量"套路行为"的"量"的不法程度。重点在于从行为目的的正当性与否、手段的相当性与否以及社会的可容忍性大小对"套路行为"进行综合评价。特别是对于"砍头息""高息""非法讨债"等传统民间借贷伴生而来的普遍现象。以"非法讨债"为例,不能认为只要出现软暴力或暴力讨债行为即成立"套路贷"犯罪,还需考虑讨债的目的是取回本息还是非法占有他人财产、讨债采取的手段是较为温和还是直接强取豪夺、行为整体能否符合"欠债还钱"的社会普遍观念等因素。

综上,对于涉"套路贷"案件的定性,应找准罪与非罪的"区分点",回归到对犯罪概念三个成立条件(基本特征)的有机的整体判断上,避免机械地、孤立地、片面地适用刑法。同时,由于"套路贷"案件与民间借贷紧密交织的特殊性,在司法认定过程中,更应将其置于整个民间借贷环境中,在相应的经济和社会环境的大背景下进行全面的分析与判断,防止刑法越位殃及正常的民间借贷活动,打压必要的资金融通渠道,以保障借贷环境自由、市场交易信赖与金融秩序的稳定之间的平衡。这是法秩序统一的必然要求,更是在经济领域实现国家治理能力和治理体系现代化的关键路径。

(三)"套路贷"犯罪与涉黑涉恶犯罪的关系

1."套路贷"犯罪与涉黑涉恶犯罪定性交织

"套路贷"犯罪与涉黑涉恶犯罪的交叉性,导致实务中出现"套路贷"组织与黑恶势力认定交织、界定混乱的现象。依据相关数据统计,高达60%以上的"套路贷"犯罪案件均被认定为涉黑涉恶犯罪。① 并存在将"套路贷"组织等同于黑恶势力组织的趋势,如在刘某某、郑某某、方某某等寻衅滋事案中,②司法机关以形成固定的犯罪组织,实施相关套路行为三次以上,认定其为黑恶势力。

"套路贷"犯罪与涉黑涉恶犯罪定性的立法交织。对"套路贷"行为

---

① 以聚法案例为平台,以"套路贷"作为关键词,全文搜索,共搜集2016年至2020年11月套路贷相关刑事案件2163篇,其中被认定为恶势力团伙204件,被认定为恶势力犯罪集团860件以及被认定为黑社会性质组织291件。

② 泉州市中级人民法院,案号:(2019)闽05刑终1600号案件。

最早规制在《黑恶势力意见》之中,第20条规定:对于以非法占有为目的,假借民间借贷之名,通过"虚增债务""签订虚假借款协议""制造资金走账流水""肆意认定违约""转单平账""虚假诉讼"等手段非法占有他人财产,或者使用暴力、威胁手段强立债权、强行索债的,应当根据案件具体事实,以诈骗、强迫交易、敲诈勒索、抢劫、虚假诉讼等罪名侦查、起诉、审判。在立法上,其虽未明确提到"套路贷"犯罪,但实际上已经将"套路贷"行为视为涉黑涉恶案件的伴生行为,并将其作为扫黑除恶的治理范畴之一。《"套路贷"意见》也提到:"符合黑恶势力认定标准的,应当按照黑社会性质组织、恶势力或者恶势力犯罪集团侦查、起诉、审判。"2019年《最高人民法院关于加强刑事审判工作情况的报告》也将出台"套路贷"刑事案件意见纳入深入扫黑除恶专项斗争的总目标之下。[①] 可见二者在立法上相互交织,也因此直接导致了"套路贷"犯罪属于扫黑除恶项下的范畴之一的观点,例如有学者提出"扫黑除恶需将'套路贷'纳入刑事处罚范畴"[②];"'套路贷'作为新型黑恶势力犯罪的一种,严重破坏着经济社会秩序,侵蚀党的执政根基"[③]等。

"套路贷"犯罪与涉黑涉恶犯罪的行为特征交织。除了立法上的交织外,"套路贷"犯罪与涉黑涉恶犯罪在行为特征上呈现高度的相似性,导致实务中二者边界模糊。第一,均具有明显的组织性。"套路贷"犯罪

---

① 《最高人民法院关于加强刑事审判工作情况的报告》:"(五)深入开展扫黑除恶专项斗争,依法严惩黑恶势力犯罪:……完善专项斗争制度机制。会同最高人民检察院、公安部、司法部等制定办理黑恶势力犯罪案件指导意见,出台办理恶势力、'套路贷'、'软暴力'等刑事案件意见,统一侦查、起诉、审判各环节办案标准,确保专项斗争始终在法治轨道上推进。出台黑恶势力刑事案件财产处置意见,加大'打财断血'力度,坚决铲除黑恶势力经济基础。加强重点案件督办,建立扫黑除恶专业审判团队,探索实行涉黑涉恶案件相对集中管辖,提高专项斗争法治化、规范化、专业化水平"。

② 丁文、徐婧:《扫黑除恶需将"套路贷"纳入刑事处罚范畴》,《人民法院报》2019年3月24日。

③ 张原、李宁馨:《坚决打击"套路贷"黑恶犯罪》,《人民政协报》2019年6月4日。

多呈现出运营模式公司化特征,①多以金融借贷公司、网络服务公司、车贷公司等合法公司为载体,存在明确的分工及较为固定的人员,具备分工明确、层级鲜明的组织特征,与黑恶势力的组织特征高度相似。第二,均具有较强的暴力性。②"套路贷"犯罪在索债阶段往往会采取软暴力、暴力或者暴力威胁进行催债与收债,滋扰、纠缠、哄闹等手段扰乱正常的工作、生活秩序,具有较大的社会危害性,与黑恶势力犯罪的行为特征重叠。第三,均具有一定的经济性。"套路贷"犯罪属于侵财型犯罪,通过虚假签约及索债环节,肆意侵占被害人财产,符合"有组织地通过违法犯罪活动或者其他手段获取经济利益"的经济特征。可见,"套路贷"犯罪与黑恶势力犯罪之间有着天然的、密切的联系,在行为特征上存在高度的统一。

2."套路贷"犯罪与涉黑涉恶犯罪关系的辨清

在"套路贷"犯罪与涉黑涉恶犯罪关系的处理上,既要保证对黑恶势力犯罪的严厉打击,防止"漏打";也要防止将普通的"套路贷"犯罪定性为涉黑涉恶犯罪,造成扫黑除恶处罚面的不当扩张,导致一般"套路贷"行为因"涉黑涉恶"标签而被过重处罚。因此,应在严格遵循涉黑涉恶犯罪的刑事认定标准之下,着重对"套路贷"组织的危害性特征与经济特征进行考察,对符合涉黑涉恶性质定性的规范规定的,依法与相应的黑社会性质组织犯罪予以数罪并罚或酌定从重处罚。

一是严格遵循涉黑涉恶犯罪的刑事认定标准。《"套路贷"意见》提到:"符合黑恶势力认定标准的,应当按照黑社会性质组织、恶势力或者恶势力犯罪集团侦查、起诉、审判。"因此不能简单地将"套路贷"组织等

---

① 参见沙征凯:《"套路贷"违法犯罪的打击策略》,《中国刑事警察》2020年第4期。
② 参见黄凯:《扫黑除恶背景下"套路贷"犯罪相关问题研究》,《贵州警官职业学院学报》2019年第4期。

同于黑恶势力,必须回到立法和司法文件关于涉黑涉恶性质的规定中。首先,在认定"套路贷"组织是否属于黑社会性质组织时,应严格以《刑法》第294条第5项规定的组织特征、经济特征、行为特征、危害特征为标准。其次,在认定"套路贷"组织是否为恶势力犯罪集团时,应严格遵循"两高两部"《黑恶势力意见》中的相关要求,严格考察"套路贷"组织是否具备《黑恶势力意见》要求的具备稳定性、层级性、规模性的组织特征;是否具有欺压性、暴力性的行为特征;是否达到较为恶劣的社会影响。① 不能仅以存在一定的组织性及社会危害性就简单地将其认定为黑社会性质组织、恶势力犯罪集团,例如彭某某组织、领导、参加黑社会性质组织、抢劫、敲诈勒索案。② 再者,结合"套路贷"犯罪时间、次数进行综合判断。依据2019年《关于办理恶势力刑事案件若干问题的意见》(以下简称《恶势力意见》)第7条:"对于'纠集在一起'时间明显较短,实施违法犯罪活动刚刚达到'多次'标准,且尚不足以造成较为恶劣影响的,一般不应认定为恶势力。"因此对于以下"套路贷"犯罪不宜认定为黑恶势力犯罪:第一,不存在以软暴力、暴力行为进行索债,以虚假事实提起诉讼或者仲裁,或以语言、图像或视频威胁等"非接触式"方式索债的。③ 第二,对于"套路贷"组织时间较短、犯罪活动次数较少、规模较小、尚未造成恶劣影响的"套路贷"犯罪不宜认定为黑恶势力犯罪。

二是突出对套路贷组织的危害性特征的审查。在认定"套路贷"犯罪是否属于黑恶势力犯罪时,要着重审查犯罪行为的危害性特征。在认定"套路贷"组织是否属于黑社会性质组织时,必须达到"称霸一方,在一

---

① 参见李占州、钟晋:《"恶势力""恶势力犯罪集团"认定若干问题解析》,《检察调研与指导》2019年第3期。
② 天津市红桥区人民法院,案号:(2018)津0106刑初297号。
③ 参见卢建平:《扫黑除恶中如何正确认识"套路贷"犯罪》,《人民法院报》2019年4月11日。

定区域或者行业内,形成非法控制或者重大影响,严重破坏经济、社会生活秩序"①的危害后果。而在认定"套路贷"组织是否为恶势力犯罪集团时,也需依据《恶势力意见》相应规定,从侵害对象及其数量、违法犯罪次数、手段、规模、人身损害后果、经济损失数额、违法所得数额、引起社会秩序混乱的程度以及对人民群众安全感的影响程度等因素,综合判断"套路贷"是否达到"扰乱经济、社会生活秩序,造成较为恶劣"②的社会影响。即虽未在一定区域或者行业内形成非法控制或者重大影响,但行为的危害后果与黑社会性质组织形成的非法控制或者重大影响相类似,且需要存在可能发展为对一定区域或者行业形成非法控制或者重大影响的风险。若"套路贷"案件并未造成恶劣的社会影响,也并无"为非作恶,欺害百姓"的本质特点,此时不宜认定为恶势力、恶势力犯罪集团,应以普通的共同犯罪进行惩处。

三是强化黑恶势力经济特征的实质化认定。司法实践中产生将"套路贷"行为的非法获利作为黑恶势力的经济特征的体现,③如此认定将黑恶势力中的经济特征认定形式化、简单化,存在不当扩张之嫌,例如徐某、吴某诈骗、非法拘禁、敲诈勒索、寻衅滋事案。④ 对于黑恶势力经济特征的认定,不能仅以是否采取具有侵财行为作为决定性因素,还需判断其是否利用不法获利来支持犯罪组织以形成非法控制状态,⑤是否将违法所得转化为组织的经济实力。因此,如果在个案中行为人虽然采取"套路贷"犯罪活动获得经济利益,但其所获得的非法所得并非用于壮大犯罪

---

① 《刑法》第294条第5款。
② 《关于办理恶势力刑事案件若干问题的意见》第4条。
③ 参见陈兴良:《论黑社会性质组织的经济特征》,《法学评论》2020年第4期。
④ 芜湖市中级人民法院,案号:(2019)皖02刑终249号。
⑤ 参见李林:《黑社会性质组织经济特征司法认定实证研究》,《中国刑事法杂志》2013年第4期。

组织及对一定的行业或领域产生或维护非法控制,而是仅用于犯罪组织的日常消费、个人使用等。即使其采取诈骗、敲诈勒索、非法拘禁、寻衅滋事、故意伤害、虚假诉讼等各种违法犯罪手段,造成了严重的社会危害,也因不具备支持黑恶势力活动的经济实力,而不构成黑恶势力犯罪。

(四)"套路贷"罪数认定的困惑与解决路径

1."套路贷"罪数认定存在的困惑

"套路贷"案件在罪数形态上具有较大的黏连性,虽然《"套路贷"意见》第 4 条对罪数认定作出了规定,①但究竟哪些情况下是数罪并罚、哪些情况下是择一重处,是因为构成想象竞合犯而择一重处还是依据牵连犯抑或吸收犯原理择一重处,也不尽清楚、明确,引发了学界对"套路贷"犯罪罪数认定的困惑,主要围绕以下几个方面:

对于"套路贷"案件罪数认定的宏观标准的困惑。有的学者提出坚持全面评价原则,"在准确认定罪名的基础上,全面评价其他情状,贯彻'宽严相济'"②。有的学者依据"套路贷"手段不同采取不同的罪数适用规则:一是以侵财型手段实施催讨的,视对象不同分别择一重或数罪并罚。二是以非侵财型手段实施催讨的,一般应数罪并罚。③ 还有的学者提出从"套路贷"行为的"行为数量""非法占有为目的""侵害法益数量"三方面进行数罪与否的认定等。④ 由于对"套路贷"案件罪数认定标准的差异,导致在司法实践出现罪数认定差异、量刑的轻重不一、同案不同判等问

---

① 《"套路贷"意见》第 4 条:"应当根据具体案件事实,区分不同情况,依照刑法及有关司法解释的规定数罪并罚或者择一重处。"
② 孟祥金:《"套路贷"行为模式及其司法认定》,《安徽大学学报(哲学社会科学版)》2019 年第 5 期。
③ 参见陈志君、梁健:《论"套路贷"的打击与防范》,《法律适用》2019 年第 20 期。
④ 参见梅传强、张嘉艺:《"套路贷"犯罪罪数认定问题探析》,《浙江工商大学学报》2020 年第 2 期。

题,例如苏某某诈骗案①与高某、蒋某敲诈勒索案。②

对于"套路贷"案件具体罪名罪数认定的困惑。对此,主要集中在"先骗后采取以暴力相威胁索债""先骗后采取虚假诉讼索债"行为的罪数认定中。对于"先骗后以暴力相威胁索债"的情形,有观点从非法占有行为的手段分析,认为应认定为诈骗罪、敲诈勒索罪,并实行数罪并罚。③也有观点认为"行为人实施了诈骗行为以后,又采用暴力、胁迫、威胁和绑架等手段非法讨要'债务'同时构成犯罪的,索债行为与诈骗罪的行为成立牵连犯"④,应择一重罪论处。还有观点认为对于"复合型敲骗交织犯罪",当行为同时具有欺骗性与胁迫性时,以被害人产生的是认识错误还是恐惧行为为单一罪名认定依据,若既产生认识错误又产生恐惧心理的,则属于诈骗罪与敲诈勒索罪的想象竞合,择一重罪论处。⑤ 而对于"先骗后采取虚假诉讼索债"行为,有观点认为犯罪人通过虚假诉讼的方式,借助司法的强制力侵占被害人财物的行为构成三角诈骗,⑥宜以诈骗罪一罪处理。也有观点认为法院不符合三角诈骗中受骗人角色的需求,宜以虚假诉讼罪一罪定罪处罚。⑦ 也有观点认为此时构成诈骗罪与虚假诉讼罪想象竞合,择一重罪论处。⑧

---

① 上海市宝山区人民法院,案号:(2019)沪 0113 刑初 1030 号。
② 上海市金山区人民法院,案号:(2017)沪 0116 刑初 870 号。
③ 参见陈斌:《"套路贷"案件定性评析》,《中国检察官》2020 年第 16 期。
④ 王齐齐、夏定乾:《论"套路贷"犯罪中罪数问题》,《贵州警察学院学报》2020 年第 4 期。
⑤ 参见唐晓军:《"套路贷"所涉罪名辨析》,《中国检察官》2020 年第 10 期。
⑥ 参见张明楷:《论三角诈骗》,《法学研究》2004 年第 2 期。
⑦ 参见参见杨兴培、田然:《诉讼欺诈按诈骗罪论处是非探讨——兼论〈刑法修正案(九)〉之诉讼欺诈罪》,《法治研究》2015 年第 6 期;陈祖瀚:《"套路贷"以诈骗罪论处之适当性探讨》,《宜宾学院学报》2019 年第 4 期。
⑧ 参见孙丽娟、孟庆华:《"套路贷"相关罪名及法律适用解析》,《犯罪研究》2018 年第 1 期。

2."套路贷"罪数认定问题的解决路径

罪数认定是适用刑罚时引发的问题,[①]因此对于"套路贷"罪数认定的标准应回归到刑法的基本原则上进行考量,应基于"套路贷"以非法占有为目的支配下的套路性"骗取"或"敲诈"他人财物的行为的本质特征和罪刑相适应原则,进行一罪与数罪的界分与相应犯罪的认定。

以非法占有为目的支配下行为的本质特征为考量原则。在"套路贷"案件罪数判断时,应牢牢把握"非法占有他人财物"的主观目的,并判断所实施的犯罪行为是否均基于同一非法占有目的支配下展开的。在"套路贷"案件中,在未导致其他危害后果产生的前提下,若前期签订协议的骗取行为与后期敲诈、胁迫索债行为均是为了非法占有他人财物,则应将基于非法占有他人财物的主观目的下实施的同系列行为视为一个不可割裂的整体行为,骗取行为与索债行为分别属于手段行为与目的行为。例如,在欺骗行为人签订虚假债权债务协议之后,通过以暴力相威胁索取债务时,欺诈行为与敲诈勒索行为共同指向非法占有他人财物的同一目的,欺诈行为只是敲诈勒索行为的手段行为,二行为相互合作、配合才能达成主观目的的实现。若采取数罪并罚,将手段行为与目的行为分别定罪,则此时是行为人仅有一个犯罪故意,且无引发其他的危害结果,则会导致对行为人的重复评价,引发罪刑不均,因此只能认定二行为属于牵连关系,择一重罪处罚。但若前期签订协议行为与后期的索债行为存在不同的主观故意,或在索债阶段产生了新的犯意,则无论是否具有新的危害结果发生,均应适用数罪并罚。

以行为所侵害法益的数量为例外考量。若"套路贷"犯罪在实施非法占有他人财物的行为时,侵害了其他法益,则基于罪刑相适应原则,行

---

① 参见马克昌:《犯罪通论》,武汉大学出版社1997年版,第609页。

为人需对"超出行为"负责,应适用数罪并罚,以保证量刑均衡。例如,在欺骗行为人签订虚假债权债务协议之后,采取暴力或软暴力等行为索取债务时,额外侵害了财产法益之外的人身权益、社会秩序,此时欺骗行为与催债行为均单独成立犯罪,数罪并罚。同样,在欺骗行为人签订虚假债权债务协议之后,提起虚假诉讼进行索债时,此时行为不仅仅侵害了被害人的财产权益,也妨害了司法秩序的正常运行,基于罪刑相适应原则的基本考量,应以诈骗罪与虚假诉讼罪定罪,并适用数罪并罚。

(五)"套路贷"案件犯罪数额认定的难点与突破

1. "套路贷"案件犯罪数额认定的难点

由于"套路贷"案件中行为人通过违法行为获得的财产具有属性上的交叉性,合法之债、民事不法获利与刑事违法所得常常交织在一起。因此如何认定"套路贷"案件犯罪数额则成为司法实践中的一大难点。《"套路贷"意见》第6条对"套路贷"犯罪数额认定进行了说明,确定了"从整体上予以否定性评价"原则,将"虚高债务"和以"利息""保证金""中介费""服务费""违约金"等名目被行为人非法占有的财物,均应计入犯罪数额。而实际给付被害人的本金数额,不计入犯罪数额。但对于此规定,仍然存在较大的争议。

对犯罪数额的认定的具体标准不一。虽然立法上确定了"从整体上予以否定性评价"的原则,但对于"整体评价"的内涵及具体的判断规则仍然较为混乱。例如,有学者认为"套路贷"的犯罪数额是行为人以非法占有为目的而向被害人或者被害人的特定关系人"追讨""索要"的"虚高债务"和非法占有的"利息""保证金""中介费""服务费""违约金"等全部财产金额。[①] 有学者

---

① 参见骆锦勇:《准确认定"套路贷"的犯罪数额》,《人民法院报》2019年6月15日。

则认为,应以经济活动中交易的自愿性,即借款的自愿性与借贷关系存在的真实性为标准,对于事实上为借贷关系的,属于该民间借贷部分的合法的利息与违约金应当予以扣除。① 也有学者认为,对于犯罪数额的认定应分为两类,在签订不合理的借款条款时,应将意图非法侵占的财产数额认定为犯罪数额。在履约过程中,应将非法占有的财产数额认定为犯罪数额。②

对是否要将"利息"计入犯罪数额的认识不一。一种观点认为,基于禁止非法获利的原则,必须将"利息""违约金"纳入违法所得中。③ 另一种观点认为,仅属于不规范的民事套路所涉及的资金不应计入犯罪数额,④只要借贷利息没有超出上限,即为合法收入,超出部分,才能认定为非法收入。还有观点认为,"利息""债务"等与虚高债务有着本质不同,将利息纳入犯罪数额,意味着法定利息不受法律保护,具有非法性,这与本金不计入犯罪数额,排除本金的非法性的规定存在自相矛盾,⑤因此不能将利息纳入犯罪数额。

2."套路贷"案件犯罪数额认定的标准

对于"套路贷"案件数额认定范围,我们应该回到"套路贷"现象本质中,应紧密结合行为人的"欺诈""胁迫""暴力索债"等侵财手段进行认定,依据行为人所触犯的具体罪名对合法获利、民事不法获利与刑事违法所得作不同界定,不能脱离具体罪名一概而论。具体而言,当行为人构成

---

① 参见何鑫:《套路贷的犯罪数额认定》,《中国检察官》2019 年第 24 期。
② 参见彭文华:《"套路贷"犯罪司法适用中的疑难问题研究》,《法学家》2020 年第 5 期。
③ 参见叶良芳:《"套路贷"司法犯罪化:政策背景、适用难题与治理对策》,《理论探索》2020 年第 5 期。
④ 参见何鑫:《套路贷的犯罪数额认定》,《中国检察官》2019 年第 24 期。
⑤ 参见彭文华:《"套路贷"犯罪司法适用中的疑难问题研究》,《法学家》2020 年第 5 期。

诈骗罪,此时应以诈骗行为所指向数额为界,即意图非法占有的财物数额为犯罪数额。若签订借款协议只是为了骗取之后通过平账、任意认定违约而虚设的债权债务,并且履行了合同主要部分,具有部分真实的借贷关系,即使行为人采取了"砍头息""高息"的手段,也不宜将"利息"计入犯罪数额,此时"利息"并非诈骗行为针对的对象,若将利息纳入违法所得则就混同合法之债、自然之债、民事不法获利与犯罪数额之间的关系。当行为人构成敲诈勒索罪或强迫交易罪时,应以胁迫行为而取得的财物数额为界。即若行为人迫使借款人签订协议,以获取高额利息及虚增的债务债权,行为人并无签订协议的真实意思表示,此时应将"利息"计入犯罪数额之中。同样,当行为人在索债阶段采取虚假诉讼行为或暴力行为获取财物时,则也应当以实施该行为时行为人主观故意与客观行为所指向数额为界。

在计算犯罪数额的同时要注意以下两点:一是犯罪数额的认定要以罪数的准确认定为前提,虽然行为人可能实施多种行为,行为指向数额不同,但其若是基于同一非法占有目的支配下的行为,应以行为人整体的非法占有目的与最终客观上非法占有的财产进行综合判断。二是要注意区分共同犯罪数额与个人犯罪数额,应严格依照刑法规定的共同犯罪处罚原则,依据行为人在共同犯罪中所处的地位与作用分别认定各成员的犯罪数额。

主要参考文献

一、中文著作

1. 张明楷:《刑法学》,法律出版社2021年版。
2. 靳高风:《扫黑除恶刑事政策与法律法规适用指南》,法律出版社2019年版。
3. 王发旭等:《"扫黑除恶"司法观点与辩护要点》,法律出版社2019年版。
4. 赵赤:《中外惩治有组织犯罪比较研究》,中国政法大学出版社2017年版。
5. 许苗:《全球黑帮花名册》,中国友谊出版公司2011年版。
6. 何秉松:《中国有组织犯罪研究·中国大陆黑社会(性质)犯罪研究》(第一卷),群众出版社2009年版。
7. 白建军:《法律实证研究方法》,北京大学出版社2008年版。
8. 徐跃飞:《黑社会性质组织犯罪研究》,中国人民公安大学出版社2007年版。
9. 陈兴良主编:《宽严相济刑事政策研究》,中国人民大学出版社2007年版。
10. 陈兴良:《刑法适用总论》(上卷),中国人民大学出版社2006年版。
11. 贾宏宇:《中国大陆黑社会组织犯罪及其对策》,中共中央党校出版社2006年版。
12. 李文燕、柯良栋主编:《黑社会性质组织犯罪防治对策研究》,中国人民公安大学出版社 2006 年版。

13. 张德寿等:《黑社会性质组织犯罪与对策研究》,中国人民公安大学出版社 2006 年版。

14. 郭子贤:《黑社会(性质)组织形成研究》,知识产权出版社 2006 年版。

15. 谢勇、王燕飞主编:《有组织犯罪研究》,中国检察出版社 2005 年版。

16. 阮方民、王晓:《有组织犯罪新论:中国黑社会性质组织犯罪防治研究》,浙江大学出版社 2005 年版。

17. 秦宝琦:《清末民初秘密社会的蜕变》,中国人民大学出版社 2004 年版。

18. 卢建平主编:《有组织犯罪比较研究》,法律出版社 2004 年版。

19. 苏智良、陈丽菲:《近代上海黑社会》,商务印书馆 2004 年版。

20. 刘仁文:《刑事政策初步》,中国人民公安大学出版社 2004 年版。

21. 周其华:《刑事责任解读》,中国方正出版社 2004 年版。

22. 赵秉志主编:《刑罚总论问题探索》,法律出版社 2003 年版。

23. 邹瑜主编:《洗钱犯罪:挑战与对策》,中共中央党校出版社 2003 年版。

24. 何秉松主编:《黑社会犯罪解读》,中国检察出版社 2003 年版。

25. 高铭暄主编:《刑法专论》(上编),高等教育出版社 2002 年版。

26. 何秉松:《有组织犯罪研究·中国大陆黑社会(性质)犯罪研究》(第一卷),中国法制出版社 2002 年版。

27. 谭松林主编:《中国秘密社会(第四卷 清代会党)》,福建人民出版社 2002 年版。

28. 张晓秦、赵国玲主编:《当代中国的犯罪与治理》,北京大学出版社 2001 年版。

29. 李文燕、田宏杰:《"打黑除恶"刑事法律适用解说》,群众出版社 2001 年版。

30. 康树华、魏新文主编:《有组织犯罪透视》,北京大学出版社 2001 年版。

31. 王俊彦:《警惕!黑社会在行动》,时事出版社 2000 年版。

32. 李忠信:《黑社会性质犯罪问题研究》,中国人民公安大学出版社 2000 年版。

33. 曲新久:《刑法的精神与范畴》,中国政法大学出版社 2000 年版。

34. 高一飞:《有组织犯罪问题专论》,中国政法大学出版社 2000 年版。

35. 彭邦富:《孤岛黑流——台湾地区黑帮大透视》,江苏人民出版社 1999 年版。

36. 高格:《定罪与量刑》,中国方正出版社 1999 年版。

37. 康树华主编:《当代有组织犯罪与防治对策》,中国方正出版社 1998 年版。

38. 赵震江主编:《法律社会学》,北京大学出版社 1998 年版。

39. 王晨:《刑事责任的一般理论》,武汉大学出版社 1998 年版。

40. 储槐植:《刑事一体化与关系刑法论》,北京大学出版社1997年版。

41. 刘尚煜主编:《黑社会犯罪与对策》,群众出版社1997年版。

42. 肖扬主编:《中国刑事政策和策略问题》,法律出版社1996年版。

43. 康树华等主编:《犯罪学大辞书》,甘肃人民出版社1995年版。

44. 冯树梁主编:《中国预防犯罪方略》,法律出版社1994年版。

45. 朱景文:《现代西方法社会学》,法律出版社1994年版。

46. 周育民、邵雍主编:《中国帮会史》,上海人民出版社1993年版。

47. 高铭暄主编:《刑法学原理》(第三卷),中国人民大学出版社1993年版。

48. 苏惠渔、[日]西原春夫主编:《中日刑事法的理论问题》,上海人民出版社1992年版。

49. 王勇:《定罪导论》,中国人民大学出版社1990年版。

50. 周振想:《刑罚适用论》,法律出版社1990年版。

51. 中国人民大学清史研究所等:《清史资料丛刊·天地会》(七),中国人民大学出版社1988年版。

52. 潘宇鹏:《辨证逻辑与科学方法论》,西安交通大学出版社1987年版。

53. 高铭暄主编:《刑法学》,法律出版社1982年版。

54. 上海社会科学院历史研究所编:《上海小刀会起义史料汇编》,上海人民出版社1980年版。

二、译著

1. [德]李斯特:《德国刑法教科书》,徐久生译,法律出版社2006年版。

2. [美]艾尔·巴比:《社会研究方法》,邱泽奇译,华夏出版社2005年版。

3. [德]拉伦茨:《法学方法论》,陈爱娥译,商务印书馆2003年版。

4. [美]路易斯·谢利:《犯罪与现代化——工业化与城市化对犯罪的影响》,何秉松译,中信出版社2002年版。

5. [德]汉斯·海因里希·耶赛克、托马斯·魏根特:《德国刑法教科书(总论)》,徐久生译,中国法制出版社2001年版。

6. [德]汉斯·施奈德:《犯罪学》(中译本),中国人民大学出版社1990年版。

7. [美]艾兹恩·D.斯坦利、蒂默杜格·A.:《犯罪学》(中译本),群众出版社1989年版。

三、中外论文

1. 陈兴良:《论刑法哲学的价值内容和范畴体系》,《法学研究》1992年第2期。

2. 陈兴良:《禁止重复评价研究》,《现代法学》1994 年第 1 期。

3. 张普华、邹孝泉:《流氓恶势力的概念及主要特征》,《法学评论》1995 年第 1 期。

4. 赵秉志、赫兴旺:《跨国跨地区有组织犯罪及其惩治与防范》,《政法论坛》1997 年第 4 期。

5. 邓天叉、李永升:《试论有组织犯罪的概念及其类型》,《法学研究》1997 年第 6 期。

6. 陈兴良:《刑事政策视野中的刑罚结构调整》,《法学研究》1998 年第 5 期。

7. 李川:《定罪量刑与形势需要》,《法学》1998 年第 9 期。

8. 黄京平等:《论黑社会性质组织的法律性质和特征》,《法学家》2001 年第 6 期。

9. 胡敏、万富海:《有组织犯罪、带黑社会性质的团伙犯罪和流氓恶势力犯罪的特征及其认定》,《华东政法学院学报》2001 年第 5 期。

10. 赵长青:《论黑社会性质组织犯罪的认定》,《云南大学学报》2002 年第 1 期。

11. 赵长青:《认定黑社会性质组织犯罪中的几个问题》,载《刑法热点疑难问题探讨》,中国人民公安大学出版社 2002 年版。

12. 刘东根:《两极化——我国刑事政策的选择》,《中国刑事法杂志》2002 年第 6 期。

13. 黄太云:《全国人大常委会关于"黑社会性质的组织"和"挪用公款归个人使用"的立法解释简介》,《人民检察》2002 年第 7 期。

14. 江礼华:《黑社会性质组织犯罪认定中的几个问题》,《国家检察官学院学报》2002 年第 1 期。

15. 刘宪权等:《黑社会性质组织犯罪司法认定中若干疑难问题探讨》(上、下),《犯罪研究》2002 年第 1 期、第 2 期。

16. 刘守芬等:《试论黑社会性质组织的概念与特征》,《北京大学学报》2002 年第 3 期。

17. 赵秉志、肖中华:《论黑社会性质组织犯罪的司法认定》,载《刑法热点疑难问题探讨》,中国人民公安大学出版社 2002 年版。

18. 梁华仁等:《黑社会性质犯罪司法疑难问题研究》,《政法论坛》2002 年第 5 期。

19. 武和平:《论黑社会性质组织犯罪的本质特征》,《吉林大学学报》2002 年第 5 期。

20. 武玉红:《试论罪刑法定原则的"中国特色"》,《政治与法律》2002年第2期。

21. 曲新久、张国鑫:《如何科学认识刑事政策》,《人民法院报》2003年6月1日。

22. 黄伟明:《刑事政策与刑事立法关系的动态分析》,《法学论坛》2003年第3期。

23. 董文蕙:《也论刑事政策与刑法的关系——对"刑事政策是刑法的灵魂"论的质疑》,《云南大学学报》2004年第1期。

24. 马克昌:《有组织犯罪——全球关注的问题》,《法学论坛》2004年第5期。

25. 康树华:《有组织犯罪的特征与分类》,《南通师范学院学报(哲学社会科学版)》2004年第3期。

26. 付立庆:《善待罪刑法定——以我国〈刑法〉第3条之检讨为切入点》,《法学评论》2005年第3期。

27. 黄京平:《宽严相济刑事政策的时代含义及实现方式》,《法学杂志》2006年第4期。

28. 李健:《和谐社会语境下两极化刑事政策之构建——对我国"轻轻重重"刑事政策的重新解读》,载万鄂湘主编:《公正司法与构建和谐社会》,人民法院出版社2006年版。

29. 黄京平:《宽严相济刑事政策的时代含义及实现方式》,《法学杂志》2006年第4期。

30. 沈海平:《罪刑法定不是机械的》,《人民检察》2007年第9期。

31. 储槐植:《现在的罪刑法定》,《人民检察》2007年第11期。

32. [德]托马斯·魏根特:《论刑法与时代精神》,樊文译,载陈兴良主编:《刑事法评论》(第19卷),北京大学出版社2007年版。

33. 刘仁文:《宽严相济的刑事政策研究》,《当代法学》2008年第1期。

34. 杨雪松:《对我国黑社会犯罪刑事立法的思考》,《法学杂志》2009年第4期。

35. 王恩海:《组织、领导、参加黑社会性质组织罪中并罚的适用标准》,《法学》2009年第9期。

36. 黄太云:《〈全国人民代表大会常务委员会关于〈中华人民共和国刑法〉第294条第1款的解释〉的理解与适用》,载最高人民法院研究室编:《刑事司法解释理解与适用》,法律出版社2009年版。

37. 黄华平、孔飞:《我国刑法中黑社会性质组织的构成与界定》,《中国人民公安大学学报》2010年第5期。

38. 彭文华:《黑社会性质组织罪若干问题研究》,《法商研究》2010年第4期。

39. 孟庆华、王敏:《〈刑法〉第 294 条第 3 款规定的理解适用问题探讨》,《辽宁大学学报(哲社版)》2010 年第 5 期。

40. 宋洋:《刑法修正案(八)有关黑社会性质组织罪的立法完善之解读》,《中国检察官》2011 年第 3 期。

41. 莫晓宇、刘畅:《黑社会性质组织犯罪视角下的"打早打小"刑事政策解读》,《唯实》2011 年第 5 期。

42. 王文兴、孔祥雨:《关于黑社会性质组织犯罪财产刑之思考》,《山东审判》2011 年第 5 期。

43. 周光权:《论禁止重复评价——以刑满后发现同种余罪的处理为切入点》,《人民检察》2012 年第 9 期。

44. 周光权:《论量刑上禁止不利评价原则》,《政治与法律》2013 年第 1 期。

45. 莫晓宇:《仪式炫耀、功能检视与规制应对——论黑社会性质组织的符号化样态及其治理启示》,《河南大学学报(社会科学版)》2017 年第 1 期。

46. 黄京平:《黑恶势力利用"软暴力"犯罪的若干问题》,《北京联合大学学报(人文社会科学版)》2018 年第 2 期。

47. 彭辅顺:《黑恶势力犯罪的数罪关系与处断》,《北京联合大学学报(人文社会科学版)》2018 年第 2 期。

48. 黄京平:《恶势力及其软暴力犯罪探微》,《中国刑事法杂志》2018 年第 3 期。

49. 周光权:《黑社会性质组织非法控制特征的认定——兼及黑社会性质组织与恶势力团伙的区分》,《中国刑事法杂志》2018 年第 3 期。

50. 卢建平:《软暴力犯罪的现象、特征与惩治对策》,《中国刑事法杂志》2018 年第 3 期。

51. 林毓敏:《黑社会性质组织犯罪中的暴力手段及软性升级》,《国家检察官学院学报》2018 年第 6 期。

52. 王鹏祥、孙继科:《黑社会性质组织的阶层认定——基于犯罪论体系方法论上的思考》,《河南师范大学学报(哲学社会科学版)》2018 年第 6 期。

53. 刘仁文、刘文钊:《恶势力的概念流变及其司法认定》,《国家检察官学院学报》2018 年第 6 期。

54. 李海滢:《关于组织、领导、参加黑社会性质组织罪司法审判的反思与应对》,《东北大学学报(社会科学版)》2018 年第 6 期。

55. 黄华生:《扫黑除恶斗争的回顾、发展与前瞻》,《刑法论丛》2019 年第 1 期。

56. 张向东:《黑社会性质组织犯罪涉案财物的处置困境及应对》,《中国刑事法杂志》2019年第1期。

57. 王强军:《知恶方能除恶:"恶势力"合理界定问题研究》,《法商研究》2019年第2期。

58. 魏东:《"涉黑犯罪"重要争议问题研讨》,《政法论坛》2019年第3期。

59. 王鹏祥、陶旭蕾:《黑社会性质组织犯罪组织性的法教义学分析》,《河北法学》2019年第3期。

60. 王鹏祥、陶旭蕾:《论黑社会性质组织的司法认定》,《刑法论丛》2019年第3期。

61. 刘霜、杨静:《扫黑除恶应坚守宽严相济刑事政策》,《刑法论丛》2019年第3期。

62. 谢望原、张尹:《论黑社会性质组织的组织特征》,《河北大学学报(哲学社会科学版)》2019年第4期。

63. 敦宁:《恶势力犯罪集团与黑社会性质组织的司法界分》,《河北大学学报(哲学社会科学版)》2019年第4期。

64. 王志祥、融昊:《涉黑犯罪治理中的刑事政策问题》,《河北大学学报(哲学社会科学版)》2019年第4期。

65. 陈兴良:《恶势力犯罪研究》,《中国刑事法杂志》2019年第4期。

66. 张心向:《恶势力案件裁判规范之法理探析》,《中国法律评论》2019年第4期。

67. 冯军、田旭、王嘉璇:《政治学视野中的黑恶势力犯罪治理》,《河北大学学报(哲学社会科学版)》2019年第4期。

68. 潘金贵、李国华:《我国恶势力犯罪的基本特点及量刑与法律控制——以刑事判决书为样本的实证分析》,《西北民族大学学报(哲学社会科学版)》2019年第5期。

69. 汪鹏:《打击黑恶势力犯罪的治理化路径探析》,《法治研究》2019年第5期。

70. 徐岱、史家家:《论扫黑除恶的法治保障》,《法治研究》2019年第5期。

71. 王志祥:《论黑社会性质组织非法控制特征中"区域"和"行业"的范围》,《法治研究》2019年第5期。

72. 魏东、赵天琦:《黑社会性质组织第四项特征的刑法解释》,《法治研究》2019年第5期。

73. 周立波:《黑恶势力犯罪组织的本质特征及其界定》,《法治研究》2019年第5期。

74. 徐永伟:《黑社会性质组织"保护伞"的刑法规制检视与调试——以涉黑犯罪

与腐败犯罪的一体化治理为中心》,《北京社会科学》2019 年第 5 期。

75. 肖中华:《黑恶犯罪的基本范畴》,《法治研究》2019 年第 5 期。

76. 童春荣:《黑社会性质组织犯罪之预防性刑法规制研究》,《当代法学》2019 年第 5 期。

77. 王永茜:《论黑社会性质组织犯罪的"组织特征"》,《北京理工大学学报(社会科学版)》2019 年第 5 期。

78. 黄京平:《软暴力的刑事法律意涵和刑事政策调控——以滋扰性软暴力为基点的分析》,《新疆师范大学学报(哲学社会科学版)》2019 年第 6 期。

79. 赖早兴:《惩治黑恶势力犯罪中宽严相济刑事政策之贯彻》,《法学杂志》2019 年第 6 期。

80. 何荣功:《避免黑恶犯罪的过度拔高认定:问题、路径与方法》,《法学》2019 年第 6 期。

81. 王秀梅、司伟攀:《"扫黑打伞"刑法适用问题研究》,《上海对外经贸大学学报》2020 年第 1 期。

82. 刘宪权、林雨佳:《恶势力形态的认定及其对刑事责任的影响》,《安徽大学学报(哲学社会科学版)》2020 年第 1 期。

83. 陈兴良:《论黑社会性质组织的组织特征》,《中国刑事法杂志》2020 年第 2 期。

84. 朴宗根、吕江鸿:《"黑社会"与"恶势力"犯罪的刑法界定研究》,《西北大学学报(哲学社会科学版)》2020 年第 3 期。

85. 何荣功:《准确认定黑恶犯罪的方法论思考》,《武汉大学学报(哲学社会科学版)》2020 年第 2 期。

86. 陈兴良:《论黑社会性质组织的经济特征》,《法学评论》2020 年第 4 期。

87. 莫洪宪:《网络有组织犯罪结构的嬗变与刑法转向——基于网络黑恶势力犯罪的视角》,《中国刑事法杂志》2020 年第 4 期。

88. 于阳:《扫黑除恶之政策优化与方式提升》,《理论探索》2020 年第 5 期。

89. 陈兴良:《论黑社会性质组织的非法控制(危害性)特征》,《当代法学》2020 年第 5 期。

90. 岳平、陈伊韬:《社会治理:黑恶犯罪治理进阶与启示》,《上海大学学报(社会科学版)》2020 年第 5 期。

91. 柳林、马忠红:《黑社会性质组织案件的基本特征及治理路径》,《中国人民公安大学学报(社会科学版)》2020 年第 5 期。

92. 魏东:《黑社会性质组织"组织特征"解释论》,《当代法学》2020年第5期。

93. 李海滢:《对黑恶势力犯罪基础问题的重新审视——以共同犯罪与有组织犯罪为界域》,《河南社会科学》2020年第7期。

94. 陈兴良:《论黑社会性质组织的行为特征》,《政治与法律》2020年第8期。

95. 韩冰:《涉黑涉恶违法犯罪的司法认定与防控路径》,《法律适用》2020年第8期。

96. 刘东阳、石魏、李超峰:《对恶势力实践问题的实证分析及应对举措》,《社会科学家》2020年第12期。

97. 李俊明:《论新时代黑恶势力犯罪治理的法治价值整合》,《法律适用》2020年第17期。

98. 彭新林、石魏:《黑恶势力犯罪中"软暴力"司法认定难点及其对策——以966份涉"软暴力"黑恶势力犯罪案件裁判文书为样本》,《法律适用》2020年第18期。

99. 陈小彪、刘锋:《论非国家机关工作人员型"保护伞"的刑法适用》,《法律适用》2020年第19期。

100. 刘振会:《参加黑社会性质组织罪的司法认定》,《法律适用》2020年第24期。

101. 董士昙:《回顾与展望:黑恶势力治理20年》,《中国人民公安大学学报(社会科学版)》2021年第1期。

102. 蔡军:《我国有组织犯罪刑事规制体系的检视与重构——基于有组织犯罪集团向企业化发展趋势的思考》,《法商研究》2021年第3期。

103. 李震:《恶势力犯罪认定中的疑难问题及对策研究》,《山东大学学报(哲学社会科学版)》2021年第5期。

104. 闫雨:《网络黑恶势力犯罪技术帮助行为的刑法规制》,《社会科学家》2021年第6期。

105. 李海滢、付祎:《我国黑社会性质组织犯罪涉案财产的处置——以澳大利亚无法解释财富制度为参考》,《吉林大学社会科学学报》2021年第6期。

106. 王良顺:《惩治有组织犯罪的基本原则与立法实现路径——以反有组织犯罪法立法为背景》,《中国刑事法杂志》2021年第6期。

107. 蔡军:《我国惩治有组织犯罪的刑事司法问题及其机制调适——基于有组织犯罪企业化发展趋势的思考》,《河南大学学报(社会科学版)》2021年第6期。

108. 孙世超:《网络恶势力犯罪的司法厘定及裁判路径》,《法律适用》2021年第

7 期。

109. 郭一霖、靳高风:《犯罪学视角下网络恶势力团伙犯罪行为模式刍议》,《湖北社会科学》2021 年第 11 期。

110. 王燕飞:《〈反有组织犯罪法(草案)〉的理论检视》,《河北法学》2021 年第 11 期。

111. 黄京平:《扫黑除恶历史转型的实体法标志——〈反有组织犯罪法〉中刑法规范的定位》,《江西社会科学》2022 年第 2 期。

112. 闫雨:《网络黑恶势力犯罪刑法规制》,《暨南学报(哲学社会科学版)》2022 年第 2 期。

责任编辑:张　立
封面设计:吴燕妮
责任校对:秦　婵

图书在版编目(CIP)数据

黑恶犯罪治理研究/石经海 著. —北京:人民出版社,2023.5(2024.2 重印)
ISBN 978-7-01-025416-6

Ⅰ.①黑…　Ⅱ.①石…　Ⅲ.①犯罪集团-刑事犯罪-研究-中国
Ⅳ.①D924.114

中国国家版本馆 CIP 数据核字(2023)第 022543 号

黑恶犯罪治理研究

HEI'E FANZUI ZHILI YANJIU

石经海　著

人民出版社 出版发行
(100706　北京市东城区隆福寺街99号)

北京中科印刷有限公司印刷　新华书店经销
2023年5月第1版　2024年2月北京第2次印刷
开本:710毫米×1000毫米 1/16　印张:18.75
字数:260千字

ISBN 978-7-01-025416-6　定价:98.00元

邮购地址 100706　北京市东城区隆福寺街99号
人民东方图书销售中心　电话 (010)65250042　65289539

版权所有·侵权必究
凡购买本社图书,如有印制质量问题,我社负责调换。
服务电话:(010)65250042